ZAI QINGGAN LICHENGZHONG HUODE CHENGZHANG
DAXUESHENG XINLI CHENGZHANG MIMA

在情感历程中获得成长
——大学生心理成长密码

陆瑜芳　编著

上海大学出版社
·上海·

图书在版编目(CIP)数据

在情感历程中获得成长：大学生心理成长密码 / 陆瑜芳编著. —上海：上海大学出版社, 2020.12
 ISBN 978-7-5671-4140-7

Ⅰ.①在… Ⅱ.①陆… Ⅲ.①恋爱心理学-高等学校-教材 Ⅳ.①C913.1

中国版本图书馆 CIP 数据核字(2020)第 258360 号

责任编辑　徐雁华
封面设计　柯国富
技术编辑　金　鑫　钱宇坤

在情感历程中获得成长
——大学生心理成长密码
陆瑜芳　编著
上海大学出版社出版发行
(上海市上大路 99 号　邮政编码 200444)
(http://www.shupress.cn　发行热线 021-66135112)
出版人　戴骏豪

*

南京展望文化发展有限公司排版
上海华教印务有限公司印刷　各地新华书店经销
开本 767mm×960mm　1/16　印张 19　字数 331 千
2020 年 12 月第 1 版　2020 年 12 月第 1 次印刷
ISBN 978-7-5671-4140-7/C·129　定价　45.00 元

版权所有　侵权必究
如发现本书有印装质量问题请与印刷厂质量科联系
联系电话: 021-36393676

前　言

各位好,很高兴能够通过这本书和大家对话,来探讨有关大学生爱的话题,以及爱和心理成长的话题。或许有人会说"爱有什么好探讨的?""爱不是本能吗?"我作为一个有着35年教龄的教师,同时也是国家二级心理咨询师,通过对1 000多人次的学生心理辅导、咨询,发现当今的大学生并不会"爱"。

进入大学,大学生增加了和异性交往的意识,很多人开始谈恋爱了,但在谈恋爱过程中遇到了许多阻碍。比如:不能理解对方的想法,不知道为什么爱情总是不长久,不明白为什么总会遇到"脚踏两只船"的Ta……另外,还有些同学很焦虑:"为什么没有异性喜欢我?""我暗恋Ta很久却为什么不敢表白?"……甚至还有些同学对爱情有着某些幻想或误区:"我要的是那种心跳的感觉,我对他没有感觉,他肯定不是我的真爱。""总有一个完全适合我的人在等着我。"其实这些问题归根结底,是对爱情没有深入的、科学的认识。

著名的发展心理学家和精神分析学家爱利克·埃里克森在他的"人格发展八阶段论"中说,人的一生会经历八个心理发展阶段,在每个阶段都存在一个重要转折点,需要完成相应的任务,如此,就可以增强自我的力量,帮助我们更好地适应环境。在每一阶段如果不能学会或稳固相应的心理品质,就会留下很多矛盾冲突,直接影响后面的各个人生阶段。比如:第五阶段青春期(12~18岁)需要解决自我同一性和角色混乱的冲突。这时期青少年要建立一个新的自我形象,以显示其在社会集体中的位置,同时克服因角色混乱带来的危机;第六阶段成年早期(18~25岁)是人生发展的重要阶段,主要解决亲密与孤独之间的冲突。只有比较顺利地度过前面五个阶段,具备了牢固的自我同一性的青年人,才有勇气和他人建立亲密关系,展开一段爱的关系。因为,恋爱过程中有自我牺牲或损失,但只有建立了真正亲密无间的关系,才能获得亲密感,否则将产生孤独感。

大学生正处于人生发展的这两个阶段。在第五阶段,大学生需要对自己的价值观、理想目标和要成为一个什么样的人进行探索;在第六阶段,大学生需要发展亲密感,建立良好的社会关系,在亲情、爱情、友情等方面有所收获。爱情的成功,也表明一个人人格的相对成熟,是个人心理成熟的标志。

由此,可以这么说,大学生学会爱是很重要的人生必修课!

爱的含义非常广泛,由爱延伸出的亲密关系也包含与父母、孩子、朋友等关系,两性之爱(爱情)是亲密关系的一种,也是最复杂、最难处理的一种亲密关系。

当今社会,由于独生子女政策,由于学业的压力,由于不能"早恋"的教诲……大学生没有多少机会与同龄人、与异性接触,人际交往能力本就显得捉襟见肘,要应对"爱情"这个难度很高的挑战,困难可想而知。

其实,除了亲密关系中的爱,还有一种很重要的爱——自爱。心理学家兼哲学家艾里希·弗洛姆在他的《爱的艺术》一书中提出:爱是一门艺术,爱不仅仅是狭隘的男女感情,也不是只需要学习技巧就可获得的,爱是人格的整体展现。自爱不是"自私",自爱是爱他人的基础,可以促进个体人格健全与人际关系的和谐。对自己生活、幸福、成长以及自由的肯定是以爱的能力为基础的。

大学生们都没怎么搞明白"爱情",在"自爱"这件事上,他们更是手足无措。在校园里,从如何处理宿舍矛盾到如何处理友情;初入职场,从如何与同事处好关系到如何理解领导的一言一行……其实,这都和"自爱"有关。

大学生们在面临这些问题时,很想有人帮助他们,除了少数朋友,却鲜有人能够站在他们身边,在他们茫然无措、深夜默默哭泣时倾听他们的心声,拍拍他们的肩膀,给他们一个拥抱。家长们或忙于工作,或觉得这是小事;学校中又没有类似的课程……

在大学阶段,大学生们是多么需要有人加以正确的引导。因此,我在全校开设核心通识课"爱情心理密码"。它是在原通识课"爱情心理解读"基础上升格而来的,目前是上海市教委重点本科课程,也是上海大学课程思政首批示范课程和研究型挑战性课程。课程至今已开设了7年,选课人数一直居全校的前列,因其专业性和实践指导性,深受全校本科生的喜爱。我作为咨询时数超过1 500小时的心理咨询师,在课后的答疑和咨询中帮助很多学生解决了心理问题、职场或情感困惑,使学生收获良多。

爱关乎每个人的自身幸福、人生使命,也是营造当代积极社会心态,坚守人类真善美信念的重要组成部分。"爱需要终身学习""身心灵的爱情观"是课程的核心理念。通过学习,让学生熟悉心理学原理在爱情、婚姻、人际关系、家庭幸福等方面的具体应用;掌握恋爱中的心理,培养和提升爱的能力;掌握恋爱婚姻中心理冲突的处理方法,学会用心理学的方法和思路解决现实情感问题,收获满足和幸福。

2018年5月,"梨视频"采访了我,并拍摄了题为"大学开课专教谈恋爱"的视频,中央人民广播电台、人民网、新浪网、《第一财经日报》等官方媒体纷纷转发,登上了"热搜",目前总播放量达279万次。课程传导的"揭示爱情背后的心理规律,学会如何经营好爱情,收获人生幸福"等理念也广为传播,深入人心。课程倡导新时期青年正确的爱情观、婚姻观和人生观,不辜负新时代的期望,继承民族传统,传承爱情智慧,提升爱的能力,担负历史使命,为家庭和谐、民族昌盛做贡献。

"爱情心理密码"有两次平时作业和一次期末考试,其中"爱情配对实验"是本课程的亮点和高潮。要求男生和女生组成"对子",课后有三次以上的面对面沟通,完成"大五人格特质测试""成人依恋量表:亲密关系经历量表(ECR)""爱情态度量表"和"情绪量表"等测试,互相之间问答有关爱情、婚姻的36个问题,各自描述感受和感想,并分析实验过程,总结经验教训,写成一份1 500字左右的实验报告,计入平时成绩。期末考试要求学生结合自己或他人真实经历,从心理学角度对原生家庭、婚恋主题进行深入研究和分析。

课程每周上两次,课堂讲授穿插各类案例和国内外理论。我会结合心理辅导、咨询经验分析亲情、爱情和友情背后的心理密码,师生进行角色扮演,演绎如何解决人际关系冲突,应对各种情感困惑。有学生在上了我的课之后,觉得收获颇丰,留言说:"在写论文这几天,我将曾经的书信、礼物、小纸条、笔记本等都拿出来挨个翻看,重新回忆了一遍我的成长经历和恋爱经历,通过剖析自己,我与不愿提起的往事坦诚相见,透过它们看到了许多曾经不曾注意或者极力美化的问题。我有太多的不足需要改正,在敢于重新投入感情去恋爱之前,我需要很多很多时间拯救自己,学习如何爱自己和爱他人,再不要和未来的恋人卷入亲密关系的旋涡。"

有学生说:"在这门课上,我最喜欢的概念是'身心灵的爱情观'。第一次听到这个定义,就好像直击我的心灵一样,真是说出了我内心对爱情所有的憧憬:身,激情、浪漫;心,亲密、温馨;灵,三观一致、志同道合。身心灵的爱情观也将成为我未来爱情的目标。"

还有学生说:"我才刚刚了解到心理学的皮毛,就已经感觉到了自己的变化,希望通过今后的学习,我能不断提升自己,建立和完善自己的独立人格,然后改善和父母之间的关系,大胆说出自己内心的想法,去努力解决问题。你若盛开,蝴蝶自来,不管是友情还是爱情,都如此。"

出版这本书的目的主要有三个：

第一，课上，学生的真情实感让我感动，我想用文字把这种感动固定下来。同学们的作业语言生动、情节丰富、感人至深，不仅总结了自己的成长经历，剖析了原生家庭的问题，分析了初恋、单恋、暗恋乃至灾恋（因为恋爱深陷痛苦之中）过程中的心理困惑，还对自己的个性形成、处事行为做了细致深入的描述，更有对未来感情生活的期许和畅想。每个学生写作的过程就是一个回忆、总结和情绪梳理的过程，也是某种程度的心理疗愈过程，从中也可见新时代年轻人对父母及家庭的拳拳之心和复杂感情，对爱情、友情的渴望、困惑和感悟，是青年一代对亲密关系的深切感受和生动样本。我经常被他们细腻的情感体验、思维方式和真诚的表白所感动，非常希望能将他们这段宝贵的经历保存下来。

第二，由于当今社会的发展现状，各种婚恋问题和心理困惑有增长的趋势，目前我国关于指导大学生如何爱的著作不多，大学生的心理健康、个人成长问题亟待重视。本书因其专业性和实践指导性，可作为各大院校进行心理辅导、心理教育的重要参考资料。

第三，此书的受众是广大大学生、适龄青年以及教师和家长。对于大学生和适龄青年来讲，这本书给了他们一盏践行爱的指明灯；对于教师而言，通过这本书让教师能了解当今大学生的心理状况，在教学方法方式上做适当调整；对于家长而言，通过这本书让家长能看到孩子内心最真实的想法，认真探索如何才是真正地爱孩子。

本书是由学生的平时作业、课程感想、期末论文等相关内容以及我对学生进行心理辅导的记录而集成的，与"爱情心理密码"课程的配套教材《情礼之间——身心灵的自由》不同，后者凝结了我六七年的心理辅导、心理咨询的经验和感悟，书中除了介绍爱情心理的理论和研究成果外，还收集了很多经典、鲜活的爱情案例并加以分析，侧重于心理学原理、概念和理论的解读；而本书在作为配套教材的基础上，拓展了爱的内容，不止步于爱情，还涉及原生家庭、自尊、防御机制与爱情的关系，爱的能力、情绪管理能力、亲密感的提升，初恋、单恋、异地恋和失恋中的总结，不同依恋类型恋爱的特点和方法，以及爱与个人成长等方面，以期呈现学生对"爱情心理密码"课程的理解、收获和自身的转变，侧重于实践，并增加了案例的数量和类型，每一个案例都具有典型性。

本书共有十八章，每一章阐述一个重点内容。由于篇幅所限，本书只收录了部分学生笔记，选择的标准如下：

（1）对影响爱（爱情）的各种因素，包括原生家庭、自尊、防御机制等的探索和剖析；

（2）在亲密关系（包括亲情、爱情和友情关系）中爱的能力的认知和提升；

（3）不同依恋类型、爱情状态的心理、行为呈现和应对方法；

（4）在"爱情心理密码"课程中得到的感想、领悟和收获；

（5）在课程外的心理辅导和心理咨询中得到的心理成长。

本书案例中出现的初高中的所谓"早恋"现象，究其本质而言是那个年龄段的异性的友谊。从发展心理学来看，随着生理的成长，心理上，少男少女们必须经历这些异性的友谊，才能逐渐了解和自己不同性别的人，然后才能慢慢进入一段正式的恋爱关系。如果缺了这些经验，未来的亲密关系也许会遭遇更多的曲折和困难。

在本书的编撰过程中，我得到了学校老师、学生和许多心理学同行的支持和帮助，特别要感谢每一个提供案例的同学，这些鲜活的案例成就了此书，促使我更有信心去推动这项工作。此外，国家职业技能（心理咨询师）鉴定考评员朱小平先生对本书的框架做了具体指导，课程搭档陶新桂老师一直是我的支持者和得力助手。上海大学学生范佳枫、范晓珊和李清泉等对全书做了重要修改并进行了文字修订，在此一并表示诚挚的谢意。

我们每一个人都在爱中获得成长，也在成长过程中不断付出爱、学习爱、践行爱，这是我们一生的使命。

我们一直在路上。

祝"爱情心理密码"课程影响越来越广，祝更多年轻人能在这门课、这本书中一睹爱的真谛。

陆瑜芳

2020 年 12 月 15 日

目　　录

第一章　我们与原生家庭的爱恨情仇意味着什么？ ······· 001
　　第一节　成长阴影：被父母伤害的你，还能好好生活吗？
　　　　　　——原生家庭对我们处世行为的影响 ··········· 001
　　第二节　我们的性格背负着伤心的回忆
　　　　　　——原生家庭对我们性格的影响 ··············· 004
　　第三节　为啥我总跌倒在同一类型的"坑"里？
　　　　　　——原生家庭的"强迫性重复" ··············· 010
　　第四节　照顾好自己，有独立的想法
　　　　　　——如何处理原生家庭带给我们的影响 ········· 018

第二章　我们是如何感受爱情中的自尊的？ ··············· 021
　　第一节　卑微且惶恐，低自尊的爱情能走多远 ··········· 022
　　第二节　寻找根源，学会反思，才能好好相爱 ··········· 027
　　第三节　找到自己，提升自尊，在爱情中实现自我价值 ··· 033

第三章　爱情中的心理防御机制是如何体现的？ ··········· 038
　　第一节　幻想或理智化，在矛盾的心理防御机制作用下挣扎 ··· 038
　　第二节　想要挣脱是多么难
　　　　　　——原生家庭是如何影响我们的心理防御机制的？ ··· 046

第四章　爱的能力应该怎么培养和提升？ ················· 055
　　第一节　学会表达爱，让我们内心充满温暖与力量 ······· 056
　　第二节　学会倾听，学会分享，爱情才会渐入佳境 ······· 058
　　第三节　分清"爱"和"需要"，提升鉴别爱情的能力 ··· 065
　　第四节　"恋"习爱，不断提升解决冲突、维系长久爱情的能力 ··· 069

第五章　我们在爱情中长久的亲密感来自哪里？ …… 075
　第一节　善于运用自我暴露，学会爱别人的正确方式 …… 076
　第二节　运用同理心，换位思考，才能增加爱情的亲密感 …… 080
　第三节　追根溯源，处理内心深处的伤痛，才能收获长久的甜蜜爱情 …… 082

第六章　我们如何提升亲密关系中的情绪管理能力？ …… 088
　第一节　压抑到舒解，宣泄到悦纳
　　　　——在情感的大海中边学边实践 …… 088
　第二节　为什么有这样的感受
　　　　——我们的负面情绪出自哪里？ …… 091
　第三节　觉察、反思和实践，我们走在有效地情绪管理的路上 …… 099

第七章　我们从初恋中收获了什么？ …… 108
　第一节　当完美的想象、期待遇到现实
　　　　——初恋时我们不懂爱情 …… 109
　第二节　少男少女情窦初开，经历风雨收获幸福
　　　　——这就是爱情最美好的样子 …… 118

第八章　如何从梦幻苦涩之恋中醒来？ …… 123
　第一节　你是如此美好，我却不敢走近你
　　　　——热烈的情感只能在脑海中回响 …… 124
　第二节　面对心爱的Ta，我为什么感到恐惧？
　　　　——知难而退的感情 …… 128
　第三节　勇敢跨出第一步，才能从暧昧关系中收获真情 …… 134

第九章　性单恋者的亲密关系应该如何开始？ …… 138
　第一节　明明渴望爱情却不敢向前
　　　　——"我喜欢的那个人Ta不喜欢我的时候是最完美的" …… 139
　第二节　刚刚在一起就面临分手
　　　　——"喜欢她之后，她便不那么喜欢我了" …… 146

第十章　怎样从异地恋中收获未来？ …… 150
第一节　矛盾冲突，恋情结束，真的是距离惹的祸？ …… 150
第二节　原生家庭的负面影响，异地恋的艰难考验，爱情将如何进行到底？ …… 157
第三节　即使是远距离恋爱，也有很多益处
——异地恋让我们进一步成长 …… 166

第十一章　"焦虑型"的恋爱如何才能从容自在？ …… 170
第一节　紧张和不安，悲伤和愤怒
——"焦虑型"依恋者的恋爱故事 …… 172
第二节　提升自尊、接纳差异、降低期望
——焦虑型人格的求生之道 …… 183

第十二章　"回避型"的恋爱如何才能突破自我？ …… 189
第一节　脆弱和敏感，不敢去信任
——回避型依恋者的爱情悲剧 …… 190
第二节　我们用什么保护自己
——回避型依恋者的心理防御机制 …… 196
第三节　拿什么拯救你
——回避型依恋者就没有爱了吗？ …… 198

第十三章　这样的爱情将走向何方？ …… 203
第一节　克服内心恐惧，勇敢尝试，才能获得内心的安宁和喜悦 …… 203
第二节　情感为什么如此混乱，是因为从没得到过稳定持久的爱 …… 208
第三节　满怀期待走入恋爱，却饱受伤害
——如何减少痛苦走向未来？ …… 212

第十四章　我们怎样在失恋后获得成长？ …… 218
第一节　学会珍惜，放弃幻想，现实才会美
——我们从失恋中收获的不仅是经验 …… 218
第二节　失恋不失志，让情绪"升华"
——失恋促使我们在学业上发奋努力 …… 224

第十五章　为什么说爱是终身学习的体验？ … 230
第一节　跌跌撞撞走来，我们在爱情中不断认识自己 … 231
第二节　迷茫和痛苦都是值得的
　　　　——走过爱情，学会爱自己 … 235
第三节　爱和希望如影相随，与爱同行，实现人生的价值 … 240

第十六章　我们从"爱情配对实验"中获得了什么？ … 245
第一节　破冰篇
　　　　——勇气、交流，良好的体验，收获了安全感 … 245
第二节　深入篇
　　　　——懂得、感动，真情的流露，增加了信任感 … 249
第三节　相爱篇
　　　　——深入了解、心心相印、情投意合，我想和你在一起 … 255

第十七章　我们从课程中得到了哪些感悟和体会？ … 260
第一节　我学了两遍
　　　　——同样的课，不同的收获 … 261
第二节　去听"爱情心理密码"课吧，这门课超出了我的想象 … 263
第三节　美好的破碎与重建，我们需要用自己的力量修复原生家庭的伤痛 … 267
第四节　改变认知、改变自己、爱自己
　　　　——我获得的心理成长 … 269

第十八章　我从课程答疑、心理辅导（咨询）中收获了什么？ … 276
第一节　课程答疑记录
　　　　——我们得到了理解和安慰 … 276
第二节　破茧很痛苦，但可以慢慢来
　　　　——一年的心理咨询之路 … 279

第一章 我们与原生家庭的爱恨情仇意味着什么?

很多同学原先都有这样的疑问:"恋爱中的问题不都是自己的问题吗?""爱情、婚姻和自己的父母有关系吗?"

但随着课堂学习的深入以及对自己经历的回顾,同学们才觉察到原生家庭对自己的影响巨大。**原生家庭是指我们从出生开始,与主要抚养人(通常指父母或祖父母)生活在一起的家庭**。我们和原生家庭中主要抚养人之间的关系、在原生家庭中经历的事件会深深影响到我们在日后成长过程中的身心发展、情感表达方式、行为模式和异性之间的亲密关系的处理。

第一节 成长阴影:被父母伤害的你,还能好好生活吗?
——原生家庭对我们处世行为的影响

案例:背后的"眼睛"

01 判若两人的父亲

父亲在我的记忆中感觉判若两人。从外人的角度看,父亲是一个外向的人,与人相处很好,也不辞辛劳照顾身边的人。但我小时候的记忆中父亲很忙,经常应酬。他也很暴躁,经常动怒。我记不清是因为什么原因被打,但我能清楚地记得为了不让父亲打我,我一次又一次将所有的皮带藏起来,这也算作弱小的我的一种自我保护吧。记得初一跑步摔断了手,我愣是坚强得没哭,却在遭到父亲责

备后号啕大哭。

但庆幸的是,以后,父亲(可能意识到了自己教育方式的问题)花心思去看了一些有关和孩子相处的书,渐渐变得开放、开明和温柔,给了我很多支持与鼓励,今天更是和我像朋友一般。

02　母亲的偷窥

我的母亲是一位严肃、死板、较真且偏执的人。做法官的她做事的确十分认真,效率也高,但这样的性格也让她在与同事、甚至与家人的相处中吃尽苦头。尽管父亲打我的时候,母亲总是拦着,她与我相处时间也多,这些的确拉近了我与母亲的关系,但我也总是被母亲赶出家门,在门口站上几个小时不能回家,哪怕不是我的错,而是因为母亲不知道如何放下面子"原谅我",让我回家,所以**我从未能在她的口中听到"对不起"三个字,而总是记住她的一张"苦瓜脸"。**

初三是一个关键时刻。和很多家长一样,她也会偷偷看我有没有在学习,不过也许是她觉得站在门口看我太过明显,会影响我学习,所以她想躲起来偷偷地监视我。

到这里,就需要说一下我房间的构造了。与我房间相连的是厕所,中间隔着一块大的透明玻璃,两边互相能看见,只是厕所一边有一扇百叶窗作为遮挡。**正因此,我的母亲居然将百叶窗拉开一条缝,只露出她的眼睛来看我。**我的桌子上恰好有一块镜子,而我恰好看到了这一幕。这份扭曲的关注、扭曲的爱,对我造成了太多的负面影响。

也许本该充斥我内心的是强烈的背叛感、不信赖感,但当时,**我似乎只能感觉到巨大的恐惧,它冲击着我、震荡着我,使我整个人都恍惚了。**自此以后,我总是觉得我的背后有奇怪的视线,心里凉飕飕的,无法专注,只感觉难受、恶心和恐惧。我必须锁紧我的房门,否则我无法做事,无法睡觉,无法进行任何行动。同时我还出现了抓狂、自言自语等行为,我总是需要大吼大叫,喊"救命",砸东西去发泄我的情绪,否则会感到窒息。几个月后,我反而需要待在黑暗的房间里,关紧窗户,锁紧房门,不开灯。因此,我回到家就进入我的房间,并极度排斥我的母亲,不愿见到她,不说话,一说话就吵架,甚至告诉她是她毁了我的一切,而之后她搬了出去直到我中考结束。

03　重新审视"伤疤"

随着时间的流逝,我和母亲的关系趋于缓和。回想当时,我甚至都有些怀疑母亲偷窥我的事情是否真的发生过,我想我之所以会怀疑当时这件事的真实性,应该是我的心理防御机制起了作用。理性层面我想和母亲修补关系,潜意识层面也因为这件事太痛苦而启动了压抑的机制,慢慢想要淡化这一段经历,遗忘不好的回忆。但事实终归是事实,**我终于还是要面对、处理这件事**。但这并不是坏事,也许意识到问题存在就是改变的开始。

首先,上述的这件事情对我时至今日依旧存在很大的影响,我仍旧必须锁紧房门才感到安心,即使是关起来不锁也不可以;很多时候我只愿一个人待着,才感到自在、舒适;我仍时常觉得有奇怪的目光注视着我,哪怕整个家里只有我一个人;当想起这件事时,我总是止不住地难受、胸闷,难以呼吸。我想到的只有无尽的悲伤、无助和压抑,并祈祷这样的事以后不会再发生在任何一人身上。

其次,因为总是被冤枉,成为被发泄的对象,而得不到任何的道歉和补偿,因此我总是产生不匹配于当前情况的情绪反应。例如,很多应该生气的时候,我却是沉默、冷淡,无动于衷;很多时候当他人悲伤时,我并不能感受到任何一丝悲伤;我总爱把"对不起""抱歉"等词挂在嘴边,尽管有些时候我并不觉得是自己的错,但我仍愿意说出口,我想是因为我过分厌恶父母不愿承认错误,反而我走向了另一面;我总是给别人过多的机会,一再容忍,可能是因为我对父母有过多的无奈而产生了这一份无限的宽容吧。

04 有爱就有恨,有恨必有爱

尽管不愉快的事总是令人印象深刻,刻骨铭心,但成长路上更多时候还是**充满着爱**。这件事发生后,父母也进行了深刻的反省与改变。高中住校,大学异地,这样长时间的沉淀、分离和思念,还有父母和我的共同成长,最终还是让我们的关系破镜重圆。我和爸妈共同面对问题,解决问题,弥补自己的缺陷。现在我的原生家庭中充满爱。我也相信,从今往后,我的人生会因此充满正能量。

如果爱的方式错误,变得扭曲,长满荆棘,就不再是爱了,而是充满伤害,变为恨的根源,会摧毁一个孩子、一个家庭。学会掌握好爱的尺度,是每个家长都应该做的。因此,我也相信,**对于世界上的每个人来说,这些知识都能起到预防、处理自身境遇又或是帮助他人的作用**。希望心理学能受到更多的关注与研究,在更多的大学能开设相关课程和专业,也希望每一个原生家庭都能幸福美满。

> **点 评**
>
> 母亲对作者的关心用了过度控制甚至变态的手段,对他造成了深深的伤害,父亲在此期间起到了安抚、支持的重要作用。因为内心爱的呼唤,父母和作者在不断反思、学习和总结过程中都有所感悟,也在慢慢为修复关系而努力。正像作者所说:"有爱就有恨,有恨必有爱。"每个人在成长过程中总会有充满爱的瞬间,留下美好回忆,也会有某些创伤。哪怕是再美满的家庭,都有一些令人生厌的时刻,充满爱恨情仇的故事在这个世界的每户人家中不断发生着。这些包裹着笑容,也藏着泪水的回忆,让作者对爱有了更深刻的认识,帮助他得以健康成长。

第二节 我们的性格背负着伤心的回忆
——原生家庭对我们性格的影响

案例一:我的自卑、忍让性格是如何形成的?

01 童年的记忆

父母在刚生下我不久后便出省打工了,**我脑海中关于老家的记忆都是一些比较恐怖的画面。**比如我站在高高的泥土路上,两边都是河流,中间有一处开口,我向下看,水流湍急,要过去就必须跨过一米多宽的开口;再比如桥边有一处大斜坡,我看到一辆刹车失灵的货车,直接掉入河中。

因为从小和爷爷奶奶生活,我对父母没有一点印象。后来父母把我接过去和他们一起住,我不敢说话,一个人在角落睡觉,但根本睡不着,偷偷睁眼看他们,然后继续装睡。在这种情况下,我其实非常渴望父母来理睬我,因为我谁也不认识。但是父母忙于**生意并没有和我交流互动,而是让我一个人待着。**

02 父母的暴脾气

在我的印象里,母亲经常生气骂人,而父亲却不敢吱声。但是父亲并非没有脾气,他生气起来十分可怕。比如在一个下雨的夜晚,当时我不到 10 岁,父亲让我给他拿一个橘子,而母亲说他这么懒,让我别帮他拿,我就不帮他拿了。**我以为母亲让我别帮他拿,应该不会怎么样,结果想不到我被暴揍了一顿,那是我记忆里被打得最惨的一次。**然后,他拿着打我的工具逼我帮他拿了个橘子。被揍之后,我只能告诉自己:父亲会生气,打人比母亲疼多了,惹不得。

我小时候心里会有这样一种想法:距离上一次被打已经半个月了,最近要小心一点。那段时间父母通过暴力完全把我控制住了。在当时的情况下,我很少和他们有过什么交流,无论是在学校里被欺负了,还是作业太多做到深夜,没人来问我,我也没想过可以和他们倾诉什么。

03 父母的伤害

由于家庭经济条件有限,我很害怕学校同学知道我的家庭情况。开家长会时,我会要求父母穿好一点的衣服;父母送我到学校门口,我很害怕被同学看到,下车说声再见转头就走;父母来接我,我会十分注意附近有没有认识的同学。

最让我觉得难堪的是我家和舅舅家一起去公园,公园里有游乐场。表妹、表弟对舅舅说想玩,舅舅就直接同意了,我说了我也想玩,被父亲拒绝了,我就只能看着表弟、表妹玩,没过多久我自己一个人回家了,在家里哭了好久,父亲回来后也没有任何表示。家里没钱,我认了,但是舅舅家的经济条件和我们差不多,两家小孩一起出来玩,让自家孩子看着别人玩,我就很困惑,那段时间我自卑到了极点。

我觉得他们老是贬低我。母亲就很喜欢语言上的冷暴力(反语),让人听了就很烦;父亲觉得自己是家里的顶梁柱,没有人可以来管他,在他做出一些不好的行为的时候(比如吃饭不注意自己的形象、不讲卫生等),我们说他,他偏不听,还对我说一些贬低的话,比如"你算什么东西,家里什么都是我赚的,你凭什么管我",对于这种话,我真的无言以对。

04 我是父亲的"翻版"

在我的交际过程中,我会不自觉地把自己摆放在较低的位置上,经常来满足对方的需求。这种无意识的行为和我的原生家庭必然是存在联系的。在小时候,我以满足父母的需求为目标,因为如果没有做到他们想要的,他们就会生气,我就容易被打,日复一日地反复刺激,形成了无意识。所以在家里,只要他们说什么,我便要做什么,从来没有过拒绝的想法。当我到了社会上,我便主动去帮助别人,事情过后,我经常会想:我为什么要去帮助他人?(可能是乐于助人,但有时候我真的觉得没这必要)可能也是由于这方面的原因,身边人觉得我是一个好欺负的老好人。

我觉得我的人际交往方式和父亲有很密切的关系,最直接的一个感受就是我和我父亲很像。父亲在人际交往过程中也属于弱势的一方,在外面别人都会觉得父亲是好欺负的。记得有一次母亲和我说,父亲在外面被人用恶言恶语挑衅,父亲当时没有什么反应,只是沉默。这种交际方式完完全全地复刻到了我身上,我和他被别人的言语触碰到个人自尊时,我们都选择了沉默(这或许也是无意识的)。在家里,父亲也是一个寡言的人,不管母亲怎么说他,他都可以保持沉默。从目前的情况来看,我已经将父亲的交际模式内化为我自身应对外界环境的方式了。我也很苦恼,很想改变,但是每当有人说出伤我自尊的话时,我又会无意识地选择保持沉默,事后又告诉自己不应该这样,但是事发时做出常人应有的反应又好难好难。

05 被迫懂事的孩子

父母口中的懂事的孩子,也许只是"被迫懂事的孩子"。我刚到父母身边一年多时,母亲又生了弟弟,但是照顾弟弟的担子不知怎么便落在了我的身上。那时母亲刚生育完,身体虚弱,父亲则需要打工赚钱,7岁的我要承担起家庭的一些责任,包括做饭、给弟弟洗尿片等。后来,母亲身体恢复,弟弟也送去了幼儿园,母亲便跟着父亲一起去打工了。平时,我要负责放学后把饭做好,下午还要去幼儿园接弟弟,大概来回三四公里,然后回来做饭、烧水,等家里吃完饭后,我才有时间写作业。到了周末,我不仅需要照顾好弟弟,还需要承担一天的所有家务,包括买菜、洗衣、做饭、打扫卫生等。如果这些事情没有完成的话,母亲中午回来又必定是一顿谩骂。在外人看来,我对父母是贴心的、孝顺的和懂事的,他们也经常夸我,说我很能干,还常常当着别人的面说我好。其实当时的我并不知道什么是孝顺,我只是必须完成这些,我只有满足了父母的期待,父母才会好好对待我、爱我,否则家里永无安宁之日。

06 上课后的自我反思

面对这样的家庭关系,父母辱骂孩子,家庭暴力,不尊重孩子的自尊,使得我现在性格自卑,对自己没有自信。在社交中,我是沉默者。父亲面对母亲苛责时表现出的忍让也深深地刻在了我的骨子里。长大成年后,**自卑、不自信、沉默、忍**

让,这四个词可以很充分地概括我目前的人际交往状态。此外,我的性格中还有:

情绪敏感。很容易陷入别人传递的负面情绪中难以自拔,也很容易看别人眼色。这一点我深有体会,之前我的一个朋友心情不好,冲我发了脾气,我当时什么话也没说,一是不知道说什么,二是感觉她生气了,我会觉得很难过。

容易发怒。我小时候被迫成了懂事的孩子,但是我自己的需求没有得到满足,我是有怨言的,但周围的长辈都夸我很好、很懂事、很孝顺,我也不能把怨言发泄出来。也许压抑久了,所以长大后我就会没来由地愤怒。我没有向朋友发泄过,不太喜欢表达自己的情绪,但在家里,我经常不知道怎么回事会突然很生气,朝弟弟发火(这里向我的弟弟道歉)。在课上的实验过程中,我做了"成人依恋表:亲密关系经历量表",结果是恐惧型。的确,我很难建立依恋(依赖)关系,因为小时候我没办法依赖父母,长大后就更没办法依赖别人,被迫独立自主,导致我不会依赖别人。

如何处理原生家庭给我们带来的影响,我的思考是:

不要太过度地苛责自己。因为当时的你还只是个孩子,很多事情并不是自己的错。

不要后悔当初。如果当时能够怎么样就好了……关注一些没有办法改变的事情是无济于事的。

尝试客观地看待父母。不要把父母看得太理想化,他们和普通人一样也会犯错。他们之前可能就是无意识地操纵着你,我们也要学着接纳这些事实。

最重要的改变方法是重新成为"孩子"。在生活中去寻找那些或者顺应那些你想重新成为孩子的瞬间,比如说突然想荡秋千,想吃糖葫芦,如果时机合适,不要抗拒这些事情。也许我们小的时候被剥夺了当一个小孩的权利,但我们仍然有机会成为一个好的大人。同样,也许小时候我们不得不成为一个大人,但是在我们成为大人之后,在一些情景下,我们是可以选择去重新成为"孩子"的。

我深刻地认识到了我交际过程中存在的问题,虽然我目前不知道该如何去改变这些,不过既然知道了原因,那改善起来会是事半功倍的。

我意识到家庭对于孩子个体发展的重要性,也许影响孩子一生的就是某个瞬间,某个让他深深刻入脑海的瞬间,希望以后可以不断改善自己,避免让我的孩子、我的家庭经历我曾经历的那些不好的事情,希望我的孩子可以快快乐乐地长大,我会呵护他每一分每一秒。回溯原生家庭的问题,改变我们的认知,我们才能修复好自己。

> **点 评**
>
> 作者在6岁前由爷爷奶奶带大,但似乎也没有得到过充分的爱,这从作者"关于老家的记忆都是一些比较恐怖的画面"大致可推测。按照心理学的众多研究,儿童出生早期抚养人和环境对其个性的养成影响重大。所以,作者的不安全感在那时就种下了。六岁后他才与父母生活在一起,而且从小就承担了很多家务,要承接父母的情绪,要成为好孩子,但其内心孤独、无助,渴望亲情的心理很少得到满足,导致其"自卑、不自信、沉默、忍让"的个性。通过学习,作者能够比较深入地了解到自己性格的大致成因,为未来的改变打下了很好的基础。

案例二:明明很想与别人分享,但却总是说不出口

我极少和家人、朋友甚至闺蜜分享我的情绪和发生的事,我明明很想和别人分享,但却总是说不出口。

01 "表面看上去你很高冷":父母的争吵淹没了我的情绪表达

小时候我是一个特别会说能说的孩子,可在小学二三年级时,父母经常吵架,每次放学回家,我也不敢乱说话,生怕一碗水端不平让父母觉得我偏袒其中一方,只能默默地听着他们的争吵。

不知在这过程中我的性格是如何改变的,但我清楚地知道,上初中后我就很少主动与同学们交流我的家庭情况和情绪,有什么情绪都会憋着自己处理。可能在这样的家庭氛围中,我的自我表达需求逐渐被削弱,识别别人情绪的能力增强,在人际交往过程中为了让对方更加开心,我会在交流的过程中摸清对方的情绪状态,顺着他的心思说下去,而那些我真正想要去表达但可能会让对方不开心的话却几乎不会说出来。

这种不自我表露的性格对亲密关系的发展也产生了很大的影响。很多我的异性朋友在谈到对我的第一印象时,总会说到我看上去很高冷,不敢轻易接近我。这就阻碍了亲密关系的开展。在恋爱关系中,我的不善表达感情,会让对方

很难猜透我的心思,后面的进展就会越来越累。

02　过度依赖哥哥却失去了独立

另外,我也很在乎别人的情绪,这表现在我对家人的依赖上。

刚上大学,我并没有意识到人格独立的意义。**我每次做选择前都要思考再三,但久久不能决定。**究其原因,可能是我从小到大都没有独立地去做过任何事情吧。我有一个大我两岁的哥哥,我已经习惯了哥哥帮助我,所以也没有想过独立。

成年之后,我越来越意识到脱离原生家庭和父母的依赖是多么重要。如果我们在心理上不能脱离依赖,自我存在感会越来越低,无论是对亲密关系的发展,还是对人生的发展都会产生一定程度的不良影响。原生家庭对我们的影响之所以很大,是因为在我们还没有判断能力的阶段,我们会毫不犹豫地信任照顾和关怀我们的父母及家人。但是随着年龄的增长,我们的判断能力也提高了,我们应该越来越有能力去选择自己想要做的事、说的话和爱的人。

03　开始改变,要有独立的人格

当我们在家庭中、在最亲密的关系里感到不舒服、不自在、不愉快,其实,就是在提醒我们,要去觉察、反思和改变。我们对自己不满意的时候,首先要做的不是去控诉和谴责我们的原生家庭,而是要在自己身上找出原因,去发现自己的情绪,去实践内心向往的东西,去做自己,这样才会让我们越来越快乐。

"我们是如何成为我们的?有多少先天因素,又有多少后天因素,才把我们塑造成我们?"本课程对我最大的影响就是我能在心理上意识到我是一个独立的个体,不再依附于我的父母,我需要有更加独立的人格,逐渐增强自我价值感和自我认同感。成年不仅是生理上的成年,更是心理上摆脱依赖,形成独立的人格,做独立的自我。

> **点　评**
>
> 原本爱说爱表达的女生,因为父母关系的变化变得小心翼翼,需要去揣摩别人的心思,不敢表达自己的真实想法和情绪,并较多地依赖家人。学习了本课程后,作者对自己个性的养成有比较深入的感悟和觉察,但如何重新塑造、改变自己还需进一步探索。

第三节 为啥我总跌倒在同一类型的"坑"里？
——原生家庭的"强迫性重复"

"我一直是一个非常守时的人，如果时间充裕，我会提早半小时出发，而别人不守时，往往我会很反感，甚至在等待的时候非常焦躁。某个周末我和男友相约见面，我早到了10分钟。可到了约定时间男友还没有出现，发消息问他，他说还要10分钟。我突然就变得很生气，说下次他如果没有准时到，我就立马掉头走。当时我并没觉得这话很伤人，男友哄哄我也就过去了。又有一次，我们约好去植物园玩，男友长了记性提早半小时就到了，我却很晚才出发，等到了约定时间，我还在地铁上，这时候男友学着我上次的做法，给我发了消息：'半小时之内你还不到我也走了。'当时我心里就很难过。下了地铁，我一路狂奔，边跑心里边想，上次我真的是太凶了，见了面要好好道歉。同时，担心男友走开的恐慌在心里蔓延，跑着跑着突然我的脑海里闪过一段画面，那是我小时候约好了爸爸一起去公园，因为我挑衣服太慢，等我打扮好下楼，爸爸已经锁了门走了，我在家里大哭，非常难过。这件小事我早已忘记了，但在那时突然出现在脑海中，真的很奇怪。我还在继续往植物园跑，但心里好像不那么害怕了，我有些明白为什么我那么强调要守时了。"

影响我们生活的一些习惯和癖好，也许都有原生家庭的影子，这需要我们好好觉察。一旦有了比较深刻的感悟，对于一些矛盾和纠结我们就会有应对的思路和方法。这个女生因为小时候延误了出发的时间，被爸爸扔下了，这种痛苦的感受深深地进入了潜意识，长大后遇到相似情境，这些情绪感受又会出现，除了伤心和害怕，还夹杂了对爸爸当时"抛弃"自己后的委屈和愤怒，但这次的对象不是爸爸，而是男朋友，这就是"强迫性重复"的效应在起作用。

"强迫性重复"是说，**从某种意义来说，我们在处理人际关系时一直在重复我们童年的经历**。小时候，父母的心理特征在我们的潜意识里埋下了"种子"，会左右我们选择恋人的标准，而且，我们在成年后会和父母的个性相似，或用同样的方式与别人相处。

某同学写道："我母亲是一个性子非常急的人，小时候如果我和她意见不一致，并且彼此都无法说服对方的时候，她就会提高声音，会有非常激烈的争执。

我每次都会想我不要这样。后来有一次遇到一件让我非常气愤的事,我在父母面前抱怨抓狂,宣泄我的愤怒时,我爸突然来了一句:'你小声点,怎么和你妈妈一样。'那时我突然意识到,我居然变成了这么情绪化的人!通过课上的学习,我才知道这是强迫性重复的表现。我想在之后的日子里,一定要努力地觉察自己的'强迫性重复',及时反省和调整,从而避免自己极端情绪化造成的影响。"

还有一个女生写道:"我在高二时谈过一次恋爱,我们完全没有吵过架,更没有大起大落的情感变化。有朋友开玩笑地说我们平淡得像是好友而不是恋人。我自己在其中一直处于主导地位,比较强势。起初我很喜欢这样的相处模式,但时间越长我越抵触。**因为对方越来越温顺、乖巧,甚至像小女生一般撒娇,这让我无法理解,更无法接受**,仿佛我们的身份角色发生了转换。所以经过思量,我手写了一封信表明了我的态度,他也表示理解,这段感情就此结束。**我认为我的性格与恋爱模式受家庭影响非常大,尤其是父母的婚姻关系。**这种'男强女弱'的相处模式,使母亲在婚姻中的地位十分低微,我也一直生活在父亲的主导之下。我并不喜欢这种相处模式,也从不认为这是正确的,我更希望这种模式可以倒置。在与他人的恋爱关系中我更是将我渴望的付诸实践——找一个听话的男朋友,不被他人支配。这是'强迫性重复'的其中一种效应,'以一种曾经被伤害的方式来对待另一半',而我深受此影响却许久不自知。这种无意识的过程让我渴望在两人的亲密关系中获得一种我在原生家庭里得不到的相处模式,虽然刚开始时我会感到放松与满足,但这只是暂时的,最终还是会带来长久的失落感。"

案例一:我的"心理按钮"和对男性的排斥

01 母女矛盾和我的"心理按钮"

"心理按钮"是指我们因为对方的一句话、一个表情或者一个动作"触发"和引起过度的情绪反应。每个人都有自己的"心理按钮",因为它勾起了我们童年或者成长过程中的一些非常强烈、痛苦的经验感受。

我特别害怕别人生气。在和别人相处的过程中,只要对方有一丁点冷淡、不耐烦或是愤怒的表现,我就会下意识地想"他是不是生我的气了"。如果对方进一步表现出对我的冷漠或是指责我,我就感觉自己浑身上下的警报都被拉响。"他真的生我的气了"这个意识开始在脑中不断地盘旋,我开始回忆我做的一系列事情,思考自己到底是做错了什么才会让对方生我的气,不管实际上对方是不是真的"生我的气",我都会认为对方产生负面情绪的原因在于我。我真的可以找到自己犯下的一些"失误",并确信是自己的"失误"导致了对方的负面情绪;无论事实上我找到的那个"失误"是多么的无关紧要。一旦确认了我的"失误",我便开始思考该如何向对方道歉,让对方消除负面情绪,"不要再生我的气"。在这个过程中,**我会感到极度的恐慌和无助**,我感觉自己错了就是错了,事情已经发生,犯下的错误难以弥补,再如何道歉也无济于事。**有时这种无助也会转化为一种愤怒**,我会怨恨对方"因为这么一点小事就和我生气"。最后,我会回避对方,绝不主动和对方搭话,甚至出于愤怒而故意做出一些我感觉会进一步惹怒对方的事情。直到对方愿意主动和我说话,看起来"不再生我的气",这时我才会和对方说话,看起来像是什么事情都没发生过一样。尽管在回避对方的过程中我感到非常难过和恐惧,害怕对方因此和我断绝关系,但我也绝不主动去联系对方。

很多时候,对方的负面情绪根本和我没有任何关系,甚至对方根本就没有负面情绪,只是被我误解了。直到对方和我主动聊天时我才发现自己其实白白担惊受怕了好一阵子。而当对方真的生我气的时候,我对他负面情绪的冷处理则进一步加重了我们之间的矛盾,让很多很容易化解的矛盾被进一步激化。

我发现其实这一系列行为产生的原因和我的母亲有关。我小时候,她几乎每周都要向我发一次火,她发火的样子非常可怕。**她每次发火之前,都会对我特别冷漠**,对我而言,她的这种冷漠几乎是毫无征兆的,我无法敏锐地察觉,而每次我发现她情绪有所变化的时候,往往她已经非常生气了。这时候,我会小心翼翼地问母亲:"你是不是生气了?"得到肯定的答复之后,**我会去问她生气的原因,但每次她都不会告诉我,让我自己猜。这让我习惯性地拼命从自己身上找原因。**母亲的冷漠态度让我感到**异常恐惧、不安与痛苦**,那时候我特别害怕母亲会因此再也不喜欢我,我害怕母亲永远也不会原谅我。冷漠过后她的情绪就会爆发,她会狠狠指责我犯下的错误,并且会强调:"我当时就已经很不高兴,明显暗示过你了,可是你还……"让我意识到自己错误的严重性,暗示我明明有机会改正自己的错误,但是我没有抓住,对此我感到自责不已,**可实际上她的暗示根本不足以让我察觉到**。往往爆发过后,她只要我安安静静一段时间就会自动原谅我,并且为了补偿我,她会对我十分好,但下一次她生气时,还会重复同样的场景。

我想,别人对我冷漠的态度就是我的"心理按钮",他们的冷漠引起了我对于母亲非常痛苦的回忆。作为童年每次都不能及时发现母亲情绪变化的弥补,我对别人的情绪变化异常敏感,经常会放大甚至误解别人的负面情绪。我会认为这全都是我的错,并在与他人的相处中容易把对方的负面情绪全部归因于自己,且相信自己的一点小失误真的会让对方异常愤怒,并对此自责不已,后悔自己所做的行为。而我在对方愤怒时的表现也几乎复刻了童年时对于母亲生气时的处理方法——对方生气时别再加重她的愤怒,什么都不做等待对方愿意和我说话才是最好的。

其实仔细想想,童年时期母亲生气的原因并不一定是我犯了错误,有的时候只是母亲自己因为种种原因感到不愉快,这时只要我做了什么不合她心意的事,**她就会把自己的负面情绪发泄到我身上**。现在我面对别人的冷漠或是指责,第一反应仍然是"对方要生气了",但是在拉响警报之后,**我开始能够意识到是对方的表现触发了我的"心理按钮"**,开始意识到其实这不一定都是我的错,之后我需要一段时间慢慢让自己冷静,从那种状态中摆脱出来,从而用更加积极的方式去看待和解决问题,尽量避免冷处理。

02 家庭背景和"疏远负面型"父女关系对我的影响

我对爱情抱有渴望和幻象,可是一想到要和男性建立亲密关系就令我感到不适。在学习到父女关系的相关内容时,我发现自己的状况和"疏远负面型"父女关系非常相似,我想我的这种想法可能和原生家庭有不小的关系。

在我的成长中,父亲很少回家,我也很不想让父亲回家。**父亲的大男子主义比较严重**,他在工作中是一位小领导,在家中他似乎不能很好地完成角色转换,依旧像领导一样,不苟言笑,感觉十分难以亲近,而且**他说什么就一定是什么,我和母亲都必须听他的**,他还会在**未经我允许的前提下随意动我的手机和电脑,拿来玩游戏**。我觉得他性格比较暴躁,如果我犯了什么错,母亲只会训斥我,**但父亲会狠狠地打我**。

我的母亲是一位全职妈妈,她曾经也有自己的工作,但是在婆婆和丈夫的劝阻之下辞掉了。我非常同情我的母亲,我不认为她在这段婚姻关系中获得了幸福。因为没有工作和收入,她在和父亲的对话上总是低人一等,她只能屈服于父亲,屈服于婆婆,受尽委屈。我认为她是传统家庭观念的受害者,她本来可以有自己的职业、自己的生活,她本来可以不必生活得这么辛苦卑微,为了父亲和家庭,她牺牲了太多。

因此,我很不喜欢我的父亲,也不愿意亲近父亲,甚至很多时候都不把他当作我的父亲,而是当成一个"熟悉的陌生人"来看待。虽然随着年龄的增长,我能感受到在很多事情上父亲对我的关心,我也清楚父亲是爱我的,可是我仍然很难发自内心地亲近和依赖他,每次和他聊天,都只像是为了完成任务一般。

03 原生家庭对我的影响

我发现,自己为了避免成为和母亲一样的人,似乎走向了另一个极端。**我对于男性的疏远和厌恶可能就来源于我对父亲的不满和对母亲的不认同。我认为作为女性,个人的幸福和家庭的圆满之间存在着严重冲突,女性的结婚、生子,为家庭奉献都是父权社会下的被迫牺牲。所以只要男性有一点大男子主义的想法或行为,我都会感到异常反感,我也因此完全不愿意结婚生子,甚至有时候我觉得与男性建立亲密关系都会因此而被剥削和压榨,尤其是之后我们很有可能会发生性行为,而我总认为和男性有性行为就是被他们剥削性价值。每当母亲向我倾诉她的不幸,每当父亲摆出高高在上的样子斥责母亲时,都会更坚定我的这种信念。**

虽然我明白并不是所有的家庭都像我的家庭一般,尤其是在课堂上我也知道了很多令人动容的爱情,比如周总理和邓颖超的爱情故事,在我和结对同学的交流中我也发现并不是所有的男人都像我的父亲那样残暴,有严重的大男子主义,此外,我明白自己对于性有很大的误解……但我内心深处还是对母亲说的"你需要个男人"的说法感到排斥。不过目前我也有了一定的改善,至少我认识到了自己对男性敌意的一部分来源,我也开始试着和男性(比如我的实验结对同学)进行进一步的交流,我们之间目前还维持着较为频繁的联系,有时我也会和他抱怨一下生活上的不顺。我的观念已经开始慢慢改善,我相信世界上有双方互相扶持、共同进步的美好爱情,只是这一切都还需要一些时间。

> **点 评**
>
> 因为需要揣摩母亲的心情,迎合母亲,所以特别害怕别人生气,这成为作者的"心理按钮";很少在家的父亲对作者的不尊重乃至粗暴对待,使得作者个性中有很多讨好但同时又不信任的成分。作者对自己性格的形成有较为深刻的认知和分析,能够比较准确地分析父母给自己带来的影响,希望通过进一步的学习、沟通、交流和体验,有更多的感悟。

案例二:人际边界不清的两段感情

01 我的父亲母亲

我出生在一个普通家庭,父母关系不是很好。**幼儿园的时候我很喜欢爸爸,**

每天都要躺在爸爸胳膊上睡觉,到小学就没有这样了。爸爸总是高高在上的,认为妈妈只是个村野妇女。妈妈更多的是回避。她不敢改变现状,只想一辈子这样安安稳稳地过去,她怕爸爸吵架时动手,所以能忍则忍。

我在高二谈了恋爱。用G(此处以字母代指当时的男朋友)的话来形容,我们的爱情从开始的热恋,到后来的平淡,直到最后归于死寂。

02 我的第一段感情

热恋期。国庆七天假期,我每天都会给他发消息等他回复,可是他一条消息都没有回复,整整七天我都在失落中度过,学习也没有什么进展。**我怕他不爱我,怕失去他,怕没有人爱,我很缺爱**,就像小时候我渴望妈妈有一天的空闲时间陪陪我一样,但她总是在忙,白天把我丢给爷爷奶奶,晚上接我回家。我在找童年缺失的那份爱,当这份爱到来了,我想要努力抓住它,生怕它溜走。虽然我很难过,可是我并没有告诉他,我怕他有负担,我怕我会成为阻碍他进步的绊脚石,所以我选择了自己承受,**选择了我所认为的"宽容"**。

平淡期。高二期中考试过后分班,我和他分在不同的班级。有一天,我明显感觉到他在刻意回避我,我不明白为什么,冷静之后,我把问题归结到我自己身上。后来他说是他受不了我身上的某一个特点,不过他不愿再多说,还向我道了歉,我也没有继续问下去,心想,回来就好,回来就好。我告诉自己要宽容,他不是故意那样对我的,于是我无条件地原谅了他。可我没想到,这件事一直被我们隐藏着,蓄势待发。

死寂期。高三又一次分班,我们两个再次被分到了同一个班级。我们的关系被学校知道后,班主任明令禁止我们两个交往,于是我们只能通过眼神交流,直到高考前我们再也没有说过话。**我知道我们的感情似乎在慢慢变淡,可我不确定他现在对我是什么感觉,于是我决定暂且放下**,把这件事放到高考后再去处理。我鼓足劲开始学习,每天下课不仅和女同学讨论问题,也经常和班上几个理科比较好的男同学讨论。在我学习劲头正足、离高考还有12天时,晚自习下课他给了我一张纸条,我欣喜若狂,以为他是来鼓励我冲刺高考的。回到宿舍我马上爬上床,拿出手电筒"偷偷"地看。灯光下,前四个字就那么刺眼——"结束了吧"。**我马上下意识地合上纸条,躺在床上动也不敢动,泪水再次冲破眼眶**,中间我一度想睡过去,可又似睡未睡。凌晨两点半左右,我鼓起勇气把剩下的内容看完,又紧握着纸条想要入睡,我发觉天亮了,快五点了,我撕碎那张纸条,很碎很碎,从四楼丢了下去。

为什么他要在高考前和我说这个？可第二天我看到他那无精打采的样子，我在想，他是不是也一晚上没睡？我和一些朋友聊到这件事的时候，他们都对他的做法格外愤怒，可我告诉他们："你不了解他，我不怪他，别说了。"我还是那样，选择了宽容。

现在想来，其实我们之间发生的很多事都是我的父母之间关系的重现。我的妈妈一直在隐忍，我这么多年一直看在眼里。虽然我觉得新时代女性应该有自己选择的权利和打破现状的勇气，可我还是陷入了这个"强迫性重复"的怪圈。我一直在忍，认为无须太多的交流，自己无条件地对他好就是爱，因为我妈妈对待我爸爸就是这样的，不管爸爸和她吵架多么激烈，她还是和往常一样对他好，帮他洗衣服，铺床。

这一段感情过去半年之后我才走出来，我很惊讶这竟然和老师上课时讲到的时间跨度一样。半年里，我一直在找自己的问题，因为我和男生接触太多，高二时他就心存不满，高三时爆发了出来。我自责，我以后要和男生保持距离，要建立严格的边界，而且以后要多和伴侣交流，如果他不告诉我错在哪里，我又怎么改正呢？

03 我的第二段感情

带着这些教训，我在半年后重新出发。×是我一个很聊得来的学长，比我大一届，我在高三的时候遇到学习上的压力他会给我鼓励和支持，高考填报志愿时他也帮了我很多忙。进入大学我们聊得更多，慢慢地我发觉我们的关系不一样了，于是在10月底的一天晚上，我提了一句"我发现我对你的感觉好像和以前不太一样了"，他就提出说我们两个试试，我答应了。

可是过了两天，我接受不了一年多的朋友突然成为恋人，我说我们算了，我问他还能做朋友吗，他虽然很生气，但说了还能做朋友。我努力再次把我们的关系变成之前无话不谈的好朋友。

寒假母校宣讲活动让我们在母校见面，在那两天里我们的感情迅速升温。之后的一周里，我满脑子都是他，无时无刻不在想着他，我自以为这次真的喜欢上他了，于是告诉他我好像真的喜欢他，他答应了，可是这段感情很快又胎死腹中，我再次提出了分手。

我还想努力地把我们的关系拉到从前，可是我错了，他把我骂醒了，从那以后我再没去找过他。虽然有时会聊天，可我们的关系也变得很普通。

上了这课之后，我知道了一个叫作"边界"的词语。我也清楚地发现了自己

人际边界感不清晰的问题。 边界感强的人能很清晰地觉察到人与人之间的边界在哪里,所以他们不会越界,也不会纵容对方越过边界而干扰到自己的私人空间和权益。而我却一直没有在和他的关系中保持清晰的边界,我不仅经常越界,而且也容许他越过边界,我甚至还企图马上恢复关系,一次又一次地越界,最终导致我们关系僵化。幼儿园时,我每天晚上要躺在爸爸胳膊上睡觉,直到小学一年级偶尔也会这样,后来就没有了。小时候与爸爸的边界就不清晰,以至于长大后和异性朋友相处也总会触碰到边界。我发现,自己和 G 在一起的时候也是这样,**由于边界不清,所以和别的异性朋友相处的过程中没有发觉不妥当,最后导致分手。** 我常以"拯救者"自居,高三的时候就经常帮助宿舍里学习比较差的同学,连续几天晚上给一个关系不错的女生讲题讲到凌晨,虽然耽误了自己的睡觉时间,可是却发现这是我想要去做的事情,当时觉得有些奇怪,不过还是去做了。其实这也是人际边界不清晰的体现,**我分不清自己的责任和该做的事,** 觉得如果我不去帮助她,她就会变得越来越糟,可是我真的有这个能力吗?我不知道。

04 我的感悟和总结

对以上的问题,我也在尝试补救:

我自以为的"宽容"其实是妈妈的隐忍。 在两性关系中,两个人首先要做到平等,平等地沟通交流,一方不能一味地忍让,避而不言。要让对方知道自己的情绪,才有可能使他做出改变,才有可能使关系变得更好。

在渴望爱之前首先要做到爱自己。 对自己深入觉察和反思,善待自己的身体和心灵,接受自己的情绪和感受,接纳自己的缺陷。自己强大了才有能力去接受别人的爱。

要想构建好自我边界需要进行自我定位,扮演好自己的角色。 和对方在一起时,明确自己的界限在哪里;同时也要维护好自己的边界,防止他人侵犯。

原生家庭对我的成长有着超乎我觉察和想象的影响,好在上了"爱情心理密码"这门课之后,我在慢慢探索,慢慢体会,期待在之后的亲密关系中一点点做出改变。爱是一场终身学习,爱过,觉察过,那就不要畏惧,再次出发吧!

点 评

由于原生家庭的影响,作者在两段感情中都没能体验到比较好的感觉。第一段长达两年的感情在作者的"宽容"、默不作声、边界感模糊中逝去;第

> 二段感情虽短暂却将作者的问题再次清楚地呈现出来。人际边界不清晰究竟会给一个人的亲密关系带来怎样的深刻影响?在学完"爱情心理密码"这门课之后,作者深刻地领悟到,爱是一场终身学习,不断捕捉和觉察自己在亲密关系中的表现,追溯原生家庭,找寻痛点的根源,才能慢慢治愈。

第四节 照顾好自己,有独立的想法
——如何处理原生家庭带给我们的影响

案例一:与原生家庭的"抗争"

原生家庭会对几代人造成影响,一些家庭习惯已经成为人生信条,无分好坏,只是感叹这种影响是巨大的。

在成长中,我们对自己今后的生活需要作很多思考,和原生家庭"斗争"是无可厚非的。即使我们的想法不如家长们成熟,但这并不是我们抛弃自己想法的理由,就像某位老师所说:**年轻人适当地走些弯路也未尝不是好事,可以锻炼年轻人的能力**,毕竟你们最终要自己面对生活。原生家庭缔造了我们,但我们在某些事情上与家庭的抗争并不是所谓的"大逆不道",而是为其注入新鲜血液。这种新鲜血液可以使家庭(家族)的教育方式变得更好更有效,得以流传,不至于因为社会的剧烈变迁而被迫淘汰。

上了大学,过年回家不可避免地要辅导小朋友功课,但是我发现即使脾气再好的人也忍不住会有些情绪波动。我忍不住去想,当我们这一代人为人父母后,我们会怎么做?我们会不会打着为孩子好的旗号让孩子走我们所熟知的路?我们会不会认为孩子还小而替他们做决定?当我们的孩子说我们在狡辩,说我们不可理喻时,我们会怎么做?……这一系列的问题以我目前的人生经历很难找出答案,只能期待着时间会让我慢慢懂得这些道理。我们与父母在思想的碰撞中能够使彼此的思想更加成熟、更加合理。在这个过程中,**我们要坚持自己的想法,还要换位思考,理解父母,这才是一个比较成熟的人的做法**。

> **点 评**
>
> 这是大一男生的文章,他认为在处理原生家庭的问题时,既要坚持自己的想法,还要换位思考,理解父母,这才是一个比较成熟的人的做法。这是当代年轻人非常可贵的品质。

案例二:如何应对和处理原生家庭的影响

我的多虑、容易自我怀疑、考虑审慎与害怕因为说错话而被惩罚的性格,与原生家庭相关,我的父母长期施加了高压型的情感控制,使得作为孩子的我难以反抗,并且他们多数都是以"爱之名"来对我施加影响。总结一下,主要分为以下几种类型:

(1)隔离。我的父母会对我进行交友方面的限制,经过对所结交对象的初步判断后认为其不值得交往,会警告我与之隔离。

(2)情绪虐待。我父亲多次指责我不孝,不懂得知恩图报,似乎还有道德绑架,而我从未当面对父亲有过任何负面评价,于是这种本应由"孝"所带来的互相尊重,变成了我单方面的对父母的效忠。

(3)否定。父母很多时候不信任我的能力,不允许我按照自己的意愿进行选择,还伴随着指责。表面上是为我着想,实际上是满足自己的控制欲,这样做还让我对自己产生了更多的怀疑,打击了我的自信。生活中会反复确认自己是否锁门,是否按时签到等,这些或多或少都有此因素的影响。

除了高压型情感控制外,父母以自我为中心行事,不考虑我的情绪感受,对我的情感忽视。我觉得自己好像是满足父母需求与攀比面子的工具,自己与父母有类似上下级的关系,即一切爱的获得都是有条件的,不满足条件即为投入得不到回报,需要遭受惩罚或冷暴力或嘲讽指责。以上种种**造成我的情感缺失,与家人的感情也很淡漠,共情能力很低**。

我通过实验得知:神经质得分最高,经常呈现极其负面的情绪,情绪容易波动,经常感到忧伤,不容易感知快乐,对自己的能力极度不自信。比如我经常会提前做好最坏的打算与应对方法,来面对可能出现的不如意的情况。尽量少说话,待人冷漠,与他人进行情感上的隔离,以免造成不必要的麻烦。此外,父母的争吵以及家庭成员之间的不和睦对我也产生了很大的负面影响,造成我对于嘈杂声音的惊恐。

既然在我的成长过程中出现了不尽如人意的地方，也明白了自己这些特质的根源。那么如何解决或缓和现在的问题，如何更好地与父母相处，如何更好地建立与下一代的亲子关系呢？

对于父母给自己带来的影响，我认为不应该"以其人之道还治其人之身"。毕竟"冤冤相报何时了"，如果以父母曾经错误的方式来对待父母，说明自己并没有从这些经历中有所感悟或升华。已经成年的我们应当明白：**我们的人生必然会受原生家庭的影响，但同时也应明白自己对家庭应承担的责任。**"一报还一报"不可取，但必须明确地跟父母交流。随着时间的推移，子女将逐渐接过家中的话语权。父母只是普通人，我们之间的亲缘关系无法斩断。为何不自我革新一番，以一个更好的心态去帮助父母安度晚年呢？

弗洛姆认为：理想的母爱即为对未来乐观，对生活有信心，对孩子不抱有过分的焦虑，给予足够的安全感、信任与支持；而理想的父爱则是，对孩子有足够的宽容与耐心且不专横，也不以父权权威强势压制孩子，同时鼓励探索，允许孩子保有独特性并超越自己，而非生活于权威之下。因此，**我作为未来的父亲，坚决不将过去父母带给自己的不良影响再带给下一代，同时还要在情感回应上、家庭成员相处方式上以及人格特质培养上多加注意**。具体表现为：始终将子女视为独立的个体来尊重和养育——毕竟子女是父母爱情的结晶；不要将自己的要求、想法强加给子女；如果子女做出让人生气的事情，除非原则上的问题，否则应多以疏导而非热暴力、冷暴力来羞辱他们，这样并不会让他们改正错误，只会让他们害怕，进而影响家庭关系。

点 评

如何做一个好家长，以及如何做一个好子女，都是一门艺术。曾有人说，有人用童年治愈一生，而有人用一辈子治愈童年。原生家庭带给子女的影响可能伴随其一生。作者通过这篇与其原生家庭的爱恨情仇的相关研究，更深刻地认识了自己，同时也给我们提供了鲜活的样本。

第二章　我们是如何感受爱情中的自尊的？

张爱玲曾说过这样一句话:"喜欢一个人,会卑微到尘埃里,然后开出花来。"这样的意蕴很美,却是"低自尊"的表现。正如同学所感:"感情中,我时常会显得较为敏感,女朋友无意忘记了我和她提过的某些事,我就会不开心。"

自尊是我们对自己的评价,是珍视、赞许或喜欢自己的程度,并在此基础上形成一种自重、自爱、自我尊重,并要求受到他人、集体和社会尊重的情感体验。如果一个人自尊较高,更容易体验到对方对自己的接纳和支持,在恋爱中更积极地看待付出,相信自己的付出会得到伴侣的回报。相反,如果一个人觉得自己不够好,不喜欢自己,不值得爱,便是"低自尊"的表现。即便遇到爱Ta的人,有时也会感到不真实,不太愿意承认伴侣对自己的安慰和支持,不会产生情感共鸣。

爱情中的自尊和原生家庭有着密切的联系。从精神分析理论可以看出个体的安全感是这样产生的:父母是儿童成长过程中重要的客体,在孩子幼小的时候,如果能够给孩子足够的爱,持续的、稳定的、持之以恒、前后一致的爱,孩子就会体验到安全感,并延伸出对他人及世界的信任,感觉到自尊、自信以及对现实和未来的确定感与可控制感。

第一节 卑微且惶恐，低自尊的爱情能走多远

案例一："跪舔"的爱情

01 主人公

小赵：来自内地一个小城市，女，21岁，父母离异，从小跟着父亲长大，独生子女。

小邱：小赵的大学同学，来自一线城市，男，20岁，家庭完整，独生子女。

小赵和小邱刚进大学时在同一个学习小组。小赵一直都很喜欢话很少、人长得帅、家庭条件好的男生，**俗称"高冷"男生**，小邱便是小赵的"菜"。小赵渐渐暗恋上了小邱，**但由于她和小邱之间的经济条件等差距让她产生了自卑心理**。但在熟悉之后，小赵觉得小邱人既善良又谦虚，完全就是自己的理想型，于是就打算主动追小邱。

02 "狂轰乱炸"式地追捧

这期间，小赵对小邱可以称作是**"狂轰乱炸"式地追捧**，她经常关心小邱生活起居方面的事情，在各个方面都心甘情愿地付出。而小邱呢，当接到这些好意时，虽然口头上说"不用"，最后还都接受了。小赵也因此很开心，认为对方有希望接纳自己。

经过小赵一段时间的疯狂追求，小邱答应同小赵交往，**但他不想让周围的人知道他们俩谈恋爱**。他解释说这是因为他还没准备好，爸妈不允许他在大学谈恋爱，他怕学校里他爸妈同事的孩子知道后，传到他们耳朵里，小赵勉强接受了。交往的日子里，小赵一如既往地继续讨好他，特别喜欢黏在小邱身边，有时给小邱发消息如果没有及时得到回复，就会疯狂地连续发。

小邱有时对小赵很热情，但有时又不知怎么对她提不起兴趣。比如不回她的留言，不和她一起吃饭，不主动跟她说晚安等。小赵渐渐受不了这种忽冷忽热的态度了，经常向室友抱怨。

03 忽冷忽热的恋爱

最让小赵难受的是，小邱的朋友在她面前用嘲笑的语气模仿了小赵夸小邱

的肉麻话,小赵解释她在和小邱谈恋爱,但小邱朋友却表示不知道。这刺痛了小赵的自尊心,她不明白为什么小邱不把恋爱的事告诉朋友,反而将她夸他的话说出去炫耀。她和小邱吵了起来,没想到小邱不但没承认错误,反倒很生气地说了很多难听的话。小赵于是决定分手,小邱也同意了,但后来小邱找小赵复合,小赵接受了复合。但这样遮遮掩掩和忽冷忽热的恋爱最终也没能维持太久,他们两人还是彻底分手了。如今,室友每次向小赵提起小邱时,她都会开玩笑说:"他是谁?为什么我一点也想不起来。"闺蜜好言安慰她,但到现在她再也不愿提恋爱的事了。

04 小邱的自恋型人格倾向

很多亲密关系中的自恋型人格者,在日常生活和工作中的表现都非常正常,能力也很强。只有在最亲密、感情最激烈的人面前,他们内心深处的特点才会显露出来,小邱即具备了很多自恋型人格者的特点。小邱虽说没有表现得很热情,但开始时的态度是整个恋爱期间让小赵最开心的,**但到了亲密关系中后期,他们的很多举动往往让伴侣感到困惑和不解**:"为什么一个如此爱我的人会这般地伤害我?""是不是我哪里做得不好?"小赵当时面对小邱忽冷忽热的态度也是如此不知所措。**在恋爱终结期,自恋型人格者在亲密关系里只在乎自己需求的满足,不在乎伴侣的感受,会迫使伴侣在极度痛苦下主动选择分手**。在发现小邱没把关系公开后,小赵开始吝啬赞美并被迫分手。

小赵和小邱的恋情其实并不是没有救,两人都需要做些改变。从小邱的角度,他需要认识到自己的心态:因伴侣无意间触动了自己的耻辱、焦虑、脆弱心理而产生过激反应,从而通过贬低辱骂对方来缓解自身焦虑,这是一种不健康的心理防御机制。如果他能够探索自己内心真正的想法,看清自己在恋爱中的患得患失,也许能够放下姿态,承认错误,也可以避免那场大吵。

05 远离"跪舔"的深渊

"跪舔"通常指一个人为了讨好另一个人,想尽一切办法,放下一切姿态,将自己置于一个低自尊的状态。"跪舔"者通常错误地认为"追求是一种不平等的行为。自己放下自尊仰视对方,这是理所当然的"。于是就会在对方什么都没做的情况下,不停地夸赞对方,过分关注和用心,聊天时即使对方不理睬仍很热情。有些人在被拒绝后继续死缠烂打,其实也是丢弃自尊的表现。小赵对小邱的态度就是"跪舔"。热恋时,下雨了还要去给小邱买奶茶,电影票被黄牛炒到两百多元还舍得请他去看,对方不理睬自己还一直毫不气馁地给他发短信。

当事者自己都明白,因为有时候他们会以"为了你我连自尊都不要了,你看我多么爱你"为理由去说服对方,但可能最终的结果是被对方鄙视,付出了很多心血却招致对方的嫌弃。

很多追求者在追求时或在谈恋爱中低三下四、卑躬屈膝,结果往往不好。其实,无论在**求爱或恋爱中,双方都应该是平等的**,不用为自己的自卑而放低姿态,也不要因为自己的骄傲而永远高高在上,保存了这种纯粹才能让爱情的保质期更长。

点 评

所谓的"跪舔"是比较典型的低自尊的表现,小赵在这段恋爱中很多心理和行为体现出的就是自尊比较低,需要用很多付出来苛求对方的回应或回报。在爱情里我们需要觉察或评估自己的自尊,爱情是建立在双方自尊的天平上的,一旦一方不讲究自尊,或者双方在天平上放下的自尊砝码不等的情况下,爱情早晚会坍塌。

案例二:讨好型人格的爱情

01 发小的感情故事

我发小在小学的时候父母离婚,之后跟着父亲一起生活,母亲很少关心她,生活中父亲对她要求很高。在学校里,她学习认真努力,成绩优秀,做事会考虑别人,非常善解人意,但是她总是觉得自己不够好。作为她的好友,我知道她内心非常敏感且会因为家庭原因而感到自卑,此外,她非常在意他人的评价,所以做事都会顺从他人。

高三毕业的时候,她开始了她的初恋。在她眼中男友是个非常温柔细心的人,她非常依赖他。**在这段恋情中,她一直是付出讨好的一方**,她会细心为男友准备很多东西,会按着男友喜好改变自己。特别在意男友对自己的看法,导致恋爱期间她做事都小心翼翼的。

相处一年半后,她发现男友瞒着她和别的女生交往好几个月,而且那个女生还是我们认识的同学。她知道这件事情后情绪非常激动,打电话和我哭诉,她一直想不明白自己对他那么好,他为什么会这样对她?同时她觉得那个女生比她漂亮，家庭条件也比她好，她越发嫉妒。我试着劝她和男友分手，但是她不愿意，认为男友只是一时鬼迷心窍。她开始反思自己到底哪里做错了，更多地去迎合男友，希望他会回心转意。但是男友最后还是和她提出了分手，男友觉得她太依赖他，对他过分顺从，恋爱后觉得她失去了个性，不再吸引他，他实在受不了了才提出了分手。

这段感情给她留下了很深的心理阴影，经过她自己的努力调整以及我和另一个小伙伴的陪伴，她用了快两年时间才从这段感情中走出来。发小是一种低自尊讨好型人格，她在恋爱中的表现是：

（1）对别人的感受特别敏感。特别在意别人对自己的看法，生怕自己做了什么让别人不喜欢的事情。我发小四五岁时父母离婚后就跟着父亲生活，父亲对她严厉，而母亲又对她不够关心，从小缺少来自父母的关爱，使她缺乏安全感，自尊也受到了影响。为了获得父亲的关爱和夸赞，只能通过优秀的成绩来讨好父亲，久而久之形成了一种"讨好型人格"，去迎合他人以获得认可。恋爱时，越在乎对方，就会越主动地迎合对方，过分在意对方的评价使得她越发敏感，导致她在这段感情中逐渐失去了自我。

（2）不敢发出请求，很难拒绝别人。不懂拒绝，被人占了便宜也会选择默不作声，担心一旦拒绝，与别人的关系就会破裂。从来不敢表达自己的需求，很怕给别人添麻烦，担心自己成为别人的负担。

（3）缺乏界限和原则。做任何事情都以取悦别人为目的，既守不住界限，允许别人在自己的生活里指手画脚，又经常突破别人的界限，渴望建立亲密关系又常常因为别人不能满足自己的期待而受伤。直到她发现男友出轨，出轨对象的优秀再次打击她，诱发她心底自卑的情绪，开始用"否认"机制来掩盖这件事情，如她所说"男友只是一时鬼迷心窍"，用这种自欺的方法获得心理平衡，认为只要自己按着男友的喜好改变自己就可以重新获得对方的喜爱，但实际上她已经迷失了自己，一次次地刷新自己的底线，不断地贬低着自己的价值。

02　自我认知的偏差——负面循环

低自尊的人常常用消极的眼光看待事情，他们的预期往往也是消极的，同时他们也往往将预期混淆为现实。一次负面预期之后，得到了负面的结果，再次做出负面预期，从而形成了低自尊的负面循环。我发小过于在意他人的评价，实际上已经很优秀的她总认为自己不够优秀，给自己制造压力。**在感情中，她也觉得自己不值得好好被爱，忽略了爱情中双方应该平等的事实和原则，一步步地降低**

自尊,最后换来的却是对方的越加不尊重。

03 如何战胜低自尊

我发小的这段情感经历让我开始疑惑爱情是盲目的吗?从我的角度来看,男生品行恶劣根本不值得留恋,为何她不听劝告,一直固执地想要挽回这段关系?直到我看了《走出迷惘——增强你的人格魅力》,书中说:"这是因为恋爱时很多人闭上了眼睛,闭上了眼睛就是盲目的。"因此,在爱情中我们要学会了解自己,爱自己,对自己有正确的自我认知。平等付出、相互珍惜,才能实现爱的平等,在互相尊重下发展自我,才能实现自我价值。

(1)了解自己的错误认知,巩固正确认知。**首先,我们要明了自己的错误认知,知道了才能改变它**。不要被他人的评价影响自我认知,正确地自我定位,做独立自主的人。有的人可能不舍得放弃错误的认知,正如我发小知道出轨的男友不可靠,可她仍旧不愿意放弃。但是这种错误的认知给我们带来的烦恼大于快乐,既然如此,为何不坦然一点放弃呢?**其次,认真思考正确的认知后,不断重复和巩固它们才能印象深刻**。我们要反复实践加深这个认知,才能取代旧的错误认知。就比如我发小面对严格的父亲时,父亲的态度很容易影响她,父亲严格的要求非常容易打击到她敏感的自尊心,让她一次又一次地怀疑自己的能力。我们可能在和别人相处时也会像父母那样过于挑剔,因此要防止过多地被父母影响,我们要时刻保持警觉,避免重复它们。还要认识自己,认识自己的能力和局限。如果对自己设定过高的要求,一旦未能完成会让自己更加有挫败感,从而循环往复这种消极情绪。此时我们要停止自我攻击,觉察到自我攻击的存在时,要立刻阻断这个想法。我们需要在实践中逐渐培养正确的认知,比如完成一个落到实处的计划,无论大小,都比停留在意识层面更有用。

(2)提升自我接纳,对抗自责心理,在平等的爱情中实现自我价值。爱情会驱使我们发生改变。如我们学会了怎么做才能不惹怒对方,我们学会了怎么修饰自己才能吸引对方。但是如果一方过于自责,只有一方在改变,爱情就不会平等。**真正的爱情是需要两个人协力合作的,双方都愿意坦诚地奉献自己**,这样才能在爱情中获得安全感,才能觉得自己被需要和有价值,这种合作的前提就是要互相尊重。在爱情的心理结构中,尊重与自尊是相辅相成、缺一不可的。没有自尊,就不可能引起对方的尊重。我们不能要求任何时刻都被人接纳,但我们可以培养自我价值感,把自尊建立在可控的领域。也就是提升自我接纳,接受自己好的一面,也接受自己不好的一面,面对自己的缺点不批判,不为此感到自卑而难以前行。在自尊的基础上也尊重对方,学会换位思考。

总之,无论在爱情中还是在生活上,要提醒自己不要闭上"心灵的眼睛",战胜低自尊,才能遇见适合的另一半,实现自我价值。

> **点 评**
>
> 发小"迷失了自己,一次次地刷新自己的底线,不断地贬低着自己的价值",也许是太渴望爱了,太恐惧被忽略、抛弃的感觉了。所以,认真倾听自己内心的呼声,觉察身体的感受,学会接纳自己的感受,并重塑认知,才能打破自我贬低的负面循环,逐渐提升自尊,做独立自主的人。

第二节 寻找根源,学会反思,才能好好相爱

案例一:"富家女"的低自尊

01 我的恋爱故事

女孩(下文以"我"代替)家庭条件富裕,一个月生活费数万元。但父亲与其前妻离异,有一儿一女,后与我的母亲再组家庭。父亲性格强势忙于工作,有出轨和家暴史,而母亲的生活重心全部在父亲和我身上,对我过度要求和操心,几乎不允许我犯错。我也非常害怕自己在父亲眼中不如哥哥姐姐优秀。

男孩小帆出身小康家庭,经济水平中等,家庭美满且幸福。有过多段恋爱经历。

我们两人大一上课时相识便一见钟情,经过两个月彼此熟悉确认关系后,我便倾尽所有,付出自己的全部对小帆好,无条件地信任他。

在"大五人格特质"测试中,我得分最高的项目为"神经质"特质。我很自卑,小帆无意说了一句:"看你好像很久没有化妆啦,我觉得你偶尔化妆打扮一下,可以保持新鲜感。"我就会非常不舒服,一直在心里盘算,我是不是很丑,他是不是不喜欢我?甚至会很过分地联想到他那么多前女友是不是每一个都很会打扮,

长得很漂亮？以至于逼迫自己早上五六点就起床，画一脸精致的妆容再去上课。

小帆从来不和我庆祝恋爱纪念日和节日，起初我表示理解并不会索要礼物，但次数多了我感觉到了不被重视，两人开始为此事争吵。

恋爱半年后，偶尔一次发现小帆手机里存有前女友照片，我提醒他删除，他答应了。但几个月后我偷偷看他手机，发现他并没有将照片删除，甚至将照片都归拢在一个取名叫"爱"的相册里，**还发现他背着我偷偷与前女友见面，我感觉到了欺骗和背叛，同时也感觉自己比不上前女友那么让他印象深刻，因而十分伤心**。事后，他当着我的面删除了相册并答应再也不见面。但之后我又发现了他手机里依然留有前女友的联系方式、互动记录且聊天言语暧昧，与朋友交流提起前女友时话语里皆是不舍，**我逼问他为何不删除？他只是解释说忘了**。

在得知小帆还留有前女友照片后，**我几乎已经不能再确定自己在他心里的位置和分量，好像我所有的缺点都在放大，无法坦然，面对感情做不到自尊自信，极其卑微**。即便同学告知我，我有很多很多的优点，比如我的热情和善良、真诚和温暖等，都不足以支撑这段感情，我太缺乏对自我爱的能力了。

时间久了，**我内心催生了自尊和嫉妒的种子**，我每天都去反复查看小帆前女友的微博，嫉妒她的生活和美貌，记住并想起更多她的信息，发现她身上更多值得嫉妒的地方，引发更多的嫉妒情绪。我的自卑与嫉妒无处发泄，甚至变得暴躁易怒，一有任何不开心立马就联想到那件事情，整天都在抱怨。小帆也感到无能为力，他所能做的删除照片和安慰都已经做到了，我却还是如此。我甚至采取了恶意报复的行为，试图通过折磨他的方式让他明白我的痛苦。最后两人的关系急剧僵化，无尽的吵闹后，小帆还对我动了手。但即使这样我也没有选择分开，因为我不敢想象失去最亲密的爱人会变成什么样子。

他的承诺太轻，很多没有做到，我不再轻易相信。我们十分难受，想通过选修"爱情心理密码"来搞清问题所在。经过学习和探索，两人互相挽留，最终还是选择不放弃。

我及时纠错，从这段关系中获得恰当的自尊。**我明白了男生成熟得晚，我应该用鼓励的方式来和他相处**。出现纷争时，第一件事情是尽最大可能解决问题，如果无法做到，那就尽量不伤害对方。现在我们的感情日趋稳定，安全感和信任感正在重建。我们学会了告诉对方自己内心的感受，告诉对方自己要什么。在这个过程中，我们开始更多地互相肯定，进行鼓励式的陪伴，开始重新建立彼此的信任感和安全感。我相信尊重自己，尊重男友，一定可以获得更好的感情关系。

02 恋爱中的矛盾分析

我在童年时很少得到父亲的重视,还有哥哥姐姐的存在让我内心感受到威胁,使得我有依恋父亲的需要但总是无法得到回应。**幼小的我为了避免缺失父亲的关爱所带来的无助感,只能通过否定自我价值来寻求一些慰藉,保护自己不因父亲的缺席而情绪崩溃。同时,母亲的爱又过于沉重无法令人接受。**母亲秉持传统教育,很少给予肯定,过分地要求我不允许犯错,每次犯错我面临的都是狠狠的打骂。**尤其是在 6～12 岁的阶段,刚好是人格发展阶段中勤奋或自卑性格的养成阶段,这一经历无疑加剧了我的自卑情结,**让我感觉自己总是在犯错惹母亲生气,感觉自己不是个好孩子,发生情况时为了逃避也不敢再敞开心扉与母亲交流。

身为女孩,在这样的传统教育下,以及面对父母的婚姻(有时会家暴),使我总在怀疑自我价值是否不如男性,做出的决定是否有问题,是否会造成他人的困境。我没有足够的能力在重要场合采取适当的行动,无法对自己无条件地爱,严重缺乏自信。

我家境良好,消费能力和经济水平比小帆要好,我会时不时送给他一些礼物,为了追求更美好的恋爱体验,也会请他去外滩奢华浪漫的西餐厅约会。**但这一系列行为似乎增加了男孩的压力,小帆往往表现出不愿意接受的模样,不愿意接受我在恋爱中花费更多的金钱。**于是小帆很少与我共同庆祝恋爱纪念日和其他节日,也尽量避免提及关于礼物方面的事情。可我对小帆不送礼愈发不满,认为我需要的是一颗付出的真心、陪伴和仪式感,哪怕收到的只是一枚可乐易拉罐的手提环做的戒指都会开心。可小帆认为一定要送等值的礼物,才有面子,因此导致了矛盾。

03 我的经验和心理成长

富裕家庭中,父母不打不骂,但因为没有得到情感的满足,他们的孩子仍然可能缺乏安全感,或有低自尊的表现。我曾经有过疑惑,父母虽然不爱对方,但他们在物质上都满足了我,甚至都在夸张地爱我,但为什么我依旧缺爱,没有安全感呢?回顾了我的童年,小时候父母总是吵架,经常闹离婚。每次他们吵架我都会很害怕,觉得爸妈要离婚了,我就是没有人爱的小孩。有时候会想这些都是我的错,我不应该来到这个世界上。所以,长大后我对所经历的每段恋情都持消极态度,害怕对方在某个时刻会离开我,会伤害我。

在课堂上我和测试结果是安全型的同学(是个男生)有过私下交流,十分羡慕他。他的恋爱情绪非常积极且平稳,他的父母非常相爱。我曾问过,伴侣在玩手机但没有给我发消息,这是不是说明对方觉得和我说话没意思。他很淡定且安慰我说,这并不代表他不爱你。只是你要明白,人有时候看手机不是为了聊天的。我瞬间明白了,我的焦虑真的没有必要。

很多情侣、夫妻之间缺乏信任,更多凭着想象对另一半进行无端猜疑,最终导致两败俱伤,其主要原因是内心缺乏安全感。所以增加自己内在的安全感,进行有效的沟通,表明自己内心的需要和意愿,会让两人感情更上一层楼,避免很多不必要的信任危机。

在交往中,我扮演的是依赖者的角色,需要他人的照顾,时常表现出对恋人的过分控制,这会导致恋人的疏远,恋人的疏远行为又会强化我的不安全感、焦虑和担心。"前女友"照片事件打破了双方的信任之后,两个人都迫切需要对方的爱,一直试图向对方索取爱和温柔,但却会忽略自己也需要付出。

自尊最重要的要素之一就是自爱,即对自己的无条件的爱。适当的自尊让自己不至于陷入对自己长期的消极看法中。一个爱自己的人即使做错了事,心中仍然有一个声音——"我仍然爱自己",不会因挫折打击而歇斯底里。

寻找安全感的路途十分艰难,这不是因为我们找不到安全感,而是因为从外界找到的安全感总是难以持久,瞬息万变。为此,我和小帆需要明白,真正的安全感不在别处,是在自己的心里。只有内心的安全感才是最可靠的,才是爱的来源和基础。

在当今社会,自尊和自卑是女孩在感情面前容易面临的巨大难题。许多女孩会深深陷入自卑的泥沼里,她们在爱情中容易丢失自己,一直围绕着对方,会放弃自己原有的生活模式甚至断绝与往日好友的关系,花了大量时间等待对方,结果只会越等越焦虑。但有时又总是过分强调自己的自尊心,高高在上不能接受任何伤害。在某种程度上,自尊和付出爱就像天平两端的砝码,一个多一点另一个自然就会少一点,只有把握好爱别人和爱自己之间的度,才能摆正爱与自尊的天平。作为一个女孩,你自然应该拥有高高抬起的头颅,因为**"你对待自己的方式,也在告诉别人如何来对待你"**,但同时也要记住不要色厉内荏,为了呵护脆弱的自尊而亲手葬送美好的爱情。

我的经验和成长经历告诉我,就算世界总是向我们的自尊开枪,也要记得相信自己,你只是你,为自己而来,为了欢喜与爱而来。

> **点 评**
>
> 此案例中的女孩虽然家境优渥,但由于父亲的忽视、母亲的打骂和严苛造成其低自尊的心理,而这种心理在恋爱中也以嫉妒、敏感和情绪化体现了出来。她是那么渴望爱情,却害怕受到伤害,倾向于避免和男友的互动,而不是通过交流来确认自己的价值,以潜意识的防御性人际互动模式逐渐失去对男友的信任,陷入了信任危机,开始无穷无尽的矛盾。所幸后来"采取了良好的沟通,选择在相处的过程中慢慢学会告诉对方自己内心的感受,遇事及时解决,不拖沓,在出现纷争的时候尽最大可能解决问题"的方式,这一段觉察和改变是爱的能力的提升,相信他们会相处得越来越好。

案例二:原来一切都是有源头的

01 主动接近却又若即若离的他让我发狂

2019年底,我曾向他表达过好感的一个男生突然开始每天找我聊天,一开始我感觉比较欣喜,但内心多少有些疑惑,因此刻意保持距离。但那段时间男生每天找话题聊天,一聊就是一天,这给了我爱情的错觉。我开始主动回应,甚至改变习惯讨好他,但他的态度立刻变得冷淡了。对方晚上不回消息时,我甚至会彻夜难眠,反思自己的问题,否定自己的价值,而且我经常敏感、易怒、焦虑、害怕。我非常想从他那里得到认同和重视,情绪波动就越大。**幸而朋友的支持让我及时清醒了过来**,不再错误地认为谈恋爱就是生活的全部,走出了这段充满负能量的感情旋涡。但事后反思,察觉到在爱与被爱中,我总是将自己置于低自尊状态,而这并非一朝一夕的产物,必定是多方面原因造成的。

02 为什么我要一直讨好他

回想起来,我这种讨好他人获得自尊的习惯,在童年时已有端倪。那是一个晚上,父亲因为我偶尔一次的默写成绩不理想就在屋子里**对着我大吼大叫,甚至使用暴力**。奶奶挡在我身前为我辩护却无济于事,她越是维护,父亲越是愤怒。当时的我非常害怕,之后不管是默写还是练习,我都告诉自己必须做到优秀。另一个回忆是关于母亲,**她要求我必须做完作业才能看电视,执拗不从便不理我,对我冷暴力处理。**

这两个回忆,都显示了父母对我幼时的控制。我必须达到他们心目中的标准,成为"听话的好孩子、成绩好的乖宝宝",才有资格被爱。"我是为了他人而存在的""别人不表扬便没有价值",这样的观念从那时开始发芽,潜意识中相信自己需要通过他人表扬才能获得自我价值感。长此以往,这种依赖性自尊在恋爱关系中也以不断讨好他人的方式表现出来。

03 没有你我可怎么办啊

如今的我,回想起这段情节,总会想:我当时为什么会这么在意?况且这真的是爱情吗?还是我只是喜欢被认可、被重视、被爱着的感觉?

母亲的口头禅给了我启示:"没有我,你可怎么办啊!"当我还是孩子的时候,她就喜欢帮我把行程安排妥当,希望去控制我的选择,干预我的生活。她常常给我灌输一家人"荣辱与共"的观念,美其名曰责任、照顾、保护,殊不知这样做让我早早地丧失了建立清晰自我意识的能力,缺乏健康独立的人格。**认为只有被别人爱着,或受到重视,自己才是有价值的。**

04 我该怎么办

为了找到自我,建立健康心理,我尝试了如下一些方法:

(1) **利用自我同情机制,鼓励自己,建立健康心理。** 老师在课堂中曾介绍过一个利用自我同情机制来改善低自尊状态的方法,我尽量在晚上安排做这件事,并不把它想成一种任务和负担。到了固定时间,回忆那些带有羞辱感的挫折经历,比如工作中受领导批评、童年受到同伴的羞辱等,想象这些同样的经历如果发生在朋友身上会是怎样的,并给他写信表达同情和理解。经过写信,我发现自己能够很好地代入那个情景,去安慰、同情对方的遭遇。整个写信的过程激发了我对那些坎坷经历的深层看法,每写完一封信,就好像放下一个包袱,非常解压。我希望能够通过这样的方式,一步步提升自信,改善低自尊的现状。

(2) 我不需要你也可以活得很好——**明晰自我边界,找到自我**,建立健康心理。从小养成的习惯,有些已经根深蒂固,面对父母的每一个"控制欲望",内心已经习惯性地接受,父母也总有一万个理由来迫使我接受,并且美其名曰"为我好",想要拒绝总有一种罪恶感。因此,我尝试将那些力所能及的事情,尽量自己做,不依赖别人,通过这样的实际行动来明确自我边界。这样母亲也会意识到"原来孩子不需要依靠我,也可以活得很好"。

> **点评**
>
> 此案例以反思为主,从原生家庭出发,一步步梳理。作者从小被父母保护得很好,与母亲之间相互依赖。父母对她的学习有很高的要求,她对父母的爱也主要呈现为成绩好、听话和乖宝宝的状态。所以这样形成的自尊是仰赖外界评价的有条件的自尊。进入某种暧昧状态,作者低自尊的个性导致了她敏感多疑、患得患失。由这段关系,作者也更清楚自己的渴望以及需要成长的一些东西。她提出的鼓励自我、自我同情,建立清晰的自我边界,找到自我等都是比较有针对性的对策。当然这样的自我成长也许是一个比较漫长的过程,可喜的是她已经意识到了,这就有了改变的可能。作者思考的角度、提出的对策可供读者参考。

第三节 找到自己,提升自尊,在爱情中实现自我价值

案例一:"我爱你",先有我,再爱你

01 恋爱时我们都把自己丢了

"我们都在无意识中,将恋爱当成了治疗,希望恋人能扮演理想父母的角色,将我们治愈。"在我很小的时候,父母离异,我和弟弟都与父亲生活,父亲对我很好,撑起了我成长的一片天。从小我就希望以后能遇到一个和我父亲一样的男人,有责任感,有担当,不离不弃给我安全感。但同时,**父母失败的婚姻也让我对恋爱婚姻有所恐惧,害怕受伤、抛弃和分别,所以即使遇到再好的男生我都不敢去接近**,即使有再优秀的男生向我示好我都不敢接受。对待异性朋友我可以很自如,但对恋爱对象一直都小心翼翼。我一边在害怕受伤,一边又在渴望美好的恋爱能将我治愈。

"好巧,我也正喜欢你。"茫茫人海中,寻寻觅觅中,你终会遇到一个人,他奔向你而来。他不算帅不算优秀,对我也不算好,但偏偏到他这儿,心动、好感、默契、勇气都来了。**遇到他的时候,是我当兵时在文艺队集训时最煎熬的时期,**可能一个人最脆弱的时候最容易敞开心扉,正巧他来了。后来我发现他也来自单亲家庭,缺少妈妈的关爱。我们都是军人,他作为我的班长,**让我觉得很有认同**

感和安全感。我们有相同的兴趣爱好、相似的人生经历，有说不完的话题和感受，让我觉得他是为我而来的。

我们不怕艰难险阻，但却都是缺乏安全感的人，我们可以克服困难一起退伍一起规划未来，但却输给了异地恋的互相猜疑。为了填补他缺失的安全感，我拒绝了很多与异性交往的社交活动，事事和他商量、请示汇报，他不喜欢的事我就远离，为了我俩的未来牺牲了自己的生活，从小不被爱而产生的低自尊心理让我把问题都归结到自己身上。不过这样做并没有填补他的缺失感，我只是以自己的方式把渴望的东西给了他，但其实我们真正需要的，对方是给不了的（比如内心深处的安全感），一直以他为生活的原点，结果把自己弄丢了。

经过反思，缘起缘灭，这段恋爱让我更深刻地认识到了自己，低自尊让我容易被人接纳、受人欢迎，低自尊也让我在亲密关系中轻易改变、迷失自我。

02 "我爱你"，先有我，再爱你

爱默生曾经说过："说到底，爱情就是一个人的自我价值在别人身上的反映。"爱情中的自我价值体现在优秀美好特质的互相吸引，体现在互相学习、共同努力和共同进步，应该是两个人在一起能够看到更好的彼此，在相处中成长和感受到更多的愉悦，而不是为了满足对方而贬低否认自我。

爱己和爱他中，自我价值是爱的前提。有人说，恋爱不就是需要互相磨合和改变的吗？这其实是一个误区。恋爱确实需要磨合和改变，但不是出现问题就否定自我，丢失自我价值。磨合应该是求同存异的一个过程，学习对方好的地方，改掉自己身上的不足，恋爱中个体的独立性和特殊性仍然存在。如果要以牺牲自我价值才能实现爱他，那这样的爱情对于自己而言是没有意义的，真正爱你的人也不喜欢、不愿意让你不爱自己。

点 评

作者因为低自尊的心理，在恋爱中把问题都归结到自己身上，希望不断改变自己去迎合对方，但这种改变是带有委屈和不安成分的，并不是心甘情愿的改变，到最后变得连自己都不喜欢自己了，这样的爱情是走不长的。自我价值，不管有无爱情都应该存在。自己一个人时，提升自我价值可以遇见更好的爱情；恋爱时，提升自我价值是爱情的原动力，能够让爱情长久保鲜和良性循环。爱情与自我价值就是：我自己很好，你来，我能更好。

案例二:"双相"患者在爱情中的个人成长史

01 "双相情感障碍"——来自原生家庭的"赠礼"

我的"双相情感障碍"(指既有躁狂发作又有抑郁发作的一类疾病)初发应该是在初中,但直到大一暑假结束,我才在上海精神卫生中心确诊。母亲的控制欲一直都非常强,生活细节上也有一些强迫行为,而父亲又有些自恋型人格的症状,与他在一起只听到他对自己无穷无尽的夸赞。这两个异常有个性的人因工作或生活的事撞在一起时,会无休止地争吵,而我就是在这样的环境下长大的。

家庭的不和睦可能是导致我抑郁的原因。父母在吵架时给我灌输"我为了抚养你放弃了很多,花了很多钱"的思想,让我精神上有了很重的负担,不清晰的家庭财政情况也总让我处于"家里可能随时破产"的紧张状态。这些让我产生了"我的存在就是错误"的理念,自卑的种子自此之后开始"茁壮成长"。

为什么我会变成"双相情感障碍"患者,其中原因还不得而知。我只知道从初中到高中的住宿期间,室友们会同时给我"你为什么这么多话啊!""你的动作就像开了慢速一样"两种评价,到后来我才明白前者是形容轻度躁狂期的,后者是形容重度抑郁时的。这个病症极大影响了我的注意力与记忆力,导致我的成绩直线下滑,我的自卑感、低自尊从此再没有离开过我。

02 未确诊之前——高自尊与低自尊的痛苦轮回

"双相情感障碍"是一个能让患者不断挣扎于高自尊与低自尊之间的病症。我是一个女权主义者,在现任之前我有过三段感情,在恋爱中我面对男方会表现出极强的自尊感,甚至会过于咄咄逼人。但到了深夜,害怕与恐惧的情绪会突然涌出,担心自己不够好、男朋友会被别人抢去,自己可能做了伤害到对方的事情……我只敢偷偷想而不敢向对方吐露,害怕展现出自己的弱点被对方攻击利用,害怕投入太深而失去自我。脆弱的高自尊与深入骨髓的低自尊折磨着我,直到最后恋情结束。可能也正是因为我投入不太多,所以最后分开的时候也不至于特别难受。

直到遇到 H 同学,他对我的好让我逐渐放下心理防线,但这场恋爱对我的情绪影响很大,我会因为陷入抑郁低潮期,觉得自己不够好而想跟他分手,又会因为轻躁狂期沉溺学习被他打扰而对他大吼。在我服药之前,因为无法控制情绪彼此伤害,我们的恋爱如同过山车般上上下下。

03 自尊的改变——从得到充足的安全感开始

泰勒·本·沙哈尔认为自尊包含三部分:

(1) 依赖性自尊:由他人表扬和认同而产生的自尊。

(2) 独立自尊:内在产生的自尊。

(3) 无条件的自尊:一种自然状态,自然的存在感。

自我反思,以上三部分的自尊我一样都没有。在恋爱中越陷越深的时候,我开始迷失自我。我努力做着一个"优秀女朋友"应该做的事,同时,如果他对我太好我就会逃跑。我越想逃,H同学的不安感就会越强烈,对我的黏性就越强,此般追逐游戏到后面我就累了,不想再逃了。我开始冷静思考:我是否真的能信任这个人,做好和他长久在一起的打算?幸运的是,**H同学一直以来都想和我保持长久的恋爱关系,我勇敢的尝试最终证明是正确的。**

04 "双相"是个拦路虎——矛盾的触发点与重生的最大阻碍

我的"双相"不是一朝一夕形成的,摆脱"双相"也不会一蹴而就。因为一次情绪大爆发,我彻底伤到了H同学,两个人冷静下来后商议了一下,我隔天就去了精神卫生中心检查并配了药。我的每次暴怒与每次极度绝望,这样的情绪爆发不仅伤害了我,也伤害了他。得知自己的病症后,无论之前我们有多好,我又产生了逃离的想法,但他不干,他开始学习能够更加理解我的方法。他付出了许多,我深受感动,同时激发了我也想进步的欲望。他在努力向我走近,我也努力向他走近。和H同学谈恋爱确实让我感受到了快乐,但独立自尊与无条件自尊于我而言依然是千里之外的事物。**我不得不承认我没有办法轻松摆脱脑海里根深蒂固的自卑,就像我无法摆脱那充满硝烟的原生家庭一样。**

05 最好的爱情是什么——不离不弃,一起成长

在刚确认"双相"的时候,父母不相信也不想承认,他们不想让我服药,但这只会让我的情况越来越糟糕。H同学说服了我父母,**我也谨遵医嘱天天按时吃药,即使一开始药物的各种副作用让我不舒服,我也没有放弃。**

H同学一直在给予我安全感,让我感受到我对他而言是十分重要的;在我需要帮助的时候他尽最大努力伸出援手;在我查出病症前后都能容忍我的情绪波动给他带来的痛苦;记住与我有关的小事情,哪怕连我都不记得……很多细节

他都做得很好,让我清楚地感受到我是真的被爱着的,我的存在也是可以被接受的,这极大地消除了父母给我带来的负面影响。因为回避型依恋以及自卑感,我不喜欢承诺并且也不喜欢听到承诺,但他不一样,他会郑重其事地承诺,并且绝大多数都能做到。H同学用实际证明了他对我的感情,让我放下心防,接纳他的同时也接纳了自己。

我们一起学习如何对抗"双相情感障碍"。我和他说你需要多夸我,他答应了,他在我自怜自艾的时候反复和我说"不是你的错""你很好",把我从崩溃深渊拉回来。H同学的坚持与肯定在我心里反复建设起新的自尊感,即使可能很快又被自卑摧毁,他依然坚持不懈。当我抑郁情绪来临时,我也努力去迎接我的情绪,安慰自己:抑郁情绪只是一时的,它不会永久停留,不必过多纠结,不开心就哭出来,哭完就好,静静地等待情绪过去。我们一起在努力重建我的个体自尊,让我能够依靠自己站起来。

现在的我能够将生活重心更多地放在自己身上,而不是别人或别的事,努力平衡自己的生活与情绪。爱情的存在帮助我更好地面对自己、提升自己,也带给我理解、宽容与支持,让我重新有了面对生活的动力与勇气。我感激它,但不过度依赖它,我在爱情中保持清醒的自我。我和H同学都希望遇到困难时能够彼此不离不弃、一起成长,这在我心里就是最美好的爱情。

点 评

文章很感人,作者有特别好的感悟和体验,是爱情实践的典范。她因"双相情感障碍"而在恋爱中有许多困难,比如,很容易在恋爱中伤人伤己,也会比较多地打击自己的自尊心,但这不代表"双相情感障碍"患者不能拥有美好的爱情。作者现身说法,以自身的经历探讨"双相"患者应该怎样觉察自己的身体变化,有勇气克服困难,在恋爱中自救并在恋人的帮助下建立自尊。案例中H同学做得特别好,他的方法值得推荐,可以实践。其实,不光是"双相情感障碍"患者,其他心理疾病的患者,都应该正视、了解自身的疾病,建立起良好正常的亲密关系,才能树立良好的自尊感。现实生活中渴望爱情的同学,即使没有像作者那样的恋人,也可以通过这个案例学到这个道理:自己是有价值的,是值得被爱的。可以和恋人、伴侣一起学习如何和自己的心理疾病相处,如何爱,如何共同成长。

第三章 爱情中的心理防御机制是如何体现的？

心理防御机制，是指我们遭遇挫折或紧张的冲突时，内心会有意无意地采用某种方式来摆脱烦恼、消除焦虑，以恢复心理平衡与稳定的一种适应性倾向。

心理防御机制有积极的一面，如：缓解偏激或攻击性行为，暂时消除痛苦不安，引导出解决问题的方法等；但也有着消极的一面，如：常带有自我欺骗性质，会加剧心理冲突，让人逃避现实，不能真正解决问题甚至使现实问题复杂化等。

在亲密关系中，频繁发生的情感冲突很容易触发我们内心的心理防御机制，爱情的美满与否很大程度上体现了一个人使用的防御机制是否成熟有效。如果能够在不同时间、场合针对不同的事件或人采用合适的心理防御机制，将有利于我们的身心健康。

学会客观分析，正确认识自己的心理防御机制，了解自己在面对困难时的应对方式是很重要的。防御机制的养成在很大程度上是有迹可循的，特别是在家庭养育的氛围中尤为明显。下面我们来看看六个关于防御机制的案例。

第一节 幻想或理智化，在矛盾的心理防御机制作用下挣扎

案例一：我的六次"恋爱"与原生家庭中的防御机制

01 我的六次恋爱过程

初中的一次"暗恋"。同桌是一个可爱、单纯又好看的小姑娘。她平时安

静有教养，和她聊天时总是非常愉快。当时很多幼稚的男孩都喜欢她，我也是。但那时我完全不知道喜欢一个人需要做什么，我只是把感情放在心里，当然就没有任何发展。面对这种传达不到的爱恋，幼小的我只能"**压抑**"，并采用"**幻想**"这种不成熟的心理防御机制，脱离现实地做"白日梦"，沉浸在自己的世界里。

高中一次成功的"单恋"。我就读的高中比较特殊，在我们那一届有四个全部由男生组成的班，还有四个男女都有的普通班。高二走班学习小科目时，一个非常优秀的女孩进入了我的视线，她成绩好，长得漂亮，又是班长。再看看自己，成绩不行，外表也不行。我觉得像我这样的人并不会和优秀的女孩产生交集，但又有些不甘心。这时**我采取了"内摄"与"补偿"的防御机制**，努力学习，在成绩上突飞猛进，从中下游一直进步到了年级第一。但在这之后，我突然发现她不再吸引我。她的成绩并没有像我一样特别好，她的审美我也不太认同。后来她主动找我聊天，我并没有非常高兴，反而有一些奇怪的感觉。

高中的第三、第四次"恋爱"，我开始学习爱。高三，我和一个之前初中一个班，后来又同一所高中的女孩建立了联系。我们总能聊得很投机，每天一起打游戏，一起分享生活，手机消息几乎一刻不停，渐渐产生了感情。我慢慢懂得如何和女孩子聊天，如何进行情绪沟通。我们成了非常好的朋友。

高中毕业的暑假，我和很久没联系的另一位初中女同学取得了联系，突然发现我们聊得也很投机。我们和另一个同学成了非常好的朋友，总是一起出去，每年都有好几次共同的旅行。在交往过程中，我终于学会了去照顾女生，而不再仅仅做一个男孩。

这两段经历中，我总是在"内摄"，甚至是"**内化**"，我从她们身上学到了为人处世的方法。我还用了"**升华**"的防御机制，学习音乐与乐器，将压力与攻击性释放出来。因此，面对自己总是不会恋爱的事实，我的"压抑"机制减弱了，整个人也变得活力了许多。

大学的第五、第六次"恋爱"，我变得更加现实和自尊。大一时，我帮一个女同学装路由器，由此结识了她。她虽然看上去有些叛逆，但实际上人非常好，对我也特别好。当时我们两人都没有恋爱经历，不知道该怎么再进一步，于是不了了之。

大二我终于接收到一个女生的暗示，迈出了一步，开始了为期三个月的恋爱关系。这段感情比较热烈，有约会，有礼物，但矛盾冲突也同样多。开始时我们对彼此并没有足够的了解，用了"**理想化**"的防御机制，对彼此的缺点视而不见。

她表面上是一个乖女孩,品学兼优,能和身边每个人都处好关系,但实际上比较顽固和自我,甚至有一些"爱无能"。我们的感情总是不能深入,对各种矛盾彼此也都不愿主动改变或退让。对此,我沟通过,也不经意地用过**"被动攻击"**的防御机制。后来我逐渐意识到了自己的自尊与边界。最后采用**"理智化"**防御机制,冷静地离开。

02 我的心理防御机制来自家庭的影响

我常用的防御机制是**"内摄"**与**"理智化"**。我一直在改变自己,面对困难的感情并不伤心,而是想着又学到了经验。我曾经习惯了**"压抑"**,但现在并不喜欢**"压抑"**的感觉,用**"升华"**排解许多,且更倾向于直接表达自己的想法。

我母亲习惯的防御机制是攻击、自骗性。她总是在**"投射"**,以己度人。比如,每天烧过多的菜,因为营养好,所以我们要全部吃掉。如果我和父亲吃不掉,劝说她少烧点,她就开始生气,还强调自己非常辛苦,又开始说是为我们好,**"合理化"**地认为这是应该的。母亲总认为自己是极好的妻子和母亲,但实际上我们一家的关系并没有那么好。她的一些付出实际上是在感动自己。我父亲采用逃避型的防御机制。他**"压抑"**了对母亲的不满,在家里总是没话,有时**"被动攻击"**地挑起矛盾,用吸烟来**"补偿"**工作与家庭的压力,在母亲过分地关照下**"退行"**,在家干脆不承担什么责任。

我对父母产生了**"反向认同"**的机制。面对母亲,我不喜欢她那样主观自骗,而是希望自己客观理智,形成了**"理智化"**的防御机制。面对父亲的逃避型机制,我越长大越讨厌**"压抑"**的感觉,更愿意直率。童年时,我对家人并不认同,性格懦弱也有些自卑,因此总是想改变自己,在人际交往中进行**"内摄"**。此外,我幼年由奶奶带大,奶奶控制得太紧,我不得不**"压抑"**甚至**"隔离"**自己独立的思想,在长大后离开奶奶就马上改变了这种状况。

当然,我的父母也有许多值得认同的地方,他们在早年不断地冲突后,最近一两年他们终于磨合得越来越好,爱情也逐渐美满。母亲出身农场,长辈都没什么文化,有自卑感,这反而刺激她,并带给她事业上的成功。我不喜欢我的软弱,**"反向形成"**了过度的自信,某种程度上也是对母亲形成了**"认同"**。父亲学历很高,他们认识时父亲在研究所工作,这很吸引母亲。在父亲的成长中单亲的奶奶过分强势、顽固、自恋,而且有些孤僻,认为父亲的成绩都是她的功劳。父亲只好**"压抑"**自己,并转而**"认同"**奶奶,也形成了固执的个性,还有一些**"妈宝"**。

如今我已成年,上了大学,他们的防御机制也逐渐有了改变。母亲越来越能理解家人,"投射"变少了,父亲也不再那么"压抑",会和母亲聊更多心里话。

在长辈与长辈、长辈与孩子之间的互动中,长辈身上不成熟的防御机制会导致矛盾出现,有时也会让孩子形成不成熟的防御机制来应对。其中存在着因果关系,代代相传。幼年的孩子并不能意识到这些,他们会保留儿时行之有效的那些防御机制,直到在社会生活中遇到了矛盾冲突,会激发新的更加有效成熟的防御机制。但最初形成的防御机制总是根深蒂固,是一个人为人处世、面对困难时采取措施的基础与根源。

爱情中会产生矛盾冲突,个人的心理防御机制会在其中清晰地体现出来。成熟的心理防御机制能使人更好地面对冲突,不论是双方间的冲突,还是自己内心的冲突。因此,意识到自己的防御机制,并且了解其形成的过程与逻辑,找出那些不成熟的防御机制,向着成熟做出改变,才能让爱情和谐甜蜜。我在以往的感情经历中或多或少应用了不成熟的心理防御机制,需要进一步反思和总结,才能和未来的恋人共同努力营造一段真正相亲相爱的关系。

点评

作者所说的六次"恋爱",前五次也许更多的算是对女孩的好感或者友谊,只有第六次进入了实质性的恋爱,但面对"感情总是不能深入,对于各种矛盾彼此总是不愿主动改变或退让"等问题,作者很难有效地去化解。对于个性形成和恋爱中的问题,作者通过追溯原生家庭中父母及长辈的心理防御机制,似乎找到了一些原因。在未来的情感生活中,怎样使用更合适、有效的防御机制,是其需要进一步探索和努力的。

案例二:红玫瑰白玫瑰,我的两段感情案例

01 我的两段感情经历

我在大学里有两段印象非常深刻的感情经历,两者对比显著而又互为参照。**第一段是我第一次谈恋爱,对象是我的高中同学阿朗,这段恋情只持续了四个月我便提出了分手**,主要原因是我感受不到对方的热情,最后自己的感情也慢慢变淡,于是就结束了这段恋爱。

一切开始于高三的暑假，我和同学聊天时得知阿朗喜欢我，当时我很惊喜，因为我对阿朗也有好感。尽管从小我就被教育女孩子不可以主动，而且很久以前我的表白被拒绝过，但这次属于两情相悦，我不那么害怕被拒绝，于是鼓起勇气表白了。当时我在准备交大的插班生考试，而阿朗觉得自己的学校没我好，说也要试试考插班生，等考上更好的学校以后再在一起。在这一年中，我们的交流极少，我也不好意思主动找他，而他则几乎没有主动找过我。这时，我已经积累了一些不满，不明白为什么阿朗的表现和所谓的"喜欢"完全搭不上边。

我没有考上插班生，却突然听到阿朗的朋友说他有女朋友了，而且阿朗对朋友说自己的女朋友"很好看"，我当时不太相信这样的评价是指我，于是我抱着迷惑和紧张的心情去问他是怎么回事，结果阿朗说这个女朋友是我，还说他想了很久，觉得自己已经准备好了，问我要不要做他的女朋友。但当时我感觉莫名其妙，还找母亲讨论。母亲觉得有一次恋爱体验总比没有好，我考虑了一下就答应了阿朗。

在一起之后，阿朗依然很不主动，而我也是个不善于表达情感的人，往往需要对方的引导，努力变得主动这件事本身也在消耗着我对阿朗的好感。一方面，**我觉得自己应当尽女朋友的职责**，平时会找话题，琢磨送礼物和制造惊喜之类的事。一方面，我知道，当我渐渐把它视为一个责任而不是发自内心的时候，说明我已不再喜欢对方了。另一方面，我见过许多女孩总是对男朋友要求这、要求那，为了不重蹈覆辙，**我选择避免谈彼此之间的问题**。因此直到分手时，阿朗才发现我对这段关系并不满意。我觉得他是属于将感情放在心里的人，他是喜欢我的——我要求分手后，他还经常到我家附近和学校来找我，但奇怪的是他只是坐在教室后排，下课了也没有和我说过话，我也装作不认识他，后来换了课表后彼此就再也没有联系过。

第二段则是暗恋，虽然心动的理由比较肤浅，但始终萦绕不去。对象小丛，是我在大一通识课上遇到的。当时觉得他的长相很符合我心目中的理想型，感觉他十分阳光自信。考试那天，我交了卷子后他也交了卷，两人前后脚出了教室。其实当时我完全可以和他搭话，但一来我还是有心理阴影，不敢主动，二来当时算是和阿朗有了一个未成文的约定，尽管那时我们还不是男女朋友，但我总觉得会有种背叛的感觉。在大二运动会时又见到他了，当时我已经分手，但我看见他身边站了一个女孩子，猜想是他的女朋友。大二的冬季学期，我们又选到了同一门课，并且每周都会在校园的不同角落偶然遇到。有一次我买完水果,看见他在街对面跑跳着和朋友有说有笑,那种无拘无束的生命力是我所欣羡的。慢慢地我开始关注起小丛,知道了他的名字、专业等信息。我依然没有勇气主动打招呼,小丛只能成为一种美好的幻想。**我内心知道和阿朗分手的原因不仅仅是对他不满,还因为自己心中有了新的理想对象,但又不得不错过。**

02 一场镜花水月?——我所采取的心理防御机制

回顾这两段感情,尽管性质有很大区别,但我的行为模式却是很类似的,我也发现了几个我惯用的心理防御机制,这些机制有的是为了回避内心的痛苦,有的也从侧面提升了自己。有利有弊,应当全面地看待这些机制:

(1)投射。**投射是指把个人主观的思想、本性、感情等,强制套在别人身上的机制。它有显著的个人主观倾向,对人对事抱有偏见。**

在这两段感情中,我起初的心动都是源于一种投射。比如我在高中期间会想象阿朗是一个特别主动的人,把很多不属于他的优点加在他的身上,在这种幻想中我越来越喜欢阿朗,可是当我们真的在一起之后,**我却发现他完全不是这样的人,因此也就格外失望。**在恋爱过程中,阿朗的行为模式和我父亲很像,我父亲也是一个比较沉浸在自己世界里的人,在人际关系中显得较为笨拙,**而我母亲对此则经常言辞激烈地表示不满,这也让我对这种关系感到疲倦。当相似点越来越多的时候,我会开始把我父亲的一些不负责任的行为投射到阿朗身上,害怕阿朗以后也会是这个样子,最终决定分手。**

再比如,我会因为小丛跟着我交了卷而觉得或许是他想和我一起出教室,猜测也许他注意我,但我因为紧张所以走得特别快。再后来,因为经常在学校碰见他,我会产生这是上天安排的念头。**此外,他和朋友走在一起的状态让我觉得他是一个和阿朗完全不一样的男生,将理想中的品质投射到对方身上,一遍遍加固对方完美的形象。**但因为我只是耽于幻想,所以并没有勇敢地加小丛为好友,也就没有机会当面求证来破除投射。

(2)否认。**否认是指在无意识层面直接不承认和否定某些曾经存在过的痛苦回忆,继而心理上免于受到伤害。**也许是第一次告白的心理创伤,从此我再也没有试图表露过自己的心迹,喜欢一个人成为永远只能深埋在心、不能显露于外的事情,哪怕是在朋友之间,我也始终说自己没有喜欢的人,害怕自己的心事被泄露出去。向阿朗表白后,由于两人没有明确在一起,我也一直没有告诉身边的朋友,哪怕在一起之后,我也会隐藏自己表白的那部分,甚至故意说是阿朗先表的白。

现在想来,我其实是很害怕失败和被拒绝的,总是希望十拿九稳而很少贸然前进。第一次表白失败的经历一直在我的脑海中重复,也对我和异性朋友建立关系造成了影响。因此,再碰上喜欢的人的时候,我会刻意否认自己对他的喜欢,以此逃避被伤害和拒绝的可能。很明显,我总是强迫性地重复这种模式,很突然地开始喜欢一个人,然后将喜欢限制在想象的世界里,而在现实里却总是一再地错过。

(3)压制。**压制是指当事件发生时,意识层面会把事件压后处理,通过一定的缓冲和时间,再思考问题,把冲突带来的困扰尽量以较轻微的方式去解决。**尽管和抑制很像,但压制最终还是会处理问题的,只是推延而不是逃避问题。

其实我在表白被悬置了一年后内心是有些不满的,但那个时候我经历了高考和插班生考试失利,是个自我边界不太清晰、有些低自尊的女孩,所以我没有把心里的不满说出来,害怕这种不满会给对方造成压力,贬损自己的形象,但这些不满一直积压在那里。在谈恋爱期间,我总是感觉彼此交流很尴尬,一直处在一种很客气的状态,这种关系只能说刚刚够成为朋友的层次,而离男女朋友是很远的。这种焦虑虽然被我暂时压制了,但是总是悬在头顶。**经过了长久的思考,我一直到四个月后才和阿朗谈了心并表示想要分手,也难怪阿朗在此前毫无察觉。**

(4)升华。升华指本我长期被自我及超我所压抑,大量在潜意识中的欲望只得通过另一种途径去释放出来,而且这种途径是合乎社会伦理道德的规范的。在这一过程中,将痛苦的情感和冲突变成合意的追求,以此来调节消极的意识。

这一机制比较容易察觉到。大一的时候,面对阿朗每天的悄无声息,我会选择把精力和心思都放在学习上;大二重新遇到小丛的时候,**我会安慰自己等我变得更优秀了,小丛就会注意到我了。**于是我经常去运动健身,甚至隐隐地幻想在获得校长奖学金之类的荣誉后,相关的推文会被对方看到。

这一机制在大部分情况下还是很管用的,沉浸在学习和运动之后,我不会一再去想感情上的诸多困扰,但总有一些难以排遣的思绪会绕过这些伪装。但不得不说,升华机制虽然没有让我获得理想的他,却获得了理想的自己。

(5)利他。利他指为社会、为家庭甚至是为陌生人效劳,促使自我得到满足。我在和阿朗的恋爱期间经常会制造一些惊喜,或是做一些在我看来能帮到他的事情。比如,将自己长跑的奖牌刻上字送给他,收集学校里四季的风景照在他生日的时候做成图册送给他,或是整理英语学习资料并写了一份学习英语的方法发给他,等等。一方面这是我的习惯,喜欢让自己有好感的人有惊喜的体验,而我自己也会因为对方高兴而感到快乐;另一方面由于阿朗和我的沟通交流很少,我希望他看到我的付出以后可以做一些回应。遗憾的是阿朗给出的回应很少,哪怕是在七夕节那天,"以为学文学的女孩子不爱收礼物"而没有任何表示。虽然我选择相信他,但当失望累积到一定程度,利他的付出不再让我感到快乐,我就选择了放弃。

(6)理智化。理智化是指让难以接受的事情以合理化的方式来掩饰自己不安的心理状况。如今我已经21岁了,但感情方面的经历非常贫乏,唯一一次恋爱也是草草收场。我内心渴望恋爱却又没有机会或不敢踏出自己的避风港,我采用**"理智化"**的机制来回避这一矛盾。我常常会说诸如"一个人也很自足""我如果足够强大的话何必要结婚"这样的话来搪塞,时间长了以后,自己也深以为然,更加专注于把自己变得更好而不是去勇敢地追寻。

总之,我经常因为幻想和投射而喜欢一个人,甚至会有对方也喜欢自己的错觉,但没有勇气去求证,安于单恋的状态而不想在现实中处理感情问题,这一过程已经变成了强迫性重复。感情对于我来说就像是意识里的一场狂欢,是想象中的。

由于我潜意识里总觉得主动意味着自己处在更低的位置,意味着会受到更多的伤害,所以我用否认和压制来避免表露自己的心迹。为了让自己免受孤独的困扰,我会用升华的方式充实自己的日常生活,并理智化自己的这些行为。

点 评

心理防御机制的存在是为了保护自己,安抚个体的内心,有助于我们维持情感的平衡或心理的平衡。恋人们会下意识地使用这些机制,以避免矛盾和冲突。然而,倘若仔细琢磨就会发现这些机制的背后隐藏着真正的矛盾。作者比较好地梳理了自己使用某些防御机制而导致的问题,比如她自己运用理智化后并不能真正缓解内心的焦虑,也不能使自己更从容幸福一些。

就像作者留言:"尽管深究防御机制背后的真正动因是很痛苦的过程,需要承认自己并不如想象的那样无辜,也不像假装的那样坚强,但却帮助我在处理亲密关系时更加成熟。"为作者的勇气和智慧点赞!

第二节 想要挣脱是多么难
——原生家庭是如何影响我们的心理防御机制的？

案例一：说反话的我和回避型的小军

01 我等到了我的"一见钟情"

我和小军高中是一个班级的，高一军训时我便对他一见钟情，想来当时在我头脑中一定产生了足够多的"爱情激素"，让我对小军产生了怦然心动的感觉。他外表帅气，183厘米的个子，体重140斤，肌肉精壮。在我眼里他长得像韩国偶像尼坤和中国演员白敬亭——两个我都很喜欢的明星。只可惜当时小军已有女朋友，是他的初恋。因此我只能把这段感情藏在心里。那时高年级学姐也来找他要联系方式，甚至其他学校的学姐都知道他，而他不以为意，直说自己有女朋友，拒绝任何暧昧。所以那时我对他还是比较欣赏的，觉得他挺专一的。当时我就幻想，如果能跟人气很高的小军在一起，就仿佛能显得比其他人更优秀，以此获得别人对我的肯定。

高一那一年我主要在做两件事：一是让自己更优秀，多表现自己；二是等他与女朋友分手。终于在高一的第四个月左右，他与初恋分手了。

经过一年的相处，我们都比较熟悉对方了，知道对方的人品、性格，也有了一定的友情基础，高二暑假我们确定了恋爱关系，没有谁先提出来，很自然地聊着聊着就定下来了。在一起的前两年，我们感情很稳定，从没吵过架、闹过不愉快，是被同伴看好并羡慕的恋爱关系。我也觉得好像没有任何事情能让我们分开，但进入大学后就变了。

02 "我问了你就会说吗？"——永远不说真心话的我

我在恋爱中的心理防御机制主要是否认和幻想，而男朋友则使用了压抑的防御机制。不少女孩都希望通过男朋友做一些事情来增加自己的安全感，当男朋友询问她们的意见时，她们会说"随便""都可以"。这是缺乏安全感的体现，正是不知道对方有多在乎自己，所以才会试探。我也一样，**曾多次不自主地说着与内心相悖的话，明明很喜欢或想要某些东西，但当他问起来时，我总是第一时间否定。**

譬如在下雨天，很小的雨，不用撑伞也没有太大问题。小军问我："要不要撑伞？"我心里很希望他直接撑伞，不用征求我的意见，只要把我放在第一位，不想让我淋湿一点点，就能感受到他对我的关心与在乎。但我却说："没事，这么小的雨，无所谓的。"说完会暗暗期待他撑伞——可他没有，他真的没有撑伞。我便会有失望感，觉得他不够了解我、重视我。

有一天我们出去吃饭，而那几天是我的经期日，不能吃辣，但我没说。小军问要吃什么，吃川菜可以吗？我却违背了内心的意愿说："都可以，没关系，我都吃。"其实，我是希望他能够记起那几天是我的小日子，希望他把我的事放在心上，在细节上能照顾到我，让我感受到他对我的喜欢和在乎，我才会在爱情上更有安全感——但他没有做到这些。

那时我觉得自己很乐观，哪怕有不开心的小情绪也能很快调整过来，并恢复如常，所以小军根本就不知道我内心的想法和小情绪。但后来我发现这些小情绪根本不会自己化解，反而在内心深处一点点积累，等着某一天一下子倾泻出来。因此，我和小军的矛盾越来越深，在出现问题的后期，我质问小军，说他不在乎我，都不知道我最需要的是什么，最想要的是什么，最害怕的是什么，小军却说我从来都没有告诉过他，他又怎么会知道呢。我反驳："那你可以主动来问我啊！"他回答了我一句话，我到现在还记得——"**我问了你就会说吗**"，我记得当时都被他问蒙了，反问自己，我会卸掉"否认"的保护壳，把真实的想法说出来吗？还是会继续说着反话，隐藏一部分的自己呢？

"说反话"是一种消极性的防卫行为，以逃避性的方法去减轻失望和痛苦。两性差异上，男性是思考性动物，他们会按照逻辑思维来想问题，讲话往往很直接；女性偏感性，注重人与人之间的感受，讲话一般不会直来直去。**"说反话"是很多女性掩饰自己、揣摩别人的一种心理反应。与人交往时，女性会通过"反话"来掩饰自己的真实情感，探测别人的想法**。但我在恋爱期间过度"说反话"，让对方觉得很累，小军会抱怨不知道我的真实想法，感情由此受到了影响。

03　有"偶像包袱"的母亲对我防御机制形成的影响

社会心理学有个研究得出了一个结论，叫作"社会焦点效应"：人往往会把自己看作一切的中心，并且高估周围人对自己外表和行为的关注度。我的母亲就有这种表现。母亲从小生活富裕，穿着比同龄人时髦，外形也不错，是学校的校花。听阿姨讲，以前母亲读书的时候，骑自行车时后面有很多人跟着搭话，一定程度上给她加上了一些"偶像包袱"，使她言不由衷，说话都不说满，透着一丝骄傲,留着一点神秘。

母亲会觉得人家在关注她的一言一行,因此她必须要做到得体。人家给她东西,母亲觉得如果拿了会被人说是贪小便宜,所以她说不要;人家邀请她去玩,母亲其实想去,但怕被人说随便、轻浮,所以她说不要;"不"说多了,她会习惯性地张口就是"不用""不要"。有时,说反话,也是她的一种自我保护行为。

我从小耳濡目染,学会了像她一样在意别人的看法,而不是真正地去表达自己内心的需求。我不会告诉小军,我最需要的是他的陪伴,最想要的是他把我放在第一位。我在意别人的看法,比如小军母亲的想法,如果小军告诉他母亲,我希望我在他心里是第一位,小军母亲会不会觉得我不孝顺,要跟她抢儿子呢?小军会不会觉得我是一个矫情、依赖性强的人呢?

■ 04 幻想——白日梦的"好男人"把我的不满弥补

当人无力处理现实生活中的困难,或是无法忍受情绪困扰时,会让自己沉溺于幻想,在幻想世界中达到内心平衡,得到在现实中无法得到的满足。就像"灰姑娘"型幻想,即一个在现实社会里倍受欺凌的少女,坚信她有一天可以遇到英俊王子式的人物,帮助她脱离困境。我也是一个天天幻想的人,一部分原因可以归咎于我看过上千本爱情小说,小说里的男主人公基本都是全能型好男人,他们会满足女孩子在恋爱中对另一半所有的要求和期待,小说中总有着非常浪漫的恋爱情节。

而小说终归是小说,现实终归是现实。与小军恋爱时,因为"说反话",加之小军对我的不了解,我有很多失望的事情,当时我不会有过多反应,但回到家中,我便开始幻想,想象小军刚刚在街上让我靠里面走,他在外面保护我;幻想小军偷偷给我制造惊喜;想象我们在路上遇到了袭击,上演了一部泰坦尼克号式凄美的爱情故事等天马行空的事情。**在现实中小军不能让我满意的,我都会在幻想中补足,通过幻想让自己获得更多的安全感和满足感。**

幻想时,我会从中获得快乐和满足,但一旦停止幻想,我对小军的不满只会放大,不会消失。小军无法满足我的越多,我对他就越是失望,越是减少兴趣和期待,**直到他不再是我的幻想对象,也意味着我们的恋爱关系即将到头了。**

■ 05 压抑——小军回避沟通的心理防御机制

在恋爱时,我愿意表达,但经常言不由衷,会说些反话,而小军是不愿意表达自己,把一切想法都压抑在内心。恋爱前两年,因为天天在校园可以见面,有简单的接触,偏向于柏拉图式的单纯恋爱,我们对对方的要求都不太高,情绪心态都比较平和。到了第三年,我们进入了不同的大学,原以为不用躲避老师的管控,可以光明正大谈恋爱了,我们的第一次恋爱大冲突却爆发了。**起因是明明都在上海,却一个月都不见一次面,不约会也不打电话,这种落差我怎么能接受呢?**我去问小军,他为什么不约我出去,为什么不回我的语音。**他并没有直接回应我,他的若即若离和不坦白,让我患得患失,一度抑郁过。**

学习和情感的压力使我们降低了对彼此的忍耐程度,我时常给他发一大段文字,里面有对他一直打游戏不好好学习的不满,有我对我们未来的思考,有质问他对待我如此大的态度改变等,但都没有得到我想要的回复。发生不愉快后,**他时常发个表情包,或者讲另一件事情,意思是直接翻篇不谈了**。现在看当时我们的表现都反映出两性不同的核心恐惧,**我害怕莫名地断绝关系,害怕不被关心不被珍惜,害怕小军不再喜欢自己了,害怕被抛弃**,所以我经常发微信问他在干什么、和谁在一起,有时会无理取闹要求他哄我;而**小军则展现了男性的核心恐惧,他不愿意被我控制,他要掌握局面,他更追求自由的空间。**

原本细水长流的平稳恋爱关系变得让人压抑、让人抓狂,无论怎么问他,他都没有正向回应过我,这种无力、压抑快要把我折腾疯了,我承受不住,第一次提了分手。事后一周左右,小军来找我复合,说都是他不好,进入大学没调整好心态,我也得过且过,答应和好了。

和好之后,他一如既往地压抑自己内心的情绪,在我面前很平和,好像我是一个完美的恋人,但我知道他心里肯定有对我的不满。**感情中最重要的就是沟通,如果对方做得不好,说出来一起解决就好了,越是堆积越是容易将小问题变成大问题。**但我们偏偏缺少了这一环,他不愿意把自己暴露出来,无论我如何去挖,哪怕我改变自己,不再说"反话",把自己真实的想法和需求跟小军说,但都像打在棉花上一样,他都没有正面回应我。所以,距离第一次分手三个月后,我提出了第二次分手。事后一个月左右,小军又来找我复合,这次他给我发了一大段文字,其中谈到了他的父亲,说他母亲觉得他的性格脾气越来越像他的父亲(他的父母在他很小时离婚了),而他小时候很喜欢他的父亲,父亲会带他打游戏打电玩。说实话,我挺意外的,我觉得这是他改变的信号,他愿意主动暴露真实隐私,于是我又答应和好了。

结果就跟家暴中的"蜜月期"一样,过了这段蜜月期,他又开始"冷暴力"了,于是我提出了第三次分手,而这一次我们最终分手了。我说我们还是做回朋友吧,他当时只回复了我一个表情包,**并没有再挽留,甚至分手后的第四个月,他把**

我微信、QQ 等所有联系方式都删掉了。

压抑是各种防御机制中最基本的,本我的欲望、冲动常常与超我的道德原则相对立并发生冲突,又常常不被现实情境所接受,于是个体把意识中对立的或不被接受的冲动、欲望、想法、情感或痛苦经历,不知不觉地压制到潜意识中去,以至于个体对压抑的内容不能察觉或回忆,以避免痛苦、焦虑,这是一种不自觉的选择性遗忘和主动抑制。小军就不自主地选用了"压抑",把我们恋爱时的挫折、冲突、困难都做选择性遗忘,无论我怎么问,他都不愿意提起,不愿意一起解决。

三年的恋爱,前两年细水长流,一进大学突然变了,最后一年的分分合合、抱怨、争吵、纠缠,**他的沉默和压抑把我从一个温柔体贴的女孩变成了一发就发"99+"信息的疯狂者,而我的步步紧逼却把他越推越远。**

06　我主动联系,两人复盘总结

我时常会想到他,因为我还没有得到我要的答案,我不断猜测他发生如此大变化的原因,无法忘记他,也无法与他人建立新的恋爱关系。我也会私下偷偷问我们共同的好友,小军是否建立了新的恋爱关系,回答是从未。

上"爱情心理密码"课时,其中的"同理心"(换位思考、将心比心)引发了我的思考,我觉得在这段恋爱中是我不够设身处地、将心比心地为小军思考过。这么随意的分手着实可惜。**所以,百般思量后我鼓起勇气主动加回他为微信好友,跟他表达我的意思,希望我们能从朋友重新做起。**

再次的接触,我们好像都回到健康状态了,平平和和地感觉两个人都成长了。他告诉了我两件事。

第一件事:我送给他的东西他都留着。有一个西瓜样式的杯子,**口子都碎了一块,他母亲说碎了不安全,但是他说小心一点就好了,还继续留着用。会想起我,但是有时候觉得一个人也挺好的,他自己很矛盾。**第二件事:他告诉我,他那段时间很自卑。

分手后的一年两个月,我终于知道为什么一进入大学,他变得反常、冷淡,明明在一个城市他却不愿意见我,甚至不接我的语音电话,原来都是他自己的一个心结。他觉得我考上了 211 高校,而他只是某学院里的一个差生。我每学期考试第一、拿奖学金、竞赛得奖、献血、成为预备党员、做志愿者、参与社会实践……**我积极、热爱生活,以为在他面前多展现自己的优点,他会更加喜欢我,更珍惜我,没想到原来这些都是我们分手的导火索。**怪不得我跟他分享我的生活,越来越得不到他的回应,我兴味盎然,他却意兴阑珊。在我抱怨他不参与我的生活之时,自卑一次次地消耗着他的精神。当时我一边告诉自己,没有经历过别人的人生,不要多加评论,一边又着实觉得他的承受能力太低了。

人都是自恋的,大概分为三个维度:自负、自信、自卑。这三个维度每个人都有,只是程度不同。过度敏感和过度自卑,意味着相对内向,**而内向的人多数会选择默默去消化自己大部分的情绪,持续太久便会封闭自己,慢慢就会非常孤独,也不太能与人建立信任的关系**。这便能解释为什么第三年分分合合,他始终不愿意跟我解释清楚,尝试跟我一起去解决,他自卑、压抑到把自己封闭起来了。那小军为什么时隔一年后又愿意跟我说了呢?这一年中他发生了什么?我无从得知,于我而言也不是那么重要了,我已经得到了想要的答案,逐渐释怀了。

07 小军的原生家庭——缺少爱+过度管束

回避型依恋者在亲密关系中对于感到舒心和轻松的人,回避的程度就低;而接触到烦躁不安的人,回避的程度就高。回避型依恋的形成与童年遭受到父母的情感忽视密切相关。小军母亲在他幼时忙于工作,不太关心、陪伴和表扬他。初中开始她又对他过度管教与控制,常与班主任通电话要了解他的一举一动。这些我都深有体会,小军不来参加期末考试,他母亲打电话给班主任,还希望我劝他回学校参加考试。

小军回避型依恋在情感上的表现有:

(1)恐惧亲密。他较排斥亲密行为,不喜欢与我有一些亲密行为,避免身体接触。比如我们在一起三年只是偶尔亲亲额头。**过于亲密的接触会使他觉得不自在。他也不会对我敞开心扉,不会把"我喜欢你""我爱你"挂在嘴边**。

(2)假性独立。小军经常压抑自己对亲密关系的需要,装出一副"不需要"的样子:不需要我对他好,不想要我为他着想等。**他在恋爱关系中表现得很独立,不依赖任何人,包括我这个恋爱对象,其实进入一段亲密关系对于他来说很困难**。

08 对于无数个"小军",我们可以为他/她做什么?

曾经的我,不明白小军的人格特质和依恋模式,经常会因为他的沉默、回避、压抑而感到疯狂、暴躁。**其实作为回避型依恋的伴侣,我们能做的就是给予他们爱和安全感,鼓励他们敞开心扉,陪伴他们的同时,给予他们一定的独立空间**。

要找到并享受真正的恋爱不是一朝一夕的事。许多人以为自己正在谈恋爱,但他们却不知道那并不是爱情,充其量只是还没成熟的类爱情或者非爱情。而我自身不成熟的幻想与常说反话的否认防御机制,与小军压抑的心理防御机制以及回避型人格障碍的组合,仿佛也注定了我们走向分手的结局。

  爱需要勇气,也需要能力。真爱是一种从内心生出的关心和照顾,没有华丽的言语,没有高调的行动,只有在点点滴滴和一言一行中能感受得到,那样平实那样坚定。反之发誓、许诺说明了它的不确定性,不要轻易相信甜蜜的话语。在恋爱关系中,给予爱人更多的包容与信任吧,如果他的童年给他带来了无法磨灭的伤害,使得他丧失了一定的爱的能力,那就多陪伴他,尽可能用爱去治愈他。真正的爱情并不一定是他人眼中的完美匹配,而是相爱的人彼此心灵的契合,真正的爱情是为了让对方生活得更好而默默奉献。真正的爱情,是在能爱的时候,懂得珍惜;真正的爱情,是在无法爱的时候,懂得放手。

  两人相处不仅仅有两性差异,还有价值观、个性、原生家庭、处事行为等的差异。要做到有独立意识,做到人格独立、情感独立和经济独立,敢于遵从自己的内心,同时又能换位思考,理解和包容对方,接纳差异,允许对方做自己,这需要我们不断学习,提升各种爱的能力,练就自己拥有博大的胸怀和沟通的技巧。如果男性能够更体贴女性,更懂得女性的感受,允许女性的"情绪化",而女性也更能理解男性的思维,学会倾听男性的内心呼声,允许男性的"不反应",那这个世界会变得更加美好。

点 评

  作者写完文章留言:"对于幻想,高中时期比较多,大学后感觉频率降低了,现实社会接触得多了,便会一点点回到现实,明白幻想始终是幻想,可以从中释放一些消极的情绪,但人不能依靠幻想去活着。我也会慢慢让自己不再习惯性说反话,而是真实地表露自我,让别人更了解我。说起来容易,做起来难,但至少我意识到了自己的问题,我会努力让自己变成更好的人。"祝贺她,终于放下了一个沉重的心理枷锁,重拾了爱自己的能力。也相信她通过学习、反思和探索,会收获更美好的爱情。

案例二:让我害怕的摔猫男朋友

01 全心付出的我和有暴力倾向的他

  这段故事是我的女性朋友小琴的恋爱故事。在上了"爱情心理密码"课之后,我试着用课上学到的理论帮助她分析。

她说:"我和我现在的男朋友 A 交往快一年了,我们都来自单亲家庭,他大我四岁,已经工作了。我之前没有谈过恋爱,当时有许多追求者,我都慎重拒绝了,但遇到他以后,便认定了他就是我的爱情和相守一生的人。我们刚在一起时一拍即合,慢慢地我发现 A 有大男子主义,脾气不太好。我对 A 真的是付出一切,无微不至地关心他。**但时间久了,我发现他并没有像我对他好一样地对我好,哪怕三分之一也没有**,所以有时候会觉得这段感情只是我一味付出,怀疑是不是我一厢情愿。看到别人男朋友付出那么多,而 A 却相反,我就会觉得好难过好累。我试着收起对他的好,怕自己太吃亏,但我毕竟爱他,看到他难过便又会不计一切地付出。前不久去 A 家,他养了一只小猫。他对小猫很好,宠到让我都会吃醋的那种。但有天因为猫跑出了笼子,他怕猫着凉就让猫回去。**猫不回,他就打猫,在地上摔,差点扔下楼**。看到这场景我被吓到了,我拉也拉不住,又想起他和我说过他觉得自己有暴力倾向,是由于家庭的原因,这让我心里真的很害怕。"

02 投射和转移——值得注意的暴力倾向

对于这个案例,我认为小琴的男朋友采用了**"投射"**和**"转移"**的心理防御机制。投射是指把自己不喜欢或不能接受的性格、态度、意念、欲望转移到外部世界或他人身上,并断言别人有此动机,以免除自我责备之苦。小琴的男朋友 A 在早期可能有过和猫类似的经历,如由于调皮、贪玩,没有满足父母的需求而遭受惩罚。久而久之,A 无法接受自己身上这种叛逆、贪玩、不听话的性格,于是当他的猫有了类似行为时,他把对自己的性格的不接受投射在了猫身上,并对之进行惩罚,以免除自我责备之苦,而由于他接受过的惩罚方式通常为暴力,导致 A 对处罚的理解也停留在肢体上。

除了投射之外,A 可能还使用了"转移"的心理防御机制。转移指对某一对象的情感,因某种原因(发生危险或不合社会习惯)无法向其对象直接表现时,而转移到其他较安全或为大家所接受的对象身上。小琴提到"他对它(小猫)很好,有时我都会吃醋的那种",还明确说男朋友对自己不够好。**A 对小琴不够好,可能并非因为不够爱小琴,而是因为他无法很好地表达对小琴的爱意**。小琴自身是一个拥有众多追求者的女性,而在众多追求者中选择了比自己年长四岁的 A,而且是"一拍即合"的形式,他们在很多方面是高度吸引、比较匹配的。但或许是因为从小父母关系的不合,导致了 A 并没有习得一种和伴侣很好相处、很好表达自己爱意的方式,于是让小琴感到他并没有很好地对待她。A 将自己对小琴的情感转移到了猫的身上,表现出对猫比对小琴更好的一种现象。

A 在 10 岁左右因父母离异、家庭暴力或其他原因遭受到了较大的压力,即使是在工作后仍然采用"**投射**""**转移**"这些不成熟的心理防御机制。

对于小琴和她的男朋友,建议通过咨询相关专业人士,尽量降低 A 的暴力倾向,或许会降低日后发生家庭暴力的可能性。暴力会毁了一对曾经海誓山盟的情侣,想要修复暴力带来的伤痛却要花费十倍甚至百倍的努力。此外,还希望法律能够对那些没有能力抚养甚至伤害儿童的父母施以更大的处罚,或剥夺他们的抚养权,社区间也应加强对这类父母的监督。

点 评

作者是男生,他对女性朋友小琴的恋爱进行了采访,把学到的知识运用于现实案例中,对小琴男友的心理防御机制做了比较详细的分析,但因为不是亲身经历,其中有很多假设的成分,但分析还是比较客观和准确的,最后的建议也有参考价值。

第四章　爱的能力应该怎么培养和提升？

有很多同学在论文中谈到了爱的能力的问题，比如有个同学这样写道："在上这门课之前，我一直信奉爱是本能，我觉得每个人生来就是充满爱的，但现在我觉得**或许爱的感觉是生来就有的，但爱的能力是需要不断学习和培养的。**"

我的朋友小璐是一个善良的女孩子，从小受到父母的保护和宠爱，有一些清高。小璐交了一个男朋友，是同班同学。两人交往以后常常在一起学习，也聊得来，但他们的爱情并没有那么甜蜜。小璐常常将自己的男友与闺蜜的男友进行比较。男友比较内向，不擅长社交，大家在一起吃饭时，男友常常不说话。小璐就会说："你怎么跟木头一样？你看吴姐的男朋友说话多风趣啊。"男友听了以后默不作声，心里有说不出的难过。男友爱玩游戏，常常一整天待在网吧，小璐十分痛苦，认为男朋友不愿意陪她，不爱她了。情人节时他们也只是草草地吃了个饭便各自回家了。小璐在男朋友情绪低落时非但没有鼓励与安慰他，反而不停地埋怨、唠叨他。在交往一年半后，两人的爱情走向了尽头。

如何才是正确的爱的方式呢？另一个朋友晴宇是个有魅力的女孩子，虽然追求者甚多，但身边的男友多年不变，而且两个人已经准备结婚了，仍然像刚认识一般亲密和甜蜜。晴宇很聪明，有一天她在朋友圈发了一张照片，是一束鲜花，但这束花并不是男朋友送的，而是她的追求者送的。她写道："花很美，我也很喜欢，可是却不是我最爱的人送的。"她这么做，既回绝了追求者，告知别人她已有了男朋友，还肯定了男朋友，并向自己心爱的人隔空示爱。男朋友看到以后，非但没有吃醋，反而感到女朋友肯定了自己，就更珍惜她了，同时也因为他战胜了情敌而倍感自豪。第二天，男朋友便买了更美的花送给了晴宇。

但晴宇也并非只接受爱而不懂得付出爱。比如，男朋友考试结束了，她叫了外卖,点了一杯男朋友最爱吃的水果奶茶,并备注"你辛苦了,喝杯茶吧!来自女友的小心心",男朋友收到后非常感动。一到周末,男朋友也会自己创作歌曲,弹唱给晴宇听。两个人在分别时,都要以拥抱做告别。

进入恋爱,需要有能力去了解自己是怎么样的,去理解别人需要什么。也就是需要有爱的能力,包括表达爱的能力,接受爱的能力,拒绝爱的能力,鉴别爱的能力,给予爱的能力,解决爱的冲突的能力,保持爱情长久的能力。

很多时候,爱情带来的并不都是甜蜜和温馨,也会有很多的摩擦、冲突和争吵,这个时候,具备解决爱的冲突的能力就非常重要。可以觉察一下这些问题:在爱情中感觉到了怎样的冲突?我用什么方式来解决冲突?这些方法有效吗?如果无效,知道为什么无效吗?我还会寻求其他的什么方法?

提升爱的能力,必须经过学习、体验、反思和总结,我们的爱本身也是通过学习才领悟的。学习,并不是狭义的在课堂、书本中学习,在日常生活中,在与他人的交往中,都是可以学习到如何去爱的。体验,是指要经过生活的实践。反思是指自己要有意识地注意自己的爱的能力。而总结则是融会贯通,汇总升华,爱的能力才能提升。

因此,小璐和晴宇的爱情的区别是:她们是否有爱的表达能力,有熟练运用爱的能力。

爱的表达能力可以用爱的五种语言来表达。这五种语言包括:肯定的言辞、用心的陪伴、贴心的服务、温馨的礼物和近身的接触。案例中的晴宇就能够运用爱的五种语言来表达爱。

有些女生经常吐槽自己的男朋友不如别人家的男朋友温柔体贴,埋怨为什么自己就遇不到这么完美的男朋友。但实际上,你看到的那个完美男友,在几年之前也许也是个笨手笨脚的浪漫绝缘体。我们需要知道的是,爱不是本能,爱的能力需要不断学习和培养。

同学们通过学习,在爱的能力方面有哪些感悟和提升呢?

第一节 学会表达爱,让我们内心充满温暖与力量

案例一:"幸运的是我和男朋友一起度过了这个学习的过程"

第一个爱的语言是肯定的言辞。心理学家威廉·詹姆斯说过,人类最深处

的需要就是感觉被人欣赏。我和男朋友刚相识的时候，有一次，我因为在演讲课上没表现好，受到打击，就和他坐在草坪上聊了一下午。其实我是个很骄傲的人，觉得别人做得好的，我一定可以做得更好，但那次演讲我失败了，我忍不住流下了伤心的眼泪。但他却觉得我很优秀，是一个很有天赋的人。要知道在我特别低落的时候，这样的一句鼓励是多么重要，于是我们敞开心扉聊了很多，我渐渐忘掉了演讲课的挫败。而那天我还学会肯定他人。某一次考试让他心情低落，我也以同样的方式去鼓励他。

第二个爱的语言是精心的时刻。以前我不懂得该如何解决我们俩之间的问题，我往往在生气以后，找个时间和他安静地坐在一起，全神贯注地谈我们内心的想法。事实证明，这种方法是非常有效的，无论什么问题，只要这样做就可以迎刃而解，而他也开始把这种方法应用到生活的其他方面。

第三个爱的语言是接受礼物。礼物是爱的视觉象征，我们都会在生活中制造一些小惊喜来表达对对方的爱意。有一次我手受伤，男朋友陪我到医院去了好几趟，带我去医院换药的路上，他突然掏出一支口红送给我，我真的很感动。不消说，男朋友在这个方面的爱的能力确实比我强，而我通过向男朋友学习，也把爱情经营得顺风顺水。

第四个爱的语言是服务的行动。通过做对方需要的事情来表达对他的爱，是很关键的一点。以前我真的不知道该如何让爱情保鲜，让对方知道自己的爱意，后来慢慢发现，行动就是最好的证明。就像我每次去球场找他，都会带上他喜欢的可乐和棒棒糖。很简单的小事记得做，会起到巨大的作用。

第五个爱的语言是近身的接触。肢体接触是人类感情沟通的一种微妙的方式，也是爱的表达的有力工具。每一次我一生气不说话，他就会抱着我。虽然这是一个简单的动作，但蕴含了太多的爱。我也学会在他心情低落的时候抱着他，感受对方的心跳，这真的是一种很神奇的事情。我们在爱情道路上互相学习，互相关照，才有了最好的亲密关系。没有人生来就会如此，爱的能力的提升需要我们一起学习，在爱的路上永不放弃。

案例二：我和女朋友的"爱的五种语言"的排序

爱的五种语言真切地帮助到我，我和女朋友能够进一步了解对方，增进关系，向"如其所是，如我所愿"的境界靠近。我和女友各自对爱的五种语言进行了排序。

我自己的爱的五种语言的排序是：① 需求服务行动；② 喜欢身体接触；③ 需要肯定的语言；④ 关注精神时刻；⑤ 喜欢接受礼物。

我的父母离异,加上父母关心我极少,自小我就十分独立。我在亲密关系中表达好感的方式主要是主动为她做点点滴滴的事,还有是主动与她身体接触。因此我真的非常渴望对方以同样的方式回报我。

而我的恋人与我有比较大的不同,根据我的实践和主观的判断,她的爱的五种语言排序是:① 喜欢身体接触;② 喜欢接受礼物;③ 关注精神时刻;④ 需要肯定的语言;⑤ 需求服务行动。

我与她相处至今,我们之间有着许多默认的习惯,我会尽可能为她做许多细枝末节的事,接送上下课,带温水出行,多带一件外套,为她洗衣,每天叫她起床。我一直渴求着她能以同样的方式回馈我。可能是因为自小家庭生活幸福的原因,她自己也承认不会照顾人,也不关心这些小事。**因此我在很长一段时间的付出、渴求、等待、失落与疲惫之后,我们爆发了矛盾。**我们在多次深入交流后,我提出了自己的需求,她也多次说会尽力去改,我才慢慢意识到单方面关注这些琐事是不够的,还要"如我所愿",恋爱才会有充实感。而我也着实感动,她在努力为我去做,去关心我的点点滴滴,能够尽可能按照"爱我的语言"排序来满足我的需求。

点 评

所谓"如其所是,如我所愿"中的"如其所是"是指尊重伴侣的习惯,了解他的期待,尽可能满足他的愿望,让他做自己,而"如我所愿"是指我们了解自己,也能够表达自己的愿望,并恰如其分地向伴侣提出自己的愿望。如果对方能够满足,那就是爱的一种美好境界。这两个案例当中的恋人正在践行并朝着这种境界而努力。

第二节 学会倾听,学会分享,爱情才会渐入佳境

案例一:不愿分享、不会倾听的"爱"

01 我和前女友的故事

我和前女友早年的成长经历有很多相似之处,我们几乎都是爷爷奶奶一手

带大的,父母都为了家庭在外奔波。尚且不论父母对我们成长的影响程度,很庆幸我们拥有很好的祖父母,宠爱却绝不溺爱我们,甚至能做父母都做不到的事,**可以照顾我们成长过程中所有的情绪又不失对我们的尊重**。不同的是,我的父母比较恩爱,家庭氛围一直很和睦,在我家没有隔夜仇的说法。虽然他们忙于生计,但是会定期回老家陪我一段时间。在仅有的相处时间里,我能感受到这个家庭的稳定,心中对爱的渴望可以短暂地得到满足,我想这就是我属于安全型人格的原因之一。相对而言,我前女友的父母却给了她接近噩梦般的成长环境:吵架、冷战、闹离婚是她父母不合时的主旋律,这也许就是她渴望得到一个幸福家庭的缘由吧。尽管父母对她宠爱有加,可难免会将夫妻间的不悦情绪带到她身上,所以她害怕失去父母,失去这个家。每次父母不合时,她是家里哭得最凶的,可她父母却永远看不见。

也许是她的家庭原因,她想在别的感情中寻找寄托,**所以她谈了很多次恋爱**。在和我相处前,她共有四段感情经历,少的三四个月,长的也能接近一年。可她的那些前男友们却都不衬她心意。

而我的感情经历是零,没有谈过恋爱的我在高三时却一心喜欢上了这个女孩。她曾问过我当初到底喜欢上她哪点,我的回答是,我也不知道喜欢上她哪点,就是单纯地喜欢,单纯地想一直在一起。后来我进入大学修了不止一门心理学的课后,明白了喜欢上她的理由。尽管我的家庭给到了所谓的"爱",可我却觉得少了些什么。当我喜悦或者是取得成绩时,我总是和家人一起分享,可当我面对挫折、困难,受到了外界的欺负时,我以为我很坚强,直到我遇到我的前女友,才发现我是如此脆弱,如此渴望分享,发现我根本不可能一人承受得了外界对我造成的伤害与压力。这个女孩可以看穿我,在我选择隐藏、躲避的时候,**她却能体会并照顾到我内心最柔软之处,我想这就是她能吸引我的地方,我爱这个女孩爱到疯狂**。

我记得那时鼓足勇气向前女友表白时的紧张与兴奋,也记得最后我失去理智向她提出分手时的愤怒与悲伤。两年半的恋爱时光,我感受到了两人在此期间的成长与蜕变,可压垮一段感情的最后一根稻草不应该被责怪,一段感情背负的远远不止这么多。

02 小时候得到了爱的满足,长大以后才能学会爱与被爱

在这段感情中,我体会到了"小时候得到了爱的满足,长大以后才能学会爱与被爱"这句话的重要性。虽然开始我是个爱情小白,说话、做事方式很直线型,但是我却觉得我懂得爱与被爱。高三时,她经常会因为一些学业上的压力或是身体原

因，留在教室里不去吃饭。我会溜进小卖部买上她喜欢吃的零食，带上我前一晚写好的一整张安慰、鼓励她的纸一起给她。我觉得这是微不足道的事情，但在她之后跟我深夜聊心的时候，她告诉我，她对我做的许多小事很感动，感受到了我对她的爱。因为我的原生家庭给了我足够的爱，我想我是有能力付出，也有能力爱的。那前女友就不会爱一个人吗？不，不是。她会在填报高考志愿时迁就我，把上海的高校填在前面，只因害怕异地恋，想和我在一个城市。可她的爱却容易满到溢出来，在高中时我还不觉得，等到了大学和她相处时间多了，我甚至会为她过分的爱而感到后怕。现在我分析造成她这样的原因不外乎两点：她没有足够的爱，也不懂得爱自己，她害怕失去这份爱，但越是怕丢了这份爱，就越是全心全意地付出。可在爱情中，懂得爱自己，才会在恋爱时懂得如何付出。恋爱本就是双方依赖又独立、两者相平衡的事，但前女友对我的依赖远大于我能承受的程度，她没法明确恋爱双方的个人价值。而爱自己也体现在被爱的能力上，被爱源自对自我价值的认可，被爱的人应该对爱他的人欣赏和感激，而不是回避和否认。前女友一直处在焦虑和担心中，害怕失去我。可这不仅对她，对我来说都是一种负担。

  我现在才知道一个人早年的成长经历会对其心理需求和心理健康造成如此深的影响。我曾引导我的女朋友去多爱自己一点，可她却在用行动和语言告诉我：爱自己就是自私的表现。这让我联想到她父母吵架时可能总是会以自我的角度出发来面对问题，但凡他们能从对方的角度运用同理心去看待问题，多考虑他们的家庭和女儿，也不会让他们的女儿畸形地认为恋爱只有多爱着对方，多为对方付出，才会有幸福美满的结局，才不会像她的父母那般不合。正因此，爱与被爱的能力，若在幼年时需要爱时得到满足，才会伴随一生健康成长。

  而我幼年时被旁人贴上所谓"懂事"的标签，现在想来又何尝没有影响我呢？不让家人操心、不可以麻烦家里人的想法在我心里扎根。我习惯了一个人独处，一个人去解决问题，一个人忍受所有负面的情绪，只会把大人们所希望的那面展示给他们。谈恋爱过程中，我还是会习惯过去的做法和想法，不能也不愿敞开心扉，让别人走进我的内心，包括我爱的人，但这却会让爱我的人失望。前女友无数次因为我以独处的方式来处理情绪而和我吵架，她希望两人一起面对，她认为我的独自面对就是没有把她放心上，意味着我还不够爱她。

03　恋爱中的问题：缺乏交流的能力

  爱情中最重要也是最必不可少的是沟通与分享，我在这方面的欠缺是因为我总是隐藏在虚假的角色之后。前女友的坦诚换来了我对她的认识与理解，让我可以去接受和了解她，分析我做的正确与否。可我却不给自己机会，我无法袒露自己，对方也无法体会到我的感受，和前女友僵持的时间里我不断地内疚，她不断地指责。爱情中，只有互相沟通，双方才能体会到对方的处境，才会以包容的态度去解决问题。和前女友冷静分手后，我发现有时我的不愿分享也体现在我不会去倾听和理解对方所想。只有当我跳出了自我限制，才可以真正了解彼此的感受，学会爱对方和自己。无论是自己或对方，抑或是爱情，才能发展得更成熟。

04 恋爱中的问题：边界不断被女友侵犯

人活在世，我们都有自我独立性，每个人也都有自己的边界。我曾在课前提问：怎么做才会让具有不安全人格的前女友和我之间的感情更稳定，不因她的折腾而白费两人的努力。开始我认为也许是我没有足够的耐心，才让这段感情走向失败。随着恋爱时间的积累，我逐渐明白，自己的心理边界不被人尊重是有多难受。课上听过这样一句话：**物质和心理的满足能确定心理边界，才会为自己的行为和态度承担责任，不将自己的问题和情绪转移给别人，尊重自己和他人的信念、价值观、欲望和爱。**

我可以理解前女友对我无限制地揣测与怀疑，但当我向她展示我的态度后，依然会被她忽略，痛苦的又何止是我一人，连带着她也会觉得这是对她的一种折磨。过去的我会觉得，既然自身是清白的，自己又是如此喜欢她，我可以忍一忍，我害怕如果放开来，她是否会崩溃得走向一个极端。可现在觉得我的心智和过往相比有所不同，愈发觉得如果爱情中的人越成熟，就越应懂得及时止损，避免在失望的感情旋涡中越陷越深。当我对这段感情的信心与耐心消失殆尽，选择分手是对她的负责，对我也是解脱，勇敢地说出分手也是我在这段感情里最大的成长。

恋爱是两人对彼此从想象到了解本质的过程，中间会有矛盾和冲突，我们要在其中正视对方的需要，也要审视自己。我们当初被另一半选择的时候是因为我们满足了他们内心的需要，可当爱情关系展开后，我们呈现的往往与他们所期待的有所不同。我们应当在尊重和理解对方心理需要的前提下，保持自己作为个体的独特性，不为满足另一半而去活成他们眼里期待的完美形象。

点 评

　　作者在恋爱中比较独立,延续了过去独立处理问题的习惯,不太能敞开心扉,让别人走进他的内心,所以让他所爱的人很失望。他的前女友认为不分享彼此的快乐和痛苦就意味着没有把她放在心上,就意味着不够爱她。失恋了,作者才深刻地感悟到彼此相爱是需要培养爱的能力,尤其是倾听、分享彼此的感受,这样双方才能够互相支持、互相完善。也许前女友在这段恋情中也有问题,比如缺安全感,会忽略作者所说的一些信息。但好的恋人还应该承担这样的责任,那就是:用对方能够理解的话语,精准地告诉对方自己的感受,教会对方了解自己,帮助对方懂得彼此,这样的爱情才会越来越美好。

案例二:只有"聊天"的恋爱

01　我的恋爱过程

　　我有过一次暧昧,谈过一段恋爱,还有一次暗恋。

　　第一段恋爱是在初中,我喜欢的女生 A 坐在我的后桌,平时下课我总是回头和她说话。当时同学也都很八卦,起哄,问我是不是喜欢 A,**那么多人一起问,我特别不好意思,就隐瞒了**,大喊:"我不喜欢 A!"结果说完,我回头看到 A,她居然哭了,当时我很疑惑她为什么会哭,之后才知道原来是她以为我不喜欢她才哭的。之后一段时间我们就很少说话,我有点后悔当时那么说。这时我发现另一个同学好像也喜欢 A,**我感受到了竞争的压力**。我在班级 QQ 群里疯狂刷屏:"我喜欢 A!我喜欢 A!我喜欢 A!我喜欢 A!我喜欢 A!……"这下全班都知道我喜欢 A 了。第二天我来到学校,发现 A 好像挺开心的,之后谁也没有明说,但是相互喜欢,算是确定恋爱关系了吧。不过当时我们的关系也只限于下课聊天,回家 QQ 聊天,没有一起放学,也没有买过礼物。

　　那段暧昧是在高中,同桌 C 话很多,聊得久了,她开始抱怨她的爸爸和家庭矛盾,也聊关于性的内容,我觉得这好像不应该是普通同学会聊的吧,我更加纳闷了。平安夜她送了我个苹果,我很惊讶,她是第一个送我礼物的女生,我也回了礼。

　　后来我还暗恋过女生 B。我开始经常梦见初中暗恋的女生 B。在梦里,好像也都是和 B 聊天,醒来之后感觉很开心。大一时,我总算下定决心,把初中暗恋她、高中做梦梦见她的事情对她说出来。我明显感觉她的情商好高！她说，很开心过了这么久还有老同学记得她，我梦见她肯定是她给我留下了很深的印象，很感谢我把这些都告诉她。这次和 B 说了之后，我就再也没梦到过 B。

02 对恋爱经历的总结和反思

我发现喜欢上的女生，都是当时和我交流最多的女生，因为除了她们，也没有别的女生和我说话，而且她们都是坐在我旁边的女生，都是在慢慢熟了之后自然而然地说话。进了大学后，由于没有统一的课程时间，也没有固定的座位，我更加不会主动开口和女生说话，也不大会主动找话题，所以几乎没怎么和女生说过话。

我发现以前的恋爱模式，就只有聊天，连梦里梦到暗恋的同学也都是在聊天。可当我真正去聊天的时候，却不会聊了。进了大学我想和感觉不错的女生聊天，我却不知道说什么。我安装了一个交友软件随机匹配异性，说了几句之后，又不想查户口式地聊，都是两三句话之后不了了之了。我现在面对异性，手足无措，不知道该如何面对。还有个奇怪的现象，我之前的关系里，没有和对方吵过架，唯一一次冲突就直接导致了分手，都没有吵架的机会。

我发现，我不善于表达自己的情感，也不善于共情，不太能读懂别人的情感，我在恋爱中好像很少表达过"我爱你"之类的，觉得与女朋友相处更像是和好朋友在一起，而且除了聊天也没有什么很亲密的举动，让情感升温的约会从来没想过。

如果用经典的爱情理论来分析的话，在这几段经历中，感觉好像只有亲密，没什么激情，也没什么承诺，类似于友情。几段关系的开始和结束，都有些稀里糊涂的，就像是没拿剧本的临时龙套。

03 原生家庭和童年经历对我的影响

爸妈在我 6 岁时离婚了，我和妈妈一起生活。6 岁前，爸妈一直吵架，从来没见到他们和睦过。我爸从没照顾过我，只顾自己，我妈也忙于工作，平时对我的教育很少。幼儿园的时候爸妈经常把我委托在别人家帮忙照顾。小学我就开始住宿，每周五才回家。自己的情绪情感无人可以表达，这导致现在我的情感其实也一直被压抑着，对于别人的情感也无法理解和共情。家长在我童年对我的教育，尤其是情感方面的沟通很缺失，我的情商在童年几乎是零。

课上提到安全感以及恋爱中的依恋，我觉得在我身上看不到，因为我完全什么都不懂，我童年里没有情感，几乎没有陪伴，好像也没有安全感。我的情感也被自己忽视了,我像是机器人。**有时感觉不是缺少什么就想补回什么,而是什么都缺**,却不知道该怎么办,或者干脆就不补了,全都忽视掉了。

04 如何增强自己爱的能力

由于原生家庭的影响,我几乎没有爱的能力。可以明显看到,我在之前的所谓"恋爱"中,很少表达爱,没约会过,也没有在对方伤心、困难时陪伴和帮助她。给予爱的能力非常欠缺,可能我的内心本来就没怎么获得过爱,我没有足够的力量给予爱。

虽然原生家庭几乎没教会我什么,但我相信可以从零开始,慢慢充盈自己。

(1) **学会爱自己**。了解自己需要什么样的爱,关注自己被爱的感觉。目前我可能还是倾向于陪伴型爱情吧,因为我对于爱情仍旧迷茫。

把自己变得更好。其实我目前是有点嫌弃自己的。进大学后我经常熬夜打游戏,不修饰自己,学习也经常偷懒,这都是不自爱的表现。如果我是一个女生,看到自己这样肯定也不会喜欢的。如果我能变得更好,按时睡觉,早睡早起,经常锻炼,认真学习,我觉得应该也能吸引异性,减轻自己主动追求的压力。

正确对待自己的情绪。可能我之前一直把情绪隐藏、压抑着,或直接忽视。我应该去感受自己的情绪并表达情绪,进而再学习用同理心去感受他人的情绪。

(2) **增加激情和亲密感**。之前两段恋爱很大的一个问题就是没有激情,也没有很亲密的感觉。我觉得如果之后再谈恋爱,一定要出去约会,两个人一起玩,一起吃饭、看电影、逛街,一起去旅游,一起去游乐园,创造属于我们共同的美好回忆。

(3) **提升共情能力**。在课上,我学到了两个最重要的解决男女间问题的方法:**先解决情绪,再解决问题**;按照事实、感受、希望的顺序来沟通。

我与同学或父母产生问题的时候,都是想着如何解决问题,从不会考虑对方当时的心理感受。以后就算不是恋爱关系,我遇事应该先解决情绪,再解决问题。我得先注意到他们的情绪,想办法让他们的情绪得到抒发、满足,再想着解决问题。

以后如果对方问我的想法,或者我想对对方表达我的想法时,也可以先说事实,再说这件事给我怎么样的感觉,最后再说希望以后该如何。这样,在恋爱中不仅能解决一些矛盾,也能对恋爱的长久发展起很大的作用。

> **点评**
>
> 作者是个幽默风趣的男生,有过两段比较亲密的关系,还有一次暗恋。他从过去的经历中感受到自己存在着比较多的困惑,爱的能力有待提升。通过课程所学,作者分析了自己的原生家庭的影响,认为应该在提升激情与亲密感,提升共情能力,在学会爱自己等方面做出改变。
>
> 作者很小就住校,和妈妈的沟通也很少,情绪情感自小无人可以表达,导致他的情感一直被压抑着。他非常渴望在沟通中被关注、被理解,这也许就是他需要和别人(尤其是女生)一直"聊天",才能缓解自己的情绪压力的原因。作者的经历或多或少展现了当今一些大学男生的情感状态,他们渴望爱情,却不知道如何和异性相处,也不太善于运用共情能力,有典型性。

第三节 分清"爱"和"需要",提升鉴别爱情的能力

案例一:是"爱"还是"需要"?

01 恋爱中的心路历程

刚进入大学的半年间,我陷入了一段极为混乱的感情。第一次在外独立生活的迷茫与恐惧,让我无法抵御 A 的细心照顾与陪伴,太多的共同点也让我将他视为最难得的知己。在与 A 恋爱之初,我告诉自己要"好好爱他"。但是渐渐地,他的很多语言、举动以及我的情绪反应让我总觉得这样的恋爱状态似乎哪里不对劲。我总是惧怕争吵与矛盾,甚至有时不能向对方表达出自己的真实情感,两个人的隔阂不断加深。

此时 B 的出现让我的爱情变得戏剧化、刻骨铭心。B 是我在学生会中的"同事",他为人处世的能力十分老练,虽然为人低调,但在同学中威望极高,受到很多女生的青睐。一次次共同处理困难的事务、共同快乐玩耍让我与 B 越走越近,我对他的好感也日渐强烈。此时我与 A 的关系已经比较疏远,而 B 不惜代价、不在意别人眼光的对爱的坚持,让我对爱情有了新的认识。B 表白之后,我在 A 和 B 之间挣扎着,最终还是选择了 B。

然而,与 B 的爱情经得起风雨却经不起平凡。他有时给我巨大的惊喜,讲最动人的情话,有时又把我挡在他的"心门"之外,让我琢磨不透,心如死灰。他太特别了,可以让我打开心扉,可以看穿我的一切傻气和弱点,可他常常让我"听话",他的爱仿佛是有条件的。我有时觉得自己可以为他付出一切,改变我所有的缺点,有时又不甘这样取悦于他,摇尾乞怜。爱情难道要牺牲自我吗?我们俩太不一样了,相比之下,共同的爱好和经历屈指可数,靠着我不断的退让和妥协维持关系。我想我们真的都很累了,最终无奈分手。

02　欲爱人,必先自爱

　　经过一年的反思、沉淀和改变,我发觉了当时的种种均是由于不懂如何去爱而导致的——**不会爱自己,更不会爱别人。**初次独立生活的我还没学会如何一个人健康快乐地生活,如何与自己相处,如何面对未来;潜意识中试图用恋爱来填补突然缺失的父母、家庭的爱,对自己的爱,对未来的期待;原生家庭中亲子关系给我带来的对权威的恐惧以及惧怕冲突的性格还没得到认识与改善……爱情被我加上了如此沉重的包袱,自然难以正常发展。拥有爱的能力对于亲密关系的建立实在太重要了,而培养爱的能力,首要任务便是认识自己,爱自己。

　　(1) 爱与需要的关系。在成熟的爱中,是因为爱一个人而需要他,而不是因为某些生活上的需要而爱一个人。如果爱情只是简单生活中的细心体贴,那是否智能机器人可以代替相爱的感觉?显然,爱情中,我们对伴侣有更高层次的要求。如果想满足自己的情感需求,而不屈从于生活需求上的满足,**首先就需要有独立生活的能力,能够处理好自己的情绪,解决好生活中的问题,这正是自爱的体现。**我与 A 的恋情建立在需求而不是爱的基础上,这也是我们最终分手的根本原因。

　　(2) 成为自己的主宰。从前我似乎在为父母而活,离开父母后又在为身边的朋友而活,我把自己交由别人的情绪和意愿来主宰,这与爱一个人有本质的不同。当我们爱一个人,是利他性的,心疼他,为他考虑的;而之前的我,出于恐惧,只能为亲密关系堆积负能量。

　　从小我的一切事宜被父母包办,情感和意愿不被尊重,潜意识中将被父母的认同当作自我价值的唯一体现,对与他人的关系十分敏感而又多疑,往往逃避、退缩。所以,当冲突到来,我只有牺牲自己去取悦别人才能有"安全感",更不可能真实地表达出自己的感情。

　　这在与 B 的恋爱中尤其突出,我们的感情一直靠牺牲来维系。当他要我"听话"时,便无意中按下了我的"心理按钮",让我觉得不被尊重,没有得到无条件的爱。错不在他，而是我没有成为自己的主宰，尊重自己的情感，导致无法有效沟通，积压着的负面情绪迟早会爆发，相爱的激情也经不起如此的消磨。

我只有先学会独立，成为自己的主宰，才能避免很多恋爱中的问题。诚然，不可能有完全独立并且完美的人，我们在爱情里也需要依赖，爱情也正是治疗童年伤害的最好机会。但是不能把全部的压力都加在对方身上，这样的关系就像是一张太过紧绷的弓，很危险。只有先学会自爱，才可能得到"柔韧的""经得起生活摔打"的爱情。

培养爱的能力，从自爱开始。愿每个人都先被自己温柔以待。

点 评

"问世间情为何物，直教人生死相许。"不论爱情的产生是来自"激素"，还是对自我隐性人格的追寻，都终将是大部分人贯穿一生的最神奇又瑰丽的色彩。培养爱的能力，是幸福的基石，更是一生的功课。我们无法决定自己的成长环境，但可以选择拥有接纳自己、改变自己的能力。作者写出了她的真情实感，探讨了"爱与需要的关系"，"自爱"在亲密关系中的重要性等，认为爱的能力最基础的是对爱的正确感知与自爱。她从自我认识中探索未来需要做出的改变，这种自我反思非常可贵。

案例二：学会拒绝，才是对彼此最好的"爱"

我高二时曾被一个患有抑郁症的美术生喜欢，我从朋友那里得知，却无法主动向他表明我的真实想法。一年后我婉拒了他的表白，当夜我收到了他手机发来的照片，是两盒空了的抗抑郁药物。我当时很快意识到了事情的严重性，第一时间联系了他的家长和警方后，一宿无眠，**在将近清晨四点时男孩被警察在高速路上找到并送往医院洗胃**。这件事给我们两人都带来了巨大伤害，但我进入大学后依旧和他保持了联系，以朋友的身份鼓励他，直到前不久他复读并拿到了某公司的合格证，我与他的故事才算真正地尘埃落定。

其实男孩早在患病前就具有一定的回避型人格倾向。他极具艺术才华，但敏感压抑，不愿意表达自己的真实想法，而我本人也有轻微的回避型人格，明知道男孩经历了长达一年的漫长压抑的暗恋，但我却不愿意面对真相，甚至会残忍地无视他的暗示，虽然他患抑郁症并非出于此事，但是我也应承担不可推卸的责任。

男孩的原生家庭在激烈地反对他学习美术无果后,便采取了放任自由的策略。在这种环境中男孩逐渐失去了安全感,以至于在第一年放弃高考,以引起父母的关注,在这一点上他的家庭也应当承担责任,而非一味责怪。

就我个人而言,对男孩的自杀之夜的快速反应我不敢有任何自豪的想法,虽然至今为止我都惊讶于自己的反应能力,但这终究不是什么值得夸耀的事。**在那件事之后很长的一段时间,我恐惧深夜的电话和信息,一次深夜的报警,或许耗尽了一个中学女生全部的勇气,我承认自己当时极度厌恶男孩父母的不负责任,而且极度担心万一出事后我需要面对的舆论压力。**所幸在一切风波平静之后,我终究变得更加成熟强大了。我非常赞同老师口中的"因为懂得,所以慈悲"的观点。虽然我并非专业人士,了解了他当时做此决定的想法,我开始有意接触和那个男孩一样的特殊群体。

2020年冬天,我碰巧有机会带一个已经放弃了攻读高中的抑郁症艺考生,那个女孩最开始几乎抗拒和我的一切交流,但通过文学艺术,她逐渐发现了心中所爱。我目睹她收获了爱情,走回了课堂,并以饱满的状态迎接高考。**在这个过程中我发现自己也拥有了先前并不突出的表达爱的能力,并且对于他人的感受更加敏感。**我一直以来作为一个有原则的人,十分清醒地知道无论之后发生什么,我拒绝那个男孩的行为是正确的,只有拒绝他才是真正对他负责。但是他作为特殊人群,我也应该注重自己拒绝爱的方式和方法。**当年一个惊心动魄的夜晚,或许极大地改变了我的人生轨迹,让我收获了爱与被爱的能力。**

爱需要终身学习,这场对他而言的锻炼给我带来的不仅仅是爱的能力,更有不爱、热爱、大爱,我现阶段所获得的感情的每一个细微之处都有一点一滴柔情的积累。当然,我还需要进一步的学习,在体验中提高给予爱与接受爱的能力,使爱情得到升华。

点 评

作者婉拒了一个患有抑郁症男生的表白,又在男生企图自杀的紧急时刻帮助了他。因为这件事情,她更懂得了自己,也渐渐学会了爱的表达能力。认为爱的能力不仅有接受爱的能力,还包括不爱和拒绝爱的能力,而这些都是亲密关系当中最重要的能力。

第四节 "恋"习爱,不断提升解决冲突、维系长久爱情的能力

案例一:从恋爱中学习,提升爱的能力

我的第一段恋爱是在初二,对象是我的后桌,因为一次真心话大冒险,我得知她喜欢我,我对她也有好感。之后过了不久,我鼓起勇气向她表白,我们就在一起了。

和她在一起的三个月,甜蜜和焦虑是混杂在一起的。两人只要对视一眼,万千言语会尽在其中。上课时不经意地转头发现对方在看你,放学回家一起走到车站,或者QQ上互相鼓励,这些甜蜜我们都品尝着,很纯真很幸福。但我也时常被一些负面情绪所困扰,这样的情绪有两个:**其一是缺乏安全感**。我总是担心对方不爱我而为此感到焦虑沮丧,总会一遍遍询问对方对我的感情。如果QQ上对方有事不回我,我会生气,觉得对方不爱我了。到了晚上我变得很脆弱,异常想念对方。**其二是源于对未来的焦虑**。那时我认定对方就是一生的唯一,在面对不确定的未来时一直感到忧虑。

整个暑假我都在为她的失联忧心忡忡。直到开学后,她一直躲着我,在我的再三追问下,她才说是不喜欢我了。没有理由就是不喜欢了,好长时间这成了我的心结。

从依恋类型上看,我的表现像是焦虑矛盾型,体现在**占有欲和自我保护这两方面**。在这段感情中我表现出了强烈的低自尊和不自信,一味地依赖对方,急切想要对方的回应和支持。这种行为可能会让对方喘不过气来,而她又不擅长表露自己想法,我们的感情可能因此而恶化。

失恋后,我开始暴饮暴食。后来**我发现暴饮暴食只能在短时间内麻痹自己,过段时间那些糟糕的情绪又都会回来**,我决定将内心的痛苦转化为学习的动力,每当痛苦时,我就专心做数学题,**忙碌中也无暇自怜、自恨、自怨了**。

高二我参加学校的夏令营,有个学妹在QQ上跟我表白。我们在网上聊了一个月,开学就在一起了。我发现小学妹在感情中很投入,她经常会跟我分享她的心情,身边的事情,有时候会唱歌给我听,我很享受这样的相处模式。**但和前一段恋情一样,我仍被不安全感困扰**。她成绩特别好,性格也好,朋友也多,我就

想这么好的一个人怎么会喜欢我呢。过了一个多月,小学妹加入了学校的辩论队,为了准备辩论,会留在学校直到很晚,我们联系的时间也变少了。当时我的想法是参加活动没什么错,我应该赞成她。**但同时我内心的不安全感越来越强烈,情绪也变得不稳定。**过了一段时间,我忘记了是什么原因,开始冷战。后来,她累了,提出了分手。

小学妹属于典型的安全型依恋,她很容易与其他人亲近,在我看来她对待每个人都很用心。在分手时,她会直接提出分手,说明原因:她想要的是忙碌丰富的生活,而我想要的是长时间陪伴。**在这段感情中,我又表现出了过度依赖的倾向,较差的表达能力和过多的负面情绪。**

大二时我开始了第三次恋爱,如今和现任已经在一起一年多了,我从课程和实践中学到的东西,相比较于前两段恋爱要多得多。我这一年多来的感触是:

我的不安全感大都源于担心对方的离去,只有建立自信,相信"我值得被爱",才能消除不安全感。好的爱情,应该是两人都能照顾好自己,首先要爱自己,才能接受对方的爱,才能付出爱。彼此的关系也不是互相依附和频繁依赖,而是作为拥有独立灵魂的两人彼此欣赏和陪伴。

学会爱自己。和小学妹分手后,我开始思考自己是个什么样的人,想要过怎样的生活。我开始重视自己,定期去跑步运动,注重外表打扮,报名托福为以后的学业做准备。当我在我预想的道路上前行的时候,我是不自卑的。和现任在一起后,我曾担心会出现以前那样的不安全感,可是它没有出现。一部分原因是因为现任是安全型人格,我们之间形成了亲密又独立的相处模式;另一部分原因是因为我正视了自己,知道自己正在变得更好,我值得被欣赏,被爱。

要正视自己的情绪,懂得表达和沟通。因为有前车之鉴,**我告诉自己这段感情一定不能冷战,要逼着自己去理解自己的情绪,和对方沟通。**有一次晚上我们连麦看视频,她和往常不太一样。平时话多的她,今天却不怎么说话,我和她说话时,她也只是用轻轻地"嗯"和"哦"来回应。我的心情一下子就变得沉闷了,这时我觉得不能像以前那样压抑情绪,于是我开始分析这种感觉的缘由。"我为什么会有这种情绪,它来源于哪里,我该怎么做去消解它?"我开始问自己。"是因为她的回答有点冷淡,给我一种热脸贴冷屁股的感觉,但我千万不能回避她,我得主动一点!"我心想。于是我就问:"亲爱的,你怎么今天冷冷的呀,是不是不开心了呀?"她回答:"今天上了一天班,好累哦。"听到回答,我心中的迷雾就消散了,心想:我怎么把上班这事给忘了,还好我冷静下来没有冲动地发泄。可见,情侣相处,还是得多多沟通,用理智控制自己的情绪,多多体谅对方,这样会减少很多不必要的冲突。

爱情需要独立和亲密并存。我和她相处就像虽然每天我们有很多的时间干自己的事情,但对方又好像一直在你身边。首先,我们每天都约定晚上九点半打电话,一起看剧或者打游戏,这是我们全身心与对方相处的时间;其次,**我们会积极地及时分享我们的情绪**,遇到快乐分享喜悦,遇到悲伤分享忧虑。**当然,满足彼此的需求同样重要**,比如她说想吃甜品,我会点一个小蛋糕送到她家,在满足她的愿望的同时,我的价值感也体现出来了。我们的爱情并不用时时刻刻黏在一起,只要知道对方一直会在那里爱着自己就心安了。

矛盾不可避免,需要我们设身处地为对方考虑。过去有矛盾时,我大多选择回避。**争吵本身意味着情侣之间平时存在或积累了深层矛盾。**记得我们第一次吵架是因为她一直分享生活中出现的负面情绪,而我觉得负面情绪没有必要全部向我倾泻。**这个矛盾点在于女生侧重于分享情绪,而男生注重于解决问题,我当时没有意识到其实不用提出解决方案,只需要聆听并安慰她就够了。**后来我平静下来,开始意识到她可能只是想分享这样的情绪,我向她道歉并认真倾听,心平气和地交流了彼此的想法和感受,最后我们和解了。

这样的冲突会逼着我们去解决矛盾,设身处地的思考,更容易增进彼此的了解。经历多次争吵后,我们彼此已经大致知道对方的"雷区",也就会尽量避免去踩雷,减少矛盾的产生。

点 评

作者在初中和高中经历了两段恋爱。失恋以后曾出现过暴饮暴食的行为,但很快他把失恋的痛苦化为了动力,投入到学习中去,还和同学倾诉、分享。进入大学,他开始了第三次恋爱,由于有前两次恋爱的经验总结,他在这次恋爱当中学会了比较好的情绪管理能力,学着去体察自己的情绪,努力和对方沟通,积极分享彼此的喜怒哀乐,也不畏惧争吵。他们在恋爱当中形成了"我和她之间相处就像虽然每天我们有很多的时间干自己的事情,但对方又好像一直在你身边"的感觉,这是一种非常好的爱情体验,作者比较好地做到了既独立又亲密,内心充满爱但又不失独立空间。作者在恋爱中不断地学习,无论是情绪管理的能力还是解决冲突的能力都有了极大的提高。

案例二：我通过四年恋爱提升了爱的能力

01　表达爱的能力，接受爱的能力

我和我的女朋友从恋爱到现在已经四年了，这四年里我们一起经历过很多事情，其中有快乐，有伤痛，有感动。我们的故事从初中时开始。不知道为什么，当初那么受人欢迎、青春靓丽的女孩会喜欢上我这样一个名不见经传的沉默男孩，那时的我对她没有任何想法，而她已经喜欢上我了。她总是在一旁默默看着我；在我生日时她是第一个送礼物的人；对于我的每一句话她都记得很明白。但当时我对于感情还很懵懂，初二下学期，我突然从她闺蜜那里知道她喜欢我，我开始注意她，我慢慢开始确定她是喜欢我的。在一番深思熟虑下，我决定向她表白。在2012年的2月4日，**我向她表白了**，在红色的玫瑰花、精美的礼物、周围人的呼喊中，她接受了我。就这样，我们开始了恋爱。

从中不难看出，**表达爱的能力和接受爱的能力对于一个年轻人的重要性**。如果当初我女朋友的闺蜜没有将她喜欢我的事告诉我，我们还会有这样的幸福时光吗？如果当初我不承认我对她的喜欢，或者她不接受表白的话，我们还会有这样的美好结局吗？所以，表达爱的能力和接受爱的能力是最基础的也是最重要的能力，追随自己的本心，就是好的。当我们学会了勇敢地表达爱、勇敢地接受爱，生活中会有很多开心和幸福的感觉。

02　鉴别爱的能力

我和她就这样甜甜蜜蜜走过了整个初三，可能有人认为初三不应该谈恋爱，但我并没有后悔。到了高中，我们没能分在一个学校，于是，我们开始了**长达三年的异校恋**。

高中的课业压力突然增加，这让我们之间的交流变少，有时一个月才能见一面，慢慢地我们对彼此的感情产生了质疑：我们的爱还存在吗？是否变质了？会不会只是习惯了彼此的陪伴？我们的生活在不断地改变，与此同时，我们的爱也在一次又一次地经受着考验。高中的头两年，我们都徘徊在这样的困惑里，**于是我们选择了彼此冷静一段时间，甚至连最基本的交流也没有了。回想过往，我突然发现，爱并不是要天天黏在一起，而是只要她在你的心里，是你的动力，那就是相爱的。**在我的劝说下，我们又回到了当初，那一层隔阂也没有了，也不会经常拿初三对比现在，因为我们知道，我们都是爱着彼此的。

在我们这样的青春年华，**身边有着各式各样的诱惑，这些诱惑会不断阻挠我

们的爱情,而我们这个年纪又是最经受不起诱惑的。在这个时候,更加需要我们**有着对爱的鉴别能力,这样才能正确地看待彼此的感情,坚定地陪伴着彼此**,而如果没有鉴别爱的能力,又如何在这纷乱的世界里,找到自己所坚持的感情,找到自己的"真爱"呢?

03 解决爱的冲突的能力

我们的恋情并不是一直都很和谐的。高二时,女友想要我把 QQ 中所有异性都删去,以确保我不会因为那些"诱惑"而抛弃她。当时,我并没有多想,只是觉得她侵犯了我的隐私,毫不留情地把她训了一顿,平常顺从的她和我吵了起来。我们说着对方的不是,说着自己为了这段感情付出了多少。吵完之后我们陷入冷战,我很是气愤,不了解为什么我们之间感情这么深,她还这样不相信我。在后来的思考中,我突然想,如果我是她,我会怎么做?我发现她是一个很缺乏安全感的女孩,当感觉恋情出现问题时,变得这么敏感也是情有可原的。反而是我没有及时了解她的心理,而只是一味关心自己的感受。反思之后,我立即向她道歉了,经过沟通,我更加了解她内心的想法,我们也变得更加亲密了。

两人相处中,对方不可能完全了解自己的内心,理解总是会出现偏差,争吵难免,**我们需要的是在争吵中发现彼此的问题,达成新的共识**。老师说过,当爱情经过七年之痒时,两个人都会成为亲人。我想这也是经过几年的冲突磨合,我们逐渐掌握了解决爱的冲突的能力,彼此的习惯已经很相近,更加了解对方的缘故吧。

04 保持爱情长久的能力

每对情侣开始时,都会许下山盟海誓,希望可以彼此不分离。**但这只是一个美好的愿望,需要付出很多努力才能实现它**。高中,我们的感情面临了最致命的问题——她要出国了。我虽然相信我们的感情可以跨越几千公里的海洋传达给彼此,但即使这样,我心里依然彷徨不安。

我进入了大学,她出国了,我们之间的感情也不再是我想象的那样坚固了。大学生活有很多事情要忙,还要建立自己的人际关系。在她出国之初,我没有花太多心思在她的身上。我们吵架的频率越来越高,她的焦虑不快也慢慢变多了。那段时间我异常痛苦,我参加过一些心理学方面的课程,收获的都是比较零散的知识。而在"爱情心理密码"课程上,我系统地了解到男女之间的差异和矛盾。**我把之前的经验和老师所讲的知识进行了整理分析,尝试实践和分享自己学到**

的东西。现在,我们度过了比较脆弱的时期,感情也越来越稳定了。相信等到她三年求学之路走完,我们再见面时,七年之痒就已经过去了,我们会像亲人一样永远走下去。

(1) 人人都害怕自己的感情变质,但是当我们害怕之余,为什么不去想想可以培养自己鉴别爱的能力,更好地看清其中的虚实,不要为这些东西感到彷徨,不至于终结恋爱。

(2) 吵架是彼此磨合、更加了解彼此的一种方式,不必害怕躲避。所以,我们首先要做的是多多地和对方沟通,多站在对方的角度上包容对方。

(3) 男生最需要的是空间,而女生最需要的是情感和爱。

(4) 女生所想要的东西不是男生表面了解到的这些,男生应该更多思考她们背后想要表达的东西,其实很多时候她们的需求并不过分。

(5) 爱就像是天平,双方都要向里面投入自己的心血。如果双方的付出差距太大,天平失衡,爱情就走到了尽头。我们应该时刻关注,当天平有了失衡的迹象时,要及时补救。

(6) 或许你会觉得女朋友要求越来越高了,对于你的索求越来越多了,那我们为什么不能主动给予她一些惊喜,主动用一些行动去表达自己的心里只有她?当女生的这种心理得到了满足,就不会进一步要求你了。

点 评

从初中至今,作者和他的恋人走过了四年的恋爱时光,当中也遇到了很多矛盾和冲突。但每一次的矛盾,他们都会寻找到恰当的解决办法。比如,耐心倾听,觉察彼此的情绪感受,诚恳沟通,共同为未来的目标和愿景努力。这些都是相爱的重要能力。作者经过课上系统的理论学习,把过去恋爱中的实践与理论结合起来,总结出非常可贵的经验教训。相信他们会且行且珍惜,爱情会更美好。

第五章 我们在爱情中长久的亲密感来自哪里？

"我怎么觉得谈恋爱很累啊,每次约女朋友出来聊,我都要写好提纲,策划好今天谈什么。"

"我和别人在网络上聊天,都不知道聊什么,几句话后对方就不怎么理我了,我好尴尬啊……"

"我们恋爱到了三个月就好像老夫老妻了,没有什么话好讲了……"

"这么明显的道理,他为什么不懂……他为什么不理解我?"

"我们为什么老是吵架,一谈就崩?"

在大学生中有不少类似于这样的困惑、抱怨,那他们到底哪里出了问题?

由于种种原因,大学生在进校前,他们并没有很多机会学习人际交往的方法,高考的压力也使得他们很少关注自己内心的需求,或用合适的方法表达自己的感情。大学生恋爱在很多时候仅仅是聊天,或只限于兴趣爱好、浅层的学习生活等内容,**不懂得用"自我暴露"等方法来加深感情**。还有些是因为**不了解男女之间思维的差异**,说出来的话对方不感兴趣;**也不会用换位思考**、将心比心等方法来理解对方的所思所想。所以,这样的恋爱方式就会遇到不少阻碍,使得彼此的关系深入不下去。

爱情中长久的亲密感来自哪里?有同学说:产生亲密感的情感体验会让当事人感到自己能与他人进行有效接触和交流,感到他人对自己的关注和爱护,也感到自己是被人需要的、有价值的,生活是幸福的。生活中,那些亲密感丰富的人,若观察他们的行为和言语,可以体会到与他们相处和其他人明显不同,气氛更加融洽,节奏更加平和,甚至连动作都放得开。我的父母结婚十多年,情感相处融洽,我作为儿子,看到每当母亲生理期需要帮助的时候,老爹总会提前一两天默默准备好母亲需要的药品,甚至睡觉前连聊天的声音都会放缓。准备饭菜时,父母的配合就像是训练有素的大厨在合作。如果亲密感不足,没有经常性的磨合,是不会有这样默契的关心和配合的。

的确,这名同学的父母深谙亲密关系的相处之道,是具有爱的能力的人。

第一节 善于运用自我暴露,学会爱别人的正确方式

"爱是一个学习的过程,我认为首先体现在**主动去认识对方和让对方更多地认识自己上**,这就涉及自我暴露。为了在这段关系中增加彼此亲密的程度。我们需要向对方**主动表达**自己的一些情绪态度、观念感受,向对方说出心里话,坦率地表达自己、陈述自己。

"我从小就不太擅长表达自己,他也是比较害羞的。但我们清楚地知道,要深化爱情就必须深入了解,所以我们总是试着自我暴露。在兴趣爱好方面,他热爱古典音乐,喜欢几个指挥家和演奏家。起初我担心他瞧不上我对古典音乐懂得不多,但我还是常常与他分享,让他知晓我的喜好。我们的双向分享,每日进行,从未间断,我们十分坦白地交换对敏感问题,比如性的看法,也发现都是对性放纵保持距离的人。还有对自我的评价,我将自己与《红楼梦》中的女儿们进行类比,他采取了认同的态度,让我非常喜悦,我也主动询问他对自己的看法,我们还分享了人格的测试结果。

"自我暴露很有好处,使得我们增加对自己的认识。越了解越爱,但这并不是立刻成立的,因为越了解,看到的美中不足也越多,但我们能够克服这些缺点,也能够互相包容,被指出来以后也不生气。我们一直在思考如何相处得更好一点,他说常常反思自己有没有说一些不恰当的话。他关怀周到,感受对方的心情,体察对方的所思所想,开诚布公地沟通交流,令我十分感动。"

这是一个善于利用"自我暴露"的方法来拉近恋人关系的女生。**自我暴露是指我们在与他人交往中,真诚地与他人分享个人的、私密的想法与感觉的过程,包括四个层次:**

第一层次暴露的是所有人都可以知道的信息,比如分享自己的兴趣爱好,喜欢吃什么美食,喜欢什么样的休闲和娱乐等。第二层次涉及态度、价值观的自我

暴露,比如讨论交流自己对社会的评价等。第三层次涉及自我的人际关系与自我概念状况,比如自己是一个什么样的人,自己与他人的关系等,这一层次的暴露属于比较高的自我卷入,一般不会轻易向不熟悉的人说。第四层次是隐私的暴露,属于自我深层次的暴露,比如不被社会价值观念所接受的经验、念头、行为等。

与恋人、伴侣的沟通中,主动自我暴露可以增进交流,分享感受,减轻负面情绪,可以迅速拉近双方的心理距离,增加亲密感和信任感。

案例一:在深入交流中得知对方爱的需求

01 相识阶段

我与小 W 相识在大二暑假的一次偶然聚会上。起初只是有一句没一句地聊天,到后来我们相互之间渐渐产生了感情,然后确定关系,这段时间我变得频繁地、下意识地去确认未读消息。有一段时间小 W 回消息没有以前及时,我感觉到没有受到重视和关注。后来我和他试着进行高效的沟通交流,**具体实施时使用了"DESO(D:Describe 描述行为/事实,E:Express 表达感受,S:Specify 明确提出希望/要求,O:Outcome 如果能这样做的结果)模型"交流**。我先客观描述他未及时回复的行为,然后表达出自己的不安与担心,再明确提出自己希望他可以做到有空时及时回复的要求,最后我告诉他,如果他同意,我很开心他能够考虑我的感受,然后继续正常交流。

02 热恋阶段

在此期间我和小 W 的交流是最多的,但同时我们之间的矛盾也是最多的。比如,我会因为他很少写表达自己感受和想法的文字而感到交流困难,他会因为我没有及时回应他的"抱抱"而觉得我不够喜欢他。到后来,他会因为我和发小(男生)出去吃饭而生气,我会因为他给其他女生的朋友圈点赞却没有给我点赞而生气(后来才知道是他没有看到我的那条动态)。**这段时期出现的矛盾会让我感到焦虑和不安,会睡不着觉,我还会在情绪不稳定的时候说反话,说呛人的话**。小 W 在生气时会选择闭口不谈、拒绝交流,如果同时遇到不顺利的事情,他的情绪也会变得不稳定,说出伤人的话。

03 矛盾产生的原因

第一,这一时期,我和小 W 的聊天更多的是"浮于表面"的交流。比如将今天发生的事情分享给对方,但是很少延伸到感受和想法层面,很少使用自我暴露的方式进行沟通,这使得双方对彼此缺乏了解,亲密关系中的不确定性增加,对彼此的信任不够,安全感也得不到满足。

第二,我们的依恋类型不同。我倾向于焦虑型模式,小W倾向于回避型模式,当矛盾发生时,我感到愤怒、不安和焦虑,很想尽快把问题解决,但小W会长时间不说话,拒绝沟通。

第三,对于我有时不清楚自己生气的原因这一问题,**这涉及我的成长过程**。幼年时期,我的父母会替我做"正确的选择",比如我在挑选冰激凌口味时,可能会选择巧克力口味的,但是父母会告诉我"选香草吧,那个更好吃"——我的感受被一次又一次地"压下去"。边界模糊,在我和小W的相识阶段表现为低自尊:我频繁地查看未读消息,就算是上课或者有其他事在忙也会不自觉地想起要回消息,我怕错过小W的消息而给他留下我不在意他的印象;我改变习惯,使用平时不会使用的"女性化"聊天方式和语气,想给他留个好印象。他提出的要求我尽可能满足,做不到时会感觉有愧疚感。在热恋时期边界模糊体现为:我会感觉到愤怒,但是我并不能清晰分辨出到底是什么引起了我的愤怒情绪。

04 启示与思考

爱情中的亲密关系刚好提供了一面镜子,让我们有机会通过与对方相处,了解自己,知道自己缺少什么、渴望什么。在自我暴露和不断深化沟通中,我与小W之间的矛盾逐渐减少,了解了对方习惯使用的爱的语言。**在深入交流中得知对方对于爱的需求,以此"对症下药",改进相处模式,互相满足对方,一起在亲密关系中共同成长。**

点 评

作者在恋爱前期运用的是"浮于表面"的交流,只是将事情分享给对方,很少涉及感受,也不太会使用"自我暴露"的方法。这时的恋情受到了阻碍,彼此的信任度不够,她的安全感也得不到满足。通过学习她比较深刻地认识到自己的依恋类型的特点,也渐渐懂得如果要让这段恋情持续下去,必须改变自己,通过"自我暴露"进行深层的沟通,了解自己,懂得对方,才能在亲密关系中共同成长。

案例二：自我暴露的节奏很重要

谈恋爱时，最开始我会向女朋友分享一些体育方面的爱好以及平时会做的事情，还有一些喜欢的明星等。遇到学校里发生的一些事以及最近的时事热点，我会和女朋友聊，阐释自己的观点态度。时不时地我会和她就热搜上的话题展开讨论，彼此就可以了解到对某些事物的看法，加深了解，促进亲密感，我觉得这确实起到了作用。有时候出去吃饭，她会提及我之前说过的一些东西，在我说了一些和我之前观点不一样的话时，她会说"你之前不是觉得×××的吗"，这让我感到了彼此确实是互相爱着的。

有关个人隐私的自我暴露，我们彼此没有过多交流过。一些涉及个人深层隐私方面的问题我没有和她谈及，可能是觉得这段感情的走向存在一定的不可预测性，我害怕谈到这些事情，对方会用一种从来没有过的目光看待自己。也可能是因为对女朋友还存在一定的不信任，自己还缺乏一定的安全感。

不过如果继续以"自我暴露"的方法去增进亲密感的话，还是需要注意不要在某一阶段过快地暴露。

过早过多的自我暴露会使人反感。自我暴露并不只是将内心最黑暗的秘密全甩对方脸上，而是要学会如何在一段错综复杂的关系中正确表达自己的想法和念头。每个人的心理边界都是不一样的，因此我们需要在自我暴露的同时，有意识地思考这样的自我暴露是否会逾越对方的心理边界。

总之，在人际交往中，双方进行自我暴露对建立和维持关系尤其重要。可是尽管自我暴露的原则看起来很简单，但真正要实践操作的时候却显得困难重重。

自我暴露是一门艺术。当别人和你袒露心扉的时候，我们需要使用语言和非语言上的技巧去进行回应，表达我们的理解。

点 评

作者和恋人相处过程中，运用了自我暴露来加深他们亲密关系的程度。他认为亲密感的提升是需要双方掌握经营爱情的能力，并学会用适当的方法处理，爱情中的亲密感绝不是简单的约会就能够加深的。但似乎作者对自我暴露的深度也是有担心的，担心是否会逾越对方的心理边界，但也许他更担心的是自己会不会受到伤害。对他而言，如何在自我暴露和保护自己之间平衡好，是一个重要的人生考验。

第二节　运用同理心，换位思考，才能增加爱情的亲密感

　　自我暴露主要是针对自己的，而同理心的交流则要把关注点放在别人身上。人际交往中个人能够获得他人信任的最佳方式是同理心。爱情是最复杂的人际关系，无论是情感、心理和身体的连接都要比一般人际关系的程度深。在与恋人或伴侣的相处过程中，除了了解自己，认识自己以外，还有一个很重要的能力，就是需要将心比心、设身处地去感受、体谅自己的另一半，这种能力就是同理心的能力。

　　心理学上，**同理心**就是在人际交往过程中，能够体会他人的情绪和想法，理解他人的立场和感受，并站在他人的角度思考和处理问题的能力。卡尔·罗杰斯认为同理心是指进入对方的内心世界中，不带任何评价地去感受对方的感受和经验，敏锐觉察对方经验的改变。南茜·艾森伯格则认为同理心是对他人的情绪状态、所在处境的理解，并在情感上有所共鸣。

案例一：我渐渐学会了换位思考

　　我倾向于回避型，而前男友表面上看着波澜不惊，但却属于有什么就一定要说出来的那种类型，他的同理心比我强。

　　我记得有一次，他说："我知道我们两个有很多方面都是对立的，但我想一直和你走下去，所以我们就需要沟通，需要做出改变。"在遇到他之前，我好像一直是在乎自己比较多的那种人，但是**和他在一起的那几年，我真的学到了怎么更好地和别人进行走心的交流，怎么正确地去爱和自己全然不同的那个人**。我也知道，不是所有的事情都能依靠回避解决的。

　　如果和男朋友、闺蜜有矛盾，或有利益上的冲突，原来的我通常选择保留自己的想法。倘若和对方有冲突，我就找第三人去帮忙解决，我是不会直接找对方去沟通，**但他教会我不管有什么事，只要两个人静下心来讨论、处理，结果都比回避要强**。而且他作为一个追星女孩的男朋友，从来没有否定过我喜欢的偶像，他会站在我的角度去思考、去欣赏他们身上的闪光点。当然我对他喜欢的运动选手也抱以同样的理解和欣赏，这就是同理心的好处吧。为了维持一段关系的长久性，现在

的我也学会了可以适当放弃一些个人利益,学会了更多地站在对方的角度去思考问题,交到了能进行深刻话题探讨的好朋友。谢谢他教会了我怎么让身边的人感受到我的爱,因为真情流露的人才能得到真情的回报。

点评

作者通过恋爱,学到了很重要的一个思维方式,那就是"换位思考",用同理心来理解对方的心情和想法,也改变了过去只站在自己角度考虑问题的思路,获得很好的爱情体验,爱的能力有很大的提升。

案例二：同理心和向他人求助

我在这段感情中,知道了在恋爱中情绪管理的重要性。**如果双方只是一味地把自己的想法憋在心里,不说出来解决,肆无忌惮地放纵自己的情绪,而不去学如何管理自己的情绪,终究无法使感情长久。**通过上这门课,我也学到了一个面对他人情绪非常有效的管理方法,那就是**同理心**。面对恋人的抱怨、诉苦,我们要用同理心去对待,"包容他的思想,限制他的行为"。

我在上完课后,曾经用这个方法劝过一个和父母吵架的朋友,确实非常有效,她的情绪很快稳定下来,同时明白了自己的错误。如果在之前我明白了同理心的重要性,那么那段感情也不会以遗憾的方式结束。

我认为向他人求助也是很好的情绪管理的方法,在之前的那一段感情中,我们双方即使有这么多的不快与压力,都没有想过和彼此的父母或朋友倾诉。向他人求助,"善意的第三方"会给我们一些建议,因为"当局者迷,旁观者清",有了他们的建议,我也能够更好地控制情绪。我很认同"先认识自己,再认识别人",因为在充分认识自己、管理自己情绪的同时,也是在为恋人解决情绪上的烦恼。

点评

同理心就是在交往中,不带任何评价地去体会他人的情绪和想法,理解他人的立场和感受,并站在他人的角度思考和处理问题的能力。同理心能够加强彼此心灵上的联结,快速增加亲密感。作者在管理自己和他人的情绪时运用了同理心,并收到了较好的效果。

第三节 追根溯源,处理内心深处的伤痛, 才能收获长久的甜蜜爱情

案例一:我怎么才能维持一段真正的亲密关系?

我刚刚升入高三,在聚会上认识了一个女生。之后的来往中,因为彼此有很多共同爱好,所以慢慢地成为好朋友。

高三的第一次期中考,我的成绩从班里前十掉到了二十多名,整个星期都很沮丧,周末回家约她出来喝饮料,我告诉她自己心里的害怕和焦虑,她静静地听我吐苦水。那天晚上我们来来回回地走,我听她说些安慰的话,末了我送她回家,她拉了拉我的手说不管我遇到多难的事,她都陪着我。之后我们就在一起了。

周一到周五,我们只能靠手机短信联系,我周六下午上完课才能回家,也只有一个晚上时间陪她,因此我们都格外珍惜。有一天夜里,她生理期痛经,家里人都不在,疼得不行,给我打电话,我也没办法离校,只能在电话的另一头陪她说话。那时我们中间隔着高速公路和一道海湾,我时常感叹,我们是"异地恋"的苦命鸳鸯,她笑我"中二病",没有药医。她开始学十字绣,做各种小手工,寄到我的学校,我小心翼翼地把这些略显笨拙的"艺术品"藏在床头。周六的夜里,我陪她逛街,去老市区吃小吃,在海边吹吹风。

刚刚开始热恋的情侣总有无限的热情和精力,但一段感情的维持,还需要耐心和定力。我恰恰是在感情中缺乏耐心的人,在一起三个月后我开始感到无力应付,学业上的压力越来越大,周末回家,也完全没有自己的休息时间。**某天早上我突然就感到很烦躁,不耐烦的情绪涌上心头,让我想要快点结束这场"持久战"**。我开始有意无意地冷落她,她发来的短信,我不再及时回复,通电话时我也变得寡言少言,周末借口推掉和她的约会。她渐渐地有所察觉,做过许多尝试,想要拉近和我的距离,但我都很"无耻"地不为所动,最后我提出分手,没有给她留下任何商量的余地。

时隔两年,其间我多次反省,**为什么我会在两个人感情正好的时候,无缘无故地对恋爱产生厌倦感**。结合做过的气质类型测试之后,我对自己以及这段感情有了一些新的认识。我是多血质气质的人,有朝气,活泼,热情,思维活跃,这

些都是我的特点，但这种气质的人也更容易变化无常，浮躁，缺乏连贯性。回顾这段感情，我在初期的确持有相当的热情，怀有无限的期待，但是进入中后期以后就慢慢变得烦躁、多变的性格，对两个人的爱情完全无感。

我在课上学到了：如果在幼年时期缺少母亲这个角色，孩子就无法建立起依恋关系，那么很有可能我们在成年以后会表现出对亲密关系的恐惧、抵触，或形成某种强迫性的自我依靠，或对亲密关系既有期待又有抵触。从小父母就离婚，我的抚养权判给了父亲。父亲脾气暴躁，一方面拒绝母亲定期探视，另一方面又对我十分严苛，我没有建立亲密关系的经验。正因为此，我对爱情形成了一种相当矛盾的态度——**我既奉行"独身主义"，鼓吹"单身最自由"**，又希望得到爱情的滋润；在一段感情开始时毫无保留地投入，但到了后期又缺乏耐心，对长时间维持一段亲密关系怀有抵触情绪。

这样的问题不仅存在于开头提到的那段感情，其实我的几段感情经历都有相似的结局。对于和我类似的人而言，想要摆脱这样的恶性循环，**最有效的方法还是求助于心理咨询师——先疗伤，再前行**。很多时候，我们奋不顾身地奔向一段感情，结果却撞得头破血流，部分人把责任都推给了对方，还有一部分人则认为是彼此不合适，**却没有想过这场爱情的病灶就在自己的内心深处，是自己的心理症结在悄悄地腐蚀这段感情**。不识庐山真面目，只缘身在此山中——理性地审视自己，剖析自己的过往也很重要，如果问题在于自己的心理，那么我们就不能视若无睹。除非我们修复心理上的缺口，否则我们的爱情将再次死于襁褓。

我想用下面这段话来结束文章，这是一位父亲在女儿婚礼上的祝词："亲爱的，我不知道你选择的这个男人是不是对的，但是一直以来，我们无论欢笑还是流泪，都一同度过，所以你根本不必害怕和不安，只要勇敢去爱，就是对的。"

点评

这名男生童年时期得到的爱比较少，不懂得如何和人保持长时间的亲密关系，一旦进入深层次的亲密关系，内心的恐惧、无助和焦虑就会袭来，只能通过和对方保持距离或分手来处理。所以，就像作者感悟的，也许要做一段时间的心理咨询，修复童年时期的阴影，慢慢培养爱的能力。这样以后，重新开始一段亲密关系也许比较合适。

案例二：网恋中的"回避"和"退缩"

01　小李的网恋经历

　　小李是我的好朋友。他的母亲是家庭主妇，父亲学历高、职位高，家庭收入主要靠父亲，夫妻双方关系和谐。由于父亲在学业和事业上取得的优异成绩，父母双方对小李有着相当高的要求，对他十分严厉。他初中时学习成绩良好，然而在高考时却遭遇了滑铁卢，勉强进入了某普通二本院校。在我的眼里，高考的失利对他似乎没有太大影响。

　　进大学后不久，他遇到许多追求自己的女生，但都拒绝了。一年后的暑假，他开始在某社交 APP 上和陌生女性聊天，据他自己说，他自己不会主动找别人聊，都是别人来找他。其实以前在我和他的某次聊天中，他也曾透露说："不喜欢主动，只喜欢被动。"

　　有一个女生小杨对他产生了好感。小杨出身商人家庭，家境殷实，父母对她十分宠爱。两人一开始几乎每天在微信上语音聊天。数月过去，女生开始向小李暗示说："有些事情是要男人说出来的。"意在希望他表白。不久他们正式确立了男女朋友关系。

　　然而三个月以后，两人的关系开始走下坡路。事实上，在两人相处的几个月中，小李在学校里仍然有许多追求他的人。不过那些女生并不知道他有女朋友，因为他从未向身边人透露过。她们先后申请添加他的微信，小李也一一同意了。对此，我问他："有那么多女生追求你，你是否有一种成就感呢？"他回答道："我并没有什么成就感，她们都是同学，我不好意思拒绝她们（加好友的申请）。"对于这些女生添加他微信好友的事情，他是相当坦诚的，总会告诉小杨。小杨每次都会相当生气，质疑他的忠诚。在小杨的要求下，他便删除了她们的微信。小杨对他的不满还不限于此，她始终希望能知晓小李的一举一动。譬如，如果小李去洗澡了却不告诉她，她便会发火。

　　可小杨自己的私生活却很放纵，她时常会和朋友们，包括女性、男性朋友一同出去喝酒，比谁喝得多。对于这些行为，小李的心中也有不快。

　　两人的隔阂因为这些事情而逐渐扩大，尽管并没有发生很明显的争执，但渐渐地他们聊天的频率越来越低。在没有任何一方明确提出的情况下，小李和小杨自然地分手了。他说，从一开始他们在网上聊天，到他们确定关系之前，他对小杨并没有任何感觉，直到小杨向他暗示之后，他才对小杨产生了喜欢的感情。自始至终，双方的交流都是有所保留的。他不清楚小杨到底对他是怎样的态度，但他自己称,他并没有很重视他们之间的感情。

02 原生家庭对他们爱情的影响

(1)原生家庭对小李在爱情中的防御机制的影响。

从小李的防御机制量表测试结果可以看出,他在成熟的防御机制中的得分显著高于其他分级的防御机制;而对于中间型防御机制而言,他主要通过部分逃避机制,以及"仪式抵消"来缓解情感焦虑。

小李在这段恋爱经历中主要使用了逃避的防御机制。逃避机制的种类有很多,如"否定""回避""退缩"等。

上述案例中提到了很重要的三点:一是小李最初是因为"无聊"而通过APP交友聊天;二是小李称自己"只喜欢被动";三是小李称自己直到对方有所表示之前,对小杨始终没有感觉,他也并不是很重视这段感情。根据弗洛姆在《逃避自由》一书中提出的理论,随着个人成长与社会的发展,人们会越自由,越缺乏安全感,且越孤独。有的人通过积极参与生活来缓解,而有的人则选择消极逃避。对此,在由父母压力催生出的逃避机制的驱使下,小李选择了后者,逃避现实,在网络上寻求心理的慰藉。逃避机制有着多种表现形式,包括极权主义、攻击性与破坏性、趋同心理等。在他身上主要表现为"趋同",即封闭个性,对人与事麻木无感,被动地屈从于外在环境。这也解释了在小李恋爱经历中提到的三个重要特点。小李之所以会与这样一个对他如此"严格"的女生在一起,除了原生家庭的"强迫性重复"之外,很大程度上是取决于他的逃避机制带给他的被动、顺从的性格。

父母的严苛管教赋予小李足够的成熟防御机制,以应对恋爱中的各类问题,而"严格要求"同样也是一把双刃剑。父母对小李的要求超出了他的能力范围,以至于他常常达不到他们的期望而遭到否定。**在长期的心理打击下,他逐渐发展出"回避""否认""退缩"这类防御方式来逃避父母给予他的压力。**这就是为什么他只喜欢被动的部分原因,这对他的网恋经历也产生了至关重要的影响。

案例中,小李因自身的逃避机制而导致的放弃个性、受环境支配的被动性格,是引发矛盾的起因之一。当普通人在不适宜的情况下遇到追求自己的人,通常会直接拒绝,而小李则倾向于放弃个体主动的权利,一味地被动接受,这导致了小杨内心的怀疑。此外,他在网络上的若即若离,逐渐麻木冷淡,也是引发小杨对他们关系疑虑的原因之一。

（2）小杨的原生家庭对其在爱情中的防御机制的影响。

小杨是一个在蜜罐里长大的女生，父母有过多的宠爱。有研究结果显示，父母对于孩子过多的情感关爱会助长孩子不成熟的人格特质。对于小李同意添加女生好友一事，小李解释是自己羞于拒绝，但小杨依然有强烈的愤怒，表现出对他的不信任，这就是一种投射。小杨对小李的不信任，归根结底是小杨对这段关系的不确定和怀疑。正如小李自己坦言，他和小杨的交流始终有所保留。网络上的恋爱总是逃不了双方的信任问题。因为难以在现实中见面，缺乏面对面的肢体语言、表情这些可以直观表达感情的信号，情感交流变得更加困难。这也是激发小杨不信任的客观因素。

同样在这件事情上，小杨向他发火，要求他删除女生的联系方式，认为小李在已经有自己这个女朋友的情况下不应和其他异性有任何交往，是具有极强掌控欲的表现。她和朋友三五成群地喝酒，很可能是通过"隔离"的机制将失望、愤怒的情感与事实分离，是一种不沟通、不分享感觉的行为模式。

03 结论与建议

对于父母来讲，略微严格的管教有利于培养孩子成熟的防御机制，能有效帮助孩子在长大后面对爱情中的各种情感问题。然而，过度严苛的管教却会促使"回避""投射"等消极防御机制的产生，会对日后应对情感问题产生负面影响。

如果说"投射"这种防御机制是恋爱矛盾的直接导火索，那么一系列的"逃避"机制就是始终深埋在地下的引线。网络上的情感问题反映的是现实问题。对于那些尚未体验过恋爱、依赖于虚拟世界提供精神食粮的宅男宅女们，其中不乏表现出"趋同"的逃避者。他们身上所隐埋的问题，将会在恋爱中显现出来。然而，对于这部分群体，想要做出改变也许是一件很困难的事。他们之所以会倾向于逃避的防御机制，可能是因为在生活中遭遇过太多的打击和挫折。

面对这种情况，他们或许可以在身边人或专业人员的帮助下，积极参与生活，用爱和对生活的热忱来面对孤独、焦虑和不安全感。虽然过程会很艰难，但这是让这个群体学习体验、重新获得爱、发扬他们自由个性的唯一途径，是未来的希望所在。

点 评

随着现实生活中人际关系的疏远，人们产生了更多的孤独与焦虑。有一部分人倾向于逃避，在其他地方寻找慰藉。网络似乎成了一个理想的情感避风港,网恋也成为近年来颇具争议的话题之一。隔着屏幕,男女双方在现实生活中相处的各种麻烦似乎随之而去。网络看似能减轻人们的焦虑,提供更多的安全感。但事实上,网恋的问题仍是现实中人与人关系的问题。现实中的问题无法解决,在网恋的过程中也同样会反映出来。

  作者对小李和小杨在网恋中的表现做了生动的描述和刻画,还分析了双方原生家庭对他们的影响。小李身上的逃避机制在恋爱进程中带来了严重的负面影响,他需要进一步觉察和改变。即使是"网恋",依然要运用"自我暴露""同理心"等方法来谈恋爱,才能让恋人加深了解,直面问题,才会带来真正的亲密感。文章最后对"宅男宅女们"的原因分析及建议也很有意义,可以继续深入探讨下去。

第六章　我们如何提升亲密关系中的情绪管理能力？

很多人会发现,自己在进入亲密关系(包括亲情、友情和爱情)时情绪会有很大的变化。同样一件事,面对陌生人时能够保持理性和客观,但面对亲人、恋人(伴侣)或关系很好的朋友时就会流露出委屈、愤怒、焦虑或无奈等情绪,尤其在和后者发生冲突时,有些人的情绪会突然爆发,"变得都不认识自己了"。

这也许是相似的情景或事件激活了他内心深处的恐惧或愤怒。如果不懂得妥善处理情绪,那么亲密关系将很难平稳地持续下去。因此,提升亲密关系中的情绪管理能力,需要我们先了解自己,当情绪来临时,我们需要去面对它,而不是用压抑、转移或发泄等方式来处理。

处理亲密关系中的情绪,需要有两个维度:第一,在认知层面,重新看待引发情绪的事件,这些情绪在暗示我们什么?第二,有强烈的情绪,比如愤怒、焦虑等也要学会让它们跟自己的身体待一会儿。只有这样做,这些情绪才能慢慢流动和疏解,而这才是情绪管理的正确态度。

第一节　压抑到舒解,宣泄到悦纳
——在情感的大海中边学边实践

案例一：学会表达自己的情绪而非一味压抑

我的父母教会了我很多,让我拥有了比较的强的理性思考和认知能力,**却唯独没有教会我如何表达和疏解自己的情绪。因此,我从小就学会了压抑和忽视**

自己的情绪。

矛盾集中表现在我高三那年。我父母对我情绪情感的不重视似乎让我形成了矛盾焦虑型或者回避型的依恋类型，但是由于我的弱小，我不可能脱离父母独立生存。因此，我变成了一个非常听话、非常遵守纪律的人。但同时我也知道我其实是个内心情感特别丰富的人。学校要求不能早恋，我就只能拼命压抑自己和异性建立亲密关系的欲望。所以，我对异性似乎总是停留在暗恋或单恋的状态，用投射和幻想来满足自己的渴望，却缺乏真实的交流。

我在高二一整年都是以这样的方式深"爱"着班上的一个女生。事实上，我只是把一种"理想的自我"投射到了她身上，同时纪律的限制又让我始终不敢走近她，以至于这种投射和迷恋竟维持了一年之久。我向她表露了自己的心迹，虽然现在学过这些心理学知识后再来看，被拒绝几乎是必然的，但是，当时我并不这样想。这所谓的"失恋"给我带来了巨大的痛苦，与此同时，升入高三的我又面临着学校和家长的诸多期待。因此，面对自己巨大的茫然、失落、怨恨和怀疑的情绪，**我再次选择了压抑**，并且是得不到疏解的压抑，更像是一种忽视，我试图告诉自己"现在不谈恋爱更好，还是学习更重要"，并试图把精力再次完全转移到学习上。**结果，我的注意力再也无法像从前那样集中，情绪像掉入了深谷，根本无法让自己轻松愉悦起来。**与此同时，我还面临着进入新班级的陌生感，强手林立、高度竞争环境带来的压力和压迫感，同学间由于竞争关系的存在，连笑容都变得浮泛……我的这些紧张情绪在当时都没有被有效地疏解。而在了解了情绪和身体的关系后，我也突然明白了在那段时间里**我为什么会突然无规律地出现严重的头痛和肠胃不适，并且经常感到疲惫不堪。**

这期间，我也曾通过"幻想"和"反向"的防御机制来平衡自己的内心。比如我尝试幻想出一个十分美好的女性形象，假想着她陪伴着我做每件事；同时，在同性面前我又经常表露我不想谈恋爱，甚至说不愿意和异性发展任何关系……不过，这些终归只是"治标不治本"的安慰剂。所有这些平衡在我第一次模拟考试失利后摔得粉碎，我只觉得"父母根本没有爱过我，他们对我的好都是基于我的好成绩""一旦我成绩不好，老师根本就不会关注我了""我在同学面前无地自容，他们都比我更好"……那段时间里，我多次想过自杀，以为全世界没有一个人可以相信，将对自己、父母和同学的不信任投射到了整个世界。

高考结果出来以后，我经历了一次情绪的爆发，随之而来的是长达一个多月的身体虚弱和无力。不过,自进入大学之后,特别是通过学习"爱情心理密码"中的情绪管理方法,我逐渐接纳了自己,我热爱学习,热爱音乐,热爱电影,学会了用写随笔的方式疏解自己的情绪。现在看来,我写的随笔既是情绪记录本,也是将情绪力量升华的工具。虽然我仍面对着许多不确定,但再也没有原来那样的慌张。

案例二:安全感是自己给自己的

我经历了**两年的单恋后**,整个人都陷入痛苦的情绪之中,我知道我不能再坐以待毙地让自己继续浑浑噩噩下去。我最先做的就是给了自己一整天,任由情绪宣泄,我在房间里循环播放那些让我止不住眼泪的歌曲,在其中寻找共鸣。这一天结束之后,我告诉自己,即便无法放下,我也得重新启程了。

我因为老师的一句话释怀很多:"**你只是感动了你自己。**"在单恋中我只是一味地付出,却从未想过他是否需要,所以感情上的失败并不是我做得不好。

在接下来的日子里,**我不断给予自己积极的心理暗示**,告诉自己,我很优秀,**我是值得被爱的**。换句话说就是要及时修复受损的心理边界,把注意力放到自己身上,关注自己的感觉,接受眼下不完美的自己,给自己一个拥抱。只有爱自己,照顾自己,懂得自己,才能疗愈受伤的心。

"**安全感应该是自己给予自己的。**"自我了解,自我支持,自我照顾,这三点让我受益终生。健康成熟的人格应具备"情绪安全感和自我悦纳的心理"。我想这也许就是我所缺少的。我总想着要改变自己,让"超我"占据主导,与"自我"和"本我"相抗衡;但其实我需要做的是接受"眼下我不完美"的事实。接受现在的自己,这个不够完善也十分可爱的自己。

点 评

第一个案例中的同学由原来的压抑情绪,变成现在的正视情绪,是用写随笔的方式疏解情绪。第二个案例的同学在经历了两年的单恋后逐渐把注意力收回到自己身上,学会了关注自己的感觉,接受不完美的自己。他们在情感的大海中起起伏伏,随着经历,随着学习和成长,相信他们一定能够收获更好的未来。

第二节　为什么有这样的感受
——我们的负面情绪出自哪里？

案例一：因一条朋友圈和最好的朋友绝交

■ 01　和好朋友小 Z 的矛盾

我和小 Z 是高中同学。在接下来的三年，我与小 Z 都形影不离，直到高考前一个月。**起因是同学与小 Z 开玩笑，小 Z 对此感到生气，但是我在当时并没有意识到她的情绪，而是以看热闹心态参与围观。随后小 Z 在朋友圈隐晦指责我（没有帮她说话）。看到她在社交平台的动态后，我反而开始生气，觉得她并没有把我当朋友，随后和她直接断绝来往。**

■ 02　冲突来源和原因分析

可以看到，我的情绪来自好朋友通过"朋友圈"表达对我的不满。我愤怒于她不直接向我表达情绪，而是选择"朋友圈"这种**疏离**的方式表达情绪。让我感到自己**被疏远，被冷落抛弃**，从而产生出较强的焦虑和抵触心理。本质上，**我的情绪来源于害怕朋友对我的忽视和不在乎**，这促使我忽略了对方的情绪，却放大了自己的情绪。

小 Z 发"朋友圈"动态意味着什么？意味着小 Z 并没有把我当成最好的朋友。那么我为什么会因为没有被在意、被重视而愤怒？

接触了依恋类型后我才逐渐有了答案。我是专注型依恋，我的父母关系不稳定、频繁更换住址、父母之间爆发矛盾……我的原生家庭环境一直充满着变数。从小没有在相对稳定的环境中长大，这令我时常感觉自己是多余的。

专注型依恋会在关系中使我不断地追求安全感，这种依恋类型往往会使我时刻在意对方爱不爱我、在乎不在乎我，甚至可能会用各种语言和手段，频繁地追问和试探，习惯性付出甚至讨好对方。

一条"朋友圈"动态引发我与小 Z 之间的绝交，归根到底，也源于我在亲密关系中的焦虑，在意我在对方内心中的地位。我总是怀疑对方并没有那么在乎我，由此产生了严重的负面情绪，导致冲突发生。

03　冲突处理策略分析

冲突发生后,我感到非常愤怒。当时,我认为朋友之间有什么不愉快都应该表达,当面讲清。但是我的选择却不是找她当面对质,而是由于不想被抛下,反向主动选择抛弃这段关系。这是一种反向表现。

《人格心理学》中指出,选择积极策略远比消极策略要有效得多。面对亲密关系中存在的一些问题,积极的交流沟通和表达要好过消极的回避,**首先我要学会将情绪说出口**,不要将其压抑下去,即让对方知道我的感受,也倾听对方的感受,这样才能为冲突的解决提供有效途径,才能更好地理解和包容彼此。

距离和小Z的冲突已经过去三年,在觉察之后,我发现人际交往中有很多这样的无意识痕迹。因为这门课,**我学习到如何控制自己的情绪,并有了正视过往的能力**,解开了我的一些心结。

一个人的人格和心理是终身发展的,过去的经验和错误为我们提供了学习和成长的动力。尽管爱会使我们受到伤害,但我们也能在伤害中成长,并在成长中学会更好地去爱。

点评

作者描述了高中时期和最好的朋友之间发生的矛盾冲突,这件事情让她一直耿耿于怀。她从原生家庭和依恋类型等角度分析了其中的原因,深切感受到是因为自己的焦虑放大了负面情绪,内心的委屈和愤怒又进一步造成了回避和消极的行为。通过这次课,她学到了如何控制自己的情绪,并通过反思过往的经历,解开了其中的一些心结,相信她在情绪管理的路上会越走越好。

案例二:"尴尬才是考验我的地方"

01　我的暧昧经历

当我大一的时候,我加入了一个社团。第一次社团开部门会议在晚上,碰巧我到早了,在黑灯瞎火中找到了同样来早的她,于是就聊了起来。她很开朗,很好看,身材也很好。我当时非常激动,就有点不会讲话了,用通信专业的术语来说,就是来了一个脉冲波。但是幸好当时的环境黑且吵,在如此环境下增加了彼此的亲密度。后面我们分到了一个部门,故事就这样开始了。

分到一个部门,自然要一起做事情,所以第二周开始做事情时我就把她约出来。慢慢地,在做任务中,我也尝试着约她跑步,**在外人眼里很难想象一个如此漂亮的小姑娘会和小胖子跑步,还是"夜跑",我自己也很难想象。**

后来我们一起做很多事,一起去吃鱼,一起学习。看起来感情也一直在升温,我带她去外滩玩,因为我也不知道约出去要干吗,就使用了传统技能——乱逛,瞎走。应该说这一经历是很快乐的,因为淮海中路上有很多可爱的东西,女孩子很喜欢。在这次相约之旅中,我不知道该如何表达自己,想请对方吃饭,最后看了账单,想各付各的又不好意思,就让对方少付一点,但是她好像并不知道,我感到这个操作太令人窒息了,后面我们继续瞎逛,也就没去想这些了。

在后来的日子,每当有什么买一送一的东西,我都会把她叫出来,送给她。我从家里带板栗给她,她很喜欢。我看到她笑我也非常开心。朋友看到都会起哄,我和她的感情也在慢慢升温。

隔了一个寒假回来我也没感觉到疏远。当时还有两个礼拜要考试了,所以周末我们也没回家,就找了个小教室待在一起学习。外人看来可能很快就要成了,但我实在不知道如何表白。走在路上,我会有点害怕被人看到,因为觉得没有确定关系就这样不太好。

两周的复习周过去了,她说她喜欢看樱花。室友刚好知道我经常看球的虹口足球场的樱花特别漂亮,他让我约她看个球看个樱花,玩一圈多好。我当时有点怕,因为感觉这样一约出去就要表白了,但我没有什么感情经历,不会表白,就怂了。**约她的消息发出去之后,我把手机一丢不敢看,再一看,对方已经答应了。**

这里有一个小插曲,之前她问我买什么品牌的手机好,我说千万不要买某品牌的手机,太坑了,我还精确到了具体型号。结果她过了两个礼拜就买了一个我说的手机,**我当时特别生气,心里想:"这女人好蠢!"所以其实我约她之前是有一点负面情绪的,而这到最后成为关系破裂的导火索。**

约出来之后,我看到那个手机就有点又想哭又想笑。虹口足球场那里的樱花已经没有了,我没什么预案,也不知道该和女孩子干些什么,觉得吃吃喝喝就好了。就又使用了我的绝技——乱逛。那时她已经有点不大开心了,我看着她不开心,提出请她吃甜品。**她居然在我请她吃甜品的过程中和另一个男生聊天,而这个男生支持我的"死敌"球队,这又让我堆积了一层负面情绪。**我当时就不想和她晚上一起看球了,于是在吃晚饭的时候说球票买不到了,她就嘟着嘴。我有点愧疚,但负面情感占了上风,我就想把这个女生"让"给那个男生。就这样吃好晚饭，我把她送上地铁。

果不其然，过了一段时间那边成了。我还以正人君子姿态告诉自己"我和那个女生走不到一起，不如让给别人吧"。事后和朋友提起这段经历，他们都觉得我做得太离谱，其实关系已经到位了，临门一脚好不好都不重要，有一点表示就可以了。

现在，我还是有一点后悔，因为那边成了之后，我也不再约她一起工作、学习和吃饭了，渐渐地关系就疏远了，现在也不大联系了。

02 情绪感受与矛盾冲突

我们见第一面时，黑灯瞎火，声音嘈杂，在这样的背景下，当时我和她熟悉了，现在想起来可能存在着"吊桥效应"，让女生面对我的邀约时，很自然地答应了。

不难发现我从认识她开始就表现了很多矛盾的地方。**面对漂亮的异性，我显得格外紧张**，不知所措。由于对她的第一印象实在太好了，我内心很想和她多聊天但说不出口，而对方的开朗解决了这个问题。如果对方不主动，我就不会表达出自己的心声，会打退堂鼓。比如和对方吃饭，想请她吃但内心又不想完全我来付账，最后选择多付一点，既没有让对方感动，也没有让自己感到很舒服，反而觉得这是一个窒息的操作。

到最后一次把她约出来，内心中对对方有一些负面情绪。我和她乱逛，我也不敢去做什么很好玩的事情，明明是可以做的，也可以推进一下发展进度，牵个手呀，后来**随着她负面情绪的堆积，导致我的负面情绪也堆积到一个高度，这股负面情绪从那之后就一直留在我心里**。

我每次发出邀约，都很紧张，不大敢看手机。在约她的过程中，需要朋友来推我一把，如果没有朋友激励我，我很难主动去约别人。随着关系升级，感觉出去玩就不再是单纯的玩了，这里有旁人给的也有自己的心理压力，慢慢我就需要别人的帮助。

后来我遇到另一个女生，想约她，我问了三个晚上，把室友搞糊涂了。由于得到了不同的答案，最后我自己也很困惑。约的过程中，不知道该表达什么，这个女生也不像之前那个一样有求必应，我对她的好感也消失了很多。我对约女生这事没有信心，因为对方没给过我什么正向激励，但老师鼓励我之后，我就有信心和勇气了。

03 案例分析

可以看出我的很多矛盾点都非常符合弗洛伊德对本我、自我、超我的阐释。比如,我很想和她看球,这是"**本我**",但特别怕被朋友看到,怕女生看到一个男生骂骂咧咧、大喊大叫造成不好的影响,这是"**超我**",最后决定把她约出来又找了个理由不和她一起看球,去吃饭弥补一下,这是"**自我**"。

本我就是欲望,超我有点理想化,自我就是做出权衡之后的决定。往往只考虑"本我"会导致现实中出现问题,带来焦虑和负罪感,只考虑"超我"会感到压抑不快乐,情绪低落。所以"自我"就需要做出适当的权衡决定。而我的"自我"平衡得不好,既没满足对方,对方不那么开心,我的期望也落空了,消耗了人力物力,付出了更多的金钱、时间。

当"自我"和"本我"对抗得旗鼓相当时,往往一两件小事会起到影响"自我"最后做的决定。通俗点讲,类似于拔河,当双方能量耗尽,哪边顺风哪边逆风,就能决定输赢。我联想到了之前的"手机事件"。**明明和她讲得那么清楚,她为什么就不听我的,就是这件小事让我最后放弃和她看球,这意味着我的负面情绪盖过了正面情绪**,后来每次遇见她负面情绪就会增多,她给我的感觉已不再是人美声甜。

04 总结

很幸运通过"爱情心理密码"课程接触到了很多知识,我太需要学习了,感觉有些时候"超我"对"本我"的打击太大了。约女孩子出去玩,我害怕排队时的尴尬,她不说话我也不说话,但我内心真实的声音是特别想约她出来,见一见对方,**这也在考验我面对异性时如何处理关系的能力。**

幸运的是老师在答疑时点醒了我,我对"**尴尬才是这次出去玩的重点**"这句话恍然大悟。如果不尴尬,就和我的第一次经历一样,被对方的外向性格带着走,因为我是有点依赖型的,如果没经历尴尬,我的依赖型人格可能不会有所缓解,**尴尬才是考验我的地方。**

我回想了很多可以印证弗洛伊德理论的例子,慢慢地我觉得机遇与风险并存。如果不认真倾听自己内心的声音,会十分后悔。

其他包括看球大喊大叫、骂骂咧咧这种行为,我已经开始接受了,也可以展示给我的朋友。**我认为打破自己内心设定的完美人设太重要了。无论是与好朋友感情升级,还是收获甜美的爱情,这都是非常重要的一步。**以前的我很怕被贴上"小胖子""喜欢玩"等标签,因为我觉得一个完美的人应该是体型不错、努力的人。其实做个小胖子多好呀,多可爱呀,喜欢玩也好,生活多姿多彩而不是那么单调。当我打破了自己的完美人设后,发现朋友和我的距离越来越近。之前我有个最好的朋友,但我总是不会自我表露。有些东西不大敢讲,但现在我的自我表露到了深层次,发现我们可以做到在网络上形影不离。

打破了自己的完美人设后,我慢慢也接受了他人的不完美。 每种性格都不是完美的,对待别人的缺点,或是我认为不大好的地方,我能够更加正面地看待。比如,我现在交往的这个女生不大喜欢发朋友圈动态。我曾以为她有点自闭,现在想来或许她还没发现什么很有意义的东西,我会在沟通中和她谈起这些方面。

综合上面学到的知识,我收获了宝贵的经验,希望未来我处理异性关系的能力越来越强。

点 评

读这篇文章,一个青涩的没有多少感情经历的大男孩的形象跃然纸上。作者对自己在亲密关系中的情绪、感受描写特别真实,非常生动,对自己的问题也看得比较清楚。

"尴尬才是这次出去玩的重点",经过与老师的沟通,当作者再一次约女生出去时,能够直面自己的情绪、感受,仔细觉察自己的"尴尬"中包含的既跃跃欲试又紧张不安的复杂情绪。作者反思其中需要修正和改进的观念及行为,能够运用学到的知识,进一步梳理情感,提升管理情绪的能力。

案例三:我要学会管理好自己的情绪

01 故事

从小学开始,我就有暗恋的对象,但从来不会表白,因为如果发现我暗恋的**他有我不喜欢的地方之后,我又会喜欢上另外一个人。**

我从很小就非常渴望自己的爱情是细水长流、白头偕老的那种,但是因为恋爱过程中没有遇到这样的人,所以该分手的还是分了,最后遇到现在的男朋友。他和我的前任完全不是一类人,他安静,做事专注,有耐心,脾气好,很自律也很乖。他长着一张娃娃脸,白白净净,特别乖,我很喜欢他的长相。做朋友之后我就经常找一些理由,约他出来帮我忙,制造在一起的机会,然后找他一起看电影、玩。其实我心里是觉得他也喜欢我的,但这样持续了一两个月,他也没打算表白,于是我就直接找他说,**如果他喜欢我,我们就在一起,如果不喜欢我,我们还是保持一些距离吧,不要越过朋友的界限,这么暧昧**。我这样说过之后,我们就在一起了。

他其实从小朋友不多,也很少和别人接触,比较"直男",不过我足够喜欢他,**所以在他做得不对的时候,我就很有耐心地理解他,不是忙着生气,而是去给他分析我的内心**,让他知道在这种时候应该怎么做。举个最简单的例子,和他刚在一起时,他根本不会哄人,当我生气时,他会讲道理,如果发现我还在生气,他就不理我了。因为他觉得他该说的都说了,我要是还生气,那他就没办法了,是我无理取闹。等我情绪稳定下来,**我就发很长的文,告诉他我为什么明明懂他讲的道理,但是感性方面还是会有情绪,而他应该怎么做,怎么去面对我的情绪等**,现在他已经知道应该怎么面对我一时的小情绪了。

我们现在已经在一起一年八个月了,其间也磨合了很多。虽然也有一些问题,但我们还是彼此相爱,会一起去面对。我们现在的情感生活是健康和幸福的。

02 原生家庭对我爱情的影响

毋庸置疑父母的关系会深远地影响孩子的心理,但其实并不全是不好的影响。**我选择男朋友,就像老师说的,和我父亲有很大的关系。不是很像父亲,就是和他截然相反的类型**。我的前男友就和父亲完全不一样,他活泼、爱笑、外向,而我的现男友又和父亲有很多相像的地方,他安静、沉着、有耐心、内向。父亲会让我认真面对生活中的事,要努力做到最好,并且父亲也经常逗我笑,而我也是朋友里的开心果。我的母亲则是一个善良、热心肠的人,这些也潜移默化地影响了我。他们对我的影响还包括:

独立与坚强。从我记事起,父母就一直在吵架,**那时我没有什么力量,只能在旁边哭,哥哥就在旁边抱着我**,有时候吵得凶了父母甚至会动手,吓得小小的我和哥哥去找邻居来帮忙。在父母一次又一次的吵架中,我正视了生活的丑恶,让我没有"公主病",在遇到困难的时候不是想着依靠别人,而是自己去面对,理性分析并去解决问题。我知道我的生活里没有过不去的坎,没有走不下去的路,我一直相信勇敢会给我带来好的结果。

对一段稳定的、长久的、有安全感的爱情的渴望。由于父母婚姻的不幸,导致我极度厌烦这样的婚姻关系。所以每一段恋爱都谈得很认真,即使在一次次受伤后,我仍然会总结其中的规律。**我从小就在为父母想办法,思考婚姻关系,站在他们不同的角度想。爸爸应该怎么做,爸爸哪里错了,妈妈又应该怎么样,然后去告诉他们。虽然大多数时候,他们都不听,但我努力过了。在我日后的亲密关系里,我很善于思考这些问题,并站在客观的角度看待我们之间的问题。**

重情重义,真诚待人。 因为父母经常吵架,我学会了随时看他们的脸色生活。在生活中面对朋友时,也总是能发现他们的一点点变化。**这样的敏感有时候会让自己很难受,不过正因为这样的敏感,可以很快发现问题并解决问题。** 同时别人对我一点好,我都会记住,并用自己的真诚与真心去对待每一个人。我因此也获得了更多的友谊。我之所以从小有很多朋友,喜欢很多男孩,也和父母给我足够多的爱有关。虽然父母的关系并不好,但他们还是很爱我的。虽然他们从不表达有多爱我,但我总能在生活的点滴里感受到他们对我无限的爱。所以到现在我都觉得,我的家庭是幸福的。

妈妈的情绪管理不够好,我也有同样的毛病,总是没办法控制自己的情绪。在和男朋友的相处中会情绪失控。 即使是很小的一件事情,我却没办法平息怒火。我学到的解决方案是:当我发火了,就告诉男朋友:"当我对你发火的时候,你不要责怪自己、否定自己,我只是因为有情绪,说话很重,这不是你的错。不要用你的情绪回应我的情绪,你尽量保持中立地和我说话,让我的怒火消下来,然后再去讨论我的问题。"

我还学会了换位思考。 对于情绪方面不好的影响,我相信通过男友的支持以及我的努力,这方面一定也可以得到很大的改善!

点 评

作者年幼的时候父母经常吵架,她只能在旁边哭,还好有哥哥在旁边抱着她。进入恋爱模式,她的男友也在学着包容她、体谅她。作者对原生家庭导致自己情绪状态的描述很细致生动,对自己的问题看得比较清楚。针对自己情绪管理比较差的状况,她用了很多方法来调整,富有觉察和智慧。她需要做的也许是进一步体察情绪来源,感受每种情绪的作用,不是用发泄的方法去处理,而是要学会去面对情绪、转化各种负面情绪。这个女生正走在情绪管理、自我成长的道路上。

第三节　觉察、反思和实践，我们走在有效地情绪管理的路上

案例一：激情消退之后何去何从？

01　当激情消退，更要爱自己

在恋爱中，我发现最可怕的不是没有了激情，而是在激情消退后没办法保持正常状态下的自己。举个例子：跟男友恋爱半年之后，我还是习惯每天给他打3~4个电话，因为热恋的时候常常通话，我没有觉得这样太频繁。渐渐地我发现，一天中总有一次跟我聊天时，他的注意力不集中。**我开始不满意**，要求他每次通话都要认真，不用说新的话题，至少态度好一点。结果他不乐意了，他问我："你就没有自己的事情要做吗？没有就快去学习啊。你每天就想着跟我聊天，都没有时间思考自己要做什么了。"

经他提醒，我才突然意识到他说得好有道理。其实他也不一定就是为我着想，可能只是想要有更多空间来做自己的事。于是我尝试把更多注意力放在自己的事上，跟好友们的联谊也多了起来。**当我不再患得患失、分分钟查岗，我个人的生活也风生水起后**，男友反而表现得更黏人了，我们之间的相处也更融洽了。

02　善用冷静期

在我与男友恋爱三个月时，发生了一次大的口角。我只是想让他表现得更在乎我，想要被哄，于是发生矛盾后赌气说分手。可他竟然不紧不慢地说："明天晚上一起吃饭吧，吃完再说。"我当时又急又气，忍了一下午，自己又偷偷哭，还是忍不住给他打电话，质问他怎么不理我，结果他说："反正我不分手，你这折腾一夜，眼睛白肿了，快睡吧，明天你要咋样都行。"我更气了，不知道碰触了哪一根神经，我就是崩溃了，闹了整整24个小时，对身体和心理的伤害都很大。

在产生矛盾时，最不应该的就是立马想要解决完，而是先想如何解决比较好，一味地觉得自己受了委屈，产生极端不理性的想法很容易让对话僵持，自己崩溃了也不能解决问题。不妨给对方一点时间，也许一切都烟消云散了。

03　当感情沉淀，要回归自我价值的实现

没有男友的时候，我每天至少有一个小时思考，如何让自己更优秀。有男友之

后每天至少有两个小时在想关于恋爱的事,可能对自身发展的要求不再那么上心了。那么当爱情稳定下来,我认为双方都应该在自己的学业(事业)、专注的某项工作上有所突破,可以保持、刷新对方眼中的美好形象,**增添两个人对彼此的"爱慕感""搭档感""绝配感"**。爱情是能让生活更美好的一个因素,我们也要追求其他美好的东西来充实爱情,辅助爱情,升华爱情——那就是自我价值的实现。只有做一个独立的人,实现了自我价值,才能一直散发迷人的特质,吸引你爱的和爱你的人。

04 课程感悟

这是我上过的最好的通识课。课堂上的许多分析我都觉得是在说自己,我有极大的收获,不仅是爱情方面的,我的人格、我与原生家庭关系的问题也都得到了切实可行的解决办法。以下是我在课堂上摘录的部分观点,它们都引起了我的强烈共鸣。

(1) 男人需要空间,女人需要亲密感;
(2) 女人是在分享故事,男人认为这又是一个他要解决的问题;
(3) 任何的改变,都只能靠接纳、尊重、爱;
(4) 特别讨厌别人身上的一点,恰恰是自己身上的;
(5) 要修炼的永远是自己;
(6) 爱的存在是为了滋养生命。

05 期待未来

我知道自己有很多缺陷,我一直在试图弥补。有爱的人在身边,是我莫大的动力。我希望未来的自己能改善以下三点:

(1) 面对爱情中的矛盾,不再执着于谈判和说教;
(2) 不再试图用生气来表达不满的情绪;
(3) 读书、学习,不断认识自己、修炼自己。

点 评

作者从恋爱中的情绪、感受出发,总结了每个阶段自己沉浸在情绪中应注意的要点,心理成长上需反思总结的要点。就像她说的,有爱的人在身边是她最大的动力。她在爱当中逐渐学会了情绪管理能力,在爱当中也越来越找到了自我的价值。

案例二：我的情绪管理小贴士

01 我理解了我的女友

因为我的女友有严重的回避型人格，所以与她的相处方法和一般人不太一样。在我眼里，和对象搂搂抱抱是再正常不过的。她嘴上说着"好"，可是经常会下意识地躲开或者回避。这些举动难免会让我有些难受和生气。

一开始，我十分不理解她的举动。总是问她："你为什么要躲避我？你是不是不爱我？"她也很委屈。后来渐渐地，我明白了，她可能是潜意识中想逃避过于亲密的举动，而自己却没有意识到。再后来，接触到了心理学和上了"爱情心理密码"这门课，我才慢慢发觉，她的行为可能是源于原生家庭对她的打击。她母亲喜怒无常，经常打她，骂她，随意朝她发脾气。她从小在这种环境下生存，因而形成了一层无形的"保护壳"。时日一长，便有了她现在的回避型人格。

在了解了这些之后，我原先的不理解甚至是愤怒都一扫而空，反而对她多了一些同情和心疼。 每一次我忍不住因为她回避我而想发脾气的时候，就会让自己先冷静一下，然后回想她所受过的伤害，脾气就一扫而空了。

和她在一起的时间里，我也发现了自己的诸多不足和缺点。正如老师所说，你的伴侣是你最好的一面镜子，她可以让你看到自己身上的不完美之处，然后改正、提高自己。因为她有回避型人格，渐渐地我发现自己开始有些焦虑。她有时候不回我消息，我就很抓狂，心里开始了各种内心戏，有时候甚至越想越糟糕，情绪也很糟糕。了解了一些心理学知识之后，我从对她的怀疑之中，逐渐感知到了自己的不足。于是，我开始反思自己，每一次当我想质疑她的时候，我就会问我自己："你究竟在害怕什么？"当我想明白实际上是自己缺乏安全感后，我开始把注意力放在别的地方。比如说去追随自己的爱好，去看书、听音乐等。长此以往，我们相处起来就较之前舒服多了。

02 一些情绪管理的小贴士

（1）察觉自己的情绪状态。在我看来，能正确地觉察到自己的情绪状态就已经成功了一半。因为很多时候，"当局者迷"。我们并不知道自己处在什么情绪状态，更别说深究情绪产生的原因了。

我看过一个视频，里面介绍用写日记的方式仔细地记录下自己的情绪。我深受启发，开始采用写日记的方式，专门用一本新本子记恋爱日记。这本日记重点是记录两个人相处时的情绪情感和认知,然后对此分析总结。同时,我和她基本上每个月都会互相写信,传达一下相处中的感受,指出对方和自己的不足之处,相互改进,相互进步。

(2) 转移注意力。这个建议主要是针对我自己的焦虑的方法。将注意力转移到自己喜欢的事物或者对自身发展有利的东西上,这样一来既避免了焦虑,同时也增加了自己的个人魅力。

(3) 主动用语言沟通。正如老师上课所说,有问题不应该采用回避的方式,因为这样不会解决问题,只会暂时地隐藏问题。如此下来,小问题会越积越大,直到有一天,它会以某种形式爆发出来。所以,我觉得应该主动和她用语言沟通,虽然沟通的时候可能会产生矛盾,但是暴露出来就一定能有解决办法。

点 评

作者的女友和他相处时很抗拒身体的接触和亲密的举动,让他觉得难受和生气。通过学习,他才知道女友是比较典型的回避型人格,所以他对女友的不理解和愤怒都一扫而空,反而对她产生了很多同情和心疼。作者还总结了自己情绪管理的一些方法,比如觉察自己的情绪状态,主动用语言沟通,转移注意力等。当然转移注意力在某些时候是有用的,但如果经常使用转移注意力也是一种回避的举动,这也需要作者去觉察。

案例三:我的情感管理体会

01 认识情绪

绝大多数的情绪问题之所以是问题,其最根本的原因在于人对自身情绪的反抗。比如当我被人说"暴脾气"时(虽然别人未必有侮辱、讥讽我的意思),挑起了我内在潜意识的创伤,我特别生气。因为我不愿承认那些创伤,为了逃避,我心甘情愿地被情绪控制。

情绪是一个连续体,从激动到低落,从欢乐到悲伤,它并不是一个非此即彼的两极化产物。我会给情绪分级,我给情绪做了不同维度的命名和分级打分。比如今天我面临考试复习的压力,以及各项作业的截止日期迫近,我定义自己的情绪是焦急和烦闷的,其中焦急70分,烦闷50分。在这样的定义下,我能感觉、更能觉察和理解情绪，**我在掌握着控制权，而不是让情绪来控制自己。**

所以情绪管理的第一步就在于认识情绪，面对情绪，理解和接纳情绪。当感到了屈辱，感到了愤怒，的确很悲伤，接受它，体会它。在非常愤怒的时候我对自己说，我在愤怒，我为何愤怒，到底是什么戳中了我。想明白后愤怒就会消失，留下的或许是力量，或许是动力，但绝不是一个被愤怒冲昏头脑的不理智的人。

02 认知重组

其实我们每个人自身的认知系统里都带有非常多不合理的信念，比如有的女生会认为对方不回她消息就是不爱她了；别人持不同的观点就一定是他的认知出错了；有的长辈会觉得谈话间没有用敬语就是不尊重他，而这些自然会导致负面情绪。为了解决这些问题，我喜欢用的方法是认知重组法。

首先，回到事件本身，**确认情绪系统中接收到的信息是否正确**，就比如我对象说别人瘦这件事，可能其本身只是她的一个客观评价，完全没有将此与我对比，抑或者她只是随口一说。要先从事件本身是否合理、是否是我所以为的作分析。

其次，**我会分析到底是什么使我产生了这样的情绪**，当情绪涌上来时，学会先问自己：是什么人导致了这个情绪，是什么事导致了这个情绪。比如上面的问题，我认为她在讥讽我，嫌弃我，其实是我厌恶自己胖，我对无法改变现状感到无能。当我问了一系列问题后，会发现原来导致负面情绪的完全是我自己，与她说这件事并无太大联系。唯有分析清楚我产生情绪的原因，才能真正地去解决问题。

最后，我开始训练如何在不合理认知作用下，切断情绪对我的影响，**让我能理性地作出判断**。我可能会感到屈辱，感到自卑和愤怒，但我的理智告诉我不应该将脾气发泄在我对象身上。解决问题的过程是漫长的，当下能做的就是不让矛盾激化，不做出伤害感情的事情，这就是情绪管理下的理智决断。

我在发现问题后不断地和自己说，胖一点又怎么样呢，没什么不好看的，这就是我自己。我应该接纳自己，面对自己内心的脆弱，承认并改变它，这个过程是漫长的但也是有效的，是接受自己的过程，也是使内心强大的过程。当我慢慢修正这一切，哪怕有人真的讥讽我胖，我也毫不在意，因为内心的强大才是情绪管理的终极成果。

03 总结：情绪管理训练的三部曲

（1）情绪感受练习。我陷入情绪中，要全然感受和体会情绪本身。

（2）情绪分析练习。分析和思考造成情绪的原因，问自己或者写下"你现在是什么样的情绪""是谁或是什么造成了你现在情绪""你的信念认知是否合理"。

（3）理智思维练习。当情绪躁动时，想象大脑是个宫殿，理智国王坐在正中，旁边有喋喋不休的情绪使徒，你把情绪使徒赶出宫殿，让你的大脑就被理智填满。

> **点 评**
>
> 作者通过学习，利用理性情绪疗法对自己的情绪进行管理。他很详细地描述了他在负面情绪状态下用理性来分析自己的情绪，尽量减少不合理的认知的作用。看得出来，作者非常想用理性来控制情绪，而不想让情绪来控制自己。但也许他更应该明白，这些负面情绪的袭来仍然是有道理的。是在告诉作者他内心当中的某些渴望或恐惧，如果能够进一步觉察到这些，他的情绪管理能力还会提高一些。

案例四：爱自己是真正拥有情绪管理能力的前提

要提高自己的情绪管理能力，首先就要做到爱自己。要接纳自己，要正确对待自己的情绪，接受它们，与之相处，并察觉其背后的原因，直视伤痛和阴霾，然后采用合适的方法来处理情绪。

01 识别并认识情绪

识别情绪是情绪管理的第一步。面对情绪，不要逃避，不要压抑，不要拒绝，不区分好坏，承认它们是自己不可分割的一部分。因为情绪是个体功能的一部分。它的作用是告诉我们，我们的内部或者外部有一些平衡被打破了，需要去处理。根据心理学家埃利斯的情绪ABC理论，任何一种情绪，它本身都没有好坏对错之分，真正困扰我们的是我们对于情绪不恰当的认识。然而，要准确识别情绪却不是一件容易的事，它们往往难以辨认。你或许长期处于疲惫状态，却不知已经处于抑郁之中；你可能经常紧张到将近失控，却意识不到这是焦虑。要想真正做到认识情绪,我们得爱自己,接受自己,接受自己的情绪,慢慢学习与之相处,观察并熟悉它们。

02 合理地处理情绪

要合理地处理情绪,首先就要找到情绪背后真正的诱因及原始伤痛。比如,小A的女朋友吃饭时跟他说:"你看看,隔壁桌小哥哥身材多棒。"他听了犹如当头一棒,把筷子一摔:"你什么意思?你是不是看上他了?"让我们仔细分析一下小A的愤怒。女友的话给了他一种暗示:他的身材比不上隔壁小哥哥,他又胖又没用,女友可能对隔壁小哥哥产生了兴趣。这种可能性是存在的。然而,实际上女友是看他喜欢吃肉,饮食习惯不太好,也不怎么锻炼,体重超标,希望他向隔壁小哥哥学习,合理膳食,经常锻炼,减肥。小A的愤怒来自,他认同女友的看法。他也确实是个"肥宅",隔壁小哥哥身材确实比他好,他也想拥有这样的身材。但是他又很懒惰,不求上进,心里极度自卑,有点痛恨自己。女友的话使他不得不去面对这个现实,刺痛了他,也使那个真实的他暴露了出来,破除了他对自己的幻想。所以,要真正处理小A的愤怒情绪,还需要小A做到爱自己,做到照顾好自己,接纳自己肥胖的事实,不为此感到自卑。

03 爱自己

爱自己是真正掌握情绪管理能力的前提。其实生活中很多负面情绪都出自对自己的不认可或是自卑、低自尊,**只有当我们真正做到爱自己,接纳自己的一切,这些负面情绪才不会经常找上门来。**

爱自己,就要吃好、喝好、睡好、冷暖照顾好、健康长寿。

爱自己,就要收拾打扮好自己,补充自己的知识面,去接受文化艺术的熏陶,做个讲卫生、得体、有礼貌、有美德、热爱生活的人。

爱自己,就要接纳自己的出身、容颜、目前的境况。

爱自己,就要正确看待自己的情绪,不管是正面情绪还是负面的情绪,允许它们的存在,重视它们的表达,接受它们的爆发。慢慢学习与情绪和平相处,不抗拒、不评判。

爱自己,就要觉察情绪背后的原因,每一个情绪背后都与我们以前的某些经历有关,觉察这些情绪来自哪些原始伤痛,直视伤痛,拥抱并安慰这些伤痛。

当我们做到以上五点时,我们便已经能够较好地管理自己的情绪了。

04　我的情绪管理经验

我一直自诩是一个脾气很好的人,自高中以来我就从没发过很大的脾气,也从没陷入过很大的悲伤,一直以为自己的情绪管理能力非常好。然而,直到上了这门课我才知道,我一直以来处理情绪的方法看似正确,实则大错特错。

以前,对于各种负面情绪,我都采取压抑的做法。其中比较突出的是愤怒。每当别人认为我做了我从没做过的事情,我都会有一瞬间的怒火。比如,我的室友B说:"你上次和我一起吃鸡翅的时候不是一口气吃了好几个吗?"然而事实上我并未去吃,是他记错人了。当时,我就感觉非常生气,但是没有表露出来,而是把它压抑到心底。又比如,他付电费时登不上寝室账号,问我是不是改过密码(事实上是他自己输错了)时,我也感到心中强烈的怒气,但我还是压抑了。还比如他记错我的上课时间,在我没有课的时候问我怎么不去上课、是不是逃课等一系列场景中,我都很生气却压抑自己的愤怒。

后来有一次我点外卖用优惠券实付15元,但是外卖单上的原价是45元,他看见后就误以为我点了很贵的外卖,说:"吃这么贵的外卖,你家可真有钱呀!"并且还拿着外卖单给其他室友看。我当时一听就非常生气,破口大骂,把饭碗一摔,并一口气删了他所有联系方式,还不停地捶桌子。事后连我自己都不知道为什么突然发这么大的火。后来我仔细想了想,记起自己童年时也曾多次被人误解。例如,幼儿园时,有一次班里一个小女孩哭了,我跑过去围观,可那个小女孩指着我说是我把她弄哭的,于是我被叫上讲台记了名字,一瞬间感觉又委屈又无助,还感到莫名其妙。还有一次幼儿园吃小点心时,我跑在最前面拿到零食,然后逆着人流走出来,却被老师误以为故意推挤同学,一把把我拉出来罚站,零食也没吃上。我因为害怕就没有解释,当时真的是非常委屈。还有一次是小学时上自然课,那个老师喜欢给我们放动画片,然后自己去实验室做事,当时班里不少同学喜欢在那门课上蹲在地上玩玩具,而老师讨厌学生离开座位。有次我蹲在地上捡橡皮,被老师误以为玩玩具,不由分说地打了我一巴掌(可能老师当时比较生气),我也是感觉又委屈又无助,也害怕得不敢解释。所以,长大后到现在,我一直十分讨厌别人对于我哪怕是一点点的误解。当我现在意识到了这愤怒的源头时,我尝试慢慢地抚平它,我想我应该可以放下一些了。

另一个问题是我总把压抑当处理情绪的方法。每当愤怒来临时,我总选择忽略或无视,所以当最终压抑的情绪爆发时,便一发不可收拾。现在,我遇到别人的误解时,都会第一时间心平气和地解释,及时表达自己的情绪,就算愤怒和委屈我也全都欣然接受。所以,以前那种类似体验的"重复"几乎不再发生了。

点 评

情绪管理的难度很高,但同时情绪管理也是生命中非常重要的课题。作者通过学习,总结了情绪管理的体会,主要是要识别并认识情绪,然后合理地处理情绪,而情绪管理的基础和出发点是——爱自己。爱自己有很多方面,最主要是要了解自己。作者回忆了他过往处理情绪方面的得失,他自认为的好脾气实际上是一种压抑的方法,从几次非常激烈的情绪发作(又委屈又愤怒)中,他追溯到了这些情绪发生的源头,正在尝试着慢慢抚平它,处理它,然后才能放下它。这是作者在学习中得到的最大收获。

第七章　我们从初恋中收获了什么？

"小峰的初恋玲玲是小学和初中同学。小时候，因同桌的关系渐渐产生好感，默默地互相关注。暗恋，却从未有人表明心意。于是，这份情愫就一直深埋心底，成为一个未完成事件，一直念念不忘。直到大二时的一次重逢，他们迅速地在一起了。相处一段时间后却发现彼此不再是过去记忆中的样子，对对方的那份情感也称不上爱。于是他们很快就以分手为这份初恋画上了句点。

"小峰一直以为自己还像当初那样爱玲玲，但其实大部分时候都是自己在幻想，都是一种对于理想爱情的投射，是以自我为中心的一种迷恋，而不是真爱。

"在这期间，小峰将这种对爱情的渴望通过'升华'的心理防御机制，把那些情感和不可得的幻想写成诗篇，变成了诗集和散文集。这些文字梳理了小峰的感情，让他与过去的情感挥别，走出了那片沼泽。"

这是一个同学描写的初恋的案例。很多人对初恋印象深刻，有的对初恋念念不忘，有的却对初恋耿耿于怀。小峰用"升华"的方式走出了情感的低潮，在心理上获得了成长，成为更好的自己。他认为**在爱情中首先应该要分清是真爱还是迷恋**，应保持频繁多次的面对面交流，而不是默默地暗恋猜测。那么，还有什么其他方法来处理初恋情结？我们从初恋中收获了什么？且看下面几个案例。

第一节 当完美的想象、期待遇到现实
——初恋时我们不懂爱情

案例一：我经历的"类爱情"

爱情三角理论由美国心理学家斯腾伯格提出，这三个角分别是亲密、激情和承诺。在我看来，亲密表现为言语的、肢体的，即外在的情感，是一种相互依赖、如朋友般的感情；激情是内心的悸动，是对性的冲动；承诺则是面对感情的理性审视。这三者都是在爱情中不可或缺的。

前不久，我经历了人生的第一段恋爱。它是一个爱情三角由建立到崩塌的过程。对方是一名985大学的男生，是我的高中同学。寒假，我们在网上聊天，无话不说，相互排解寂寞。他常常给予我一些称赞与精神上的鼓励，我也对他产生了依赖，建立起的是爱情三角中"亲密"的一角。后来他提出在一起，我很愉快地答应了。"激情"始于对方的名校背景，名校的身份是高考失利的我没能实现的那部分自我期待；而对方的帅气、聪颖也给予了我极大的吸引力。与此同时，在暧昧达到一定程度时，他也没有拖拉与迟疑，而是提出在一起，将"承诺"一角填补完整。**于是我们在这个过程中构建了一个相对完整的爱情三角，并享受到了爱情的美好。**

然而，现实的沟通到底不能为隔着网络的文字所取代？第一次约会时，我心里有说不出的陌生和尴尬，两人面对面暴露出的不完美给对方带来的是不舒服甚至是反感。**这一阶段，我们走入了"爱情三角"逐渐破裂的过程。**

作为高个子男生，他总是走得很快，从不顾及我穿着高跟鞋跟不上他的步伐；他总是敷衍地问我渴不渴，然后自己一个人买水买饮料喝；他会谈论一些他所学的专业内容，而我对那些丝毫没兴趣。于是我开始对他的不细致感到反感，对他的优越感感到反感。与此同时，我也在不经意间表现出对他的冷淡。对于他提出的简单亲密接触，比如他在电影院拥抱我，我感到害怕与不适，于是抽身离开，捕捉到了他眼神中的尴尬却不理会。我们对对方的想象和实际的差距造成了"激情"的减退。

之后，我们依旧可以像朋友般亲密交谈，但我却感到缺失了一些什么。我开始越发地反感他常常会提到的"性"，他也似乎逐渐失去了对我的耐心，说只是牵手的恋爱与朋友无异，说我的冷漠令他心情不快。我们的亲密交流变少了，多的是争论和相互间的嘲讽。

这个阶段，我们"爱情三角"中的"亲密"一角逐渐崩塌，我们开始给对方伤害，并在这个过程中伤害到了自己。

恋人的身份仍在，但我们已没有什么感情可言。一次，他对我说："我要到30岁结婚，男人要先搞事业。"尽管当时我们并未分手，但这句话令我感到"承诺"一角也几近崩塌。我从中捕捉到的信息是我并不在他婚姻承诺的范围之内。发展到最后，我们已经"无爱"。考虑过后，我结束了这段"类爱情"。

事实上，在分手前夕，我也向亲近的几个朋友倾诉，她们给了我分手的建议，让我自主选择，而我却始终犹豫，无法做出决定。记得有人说过，"如果站在火坑里，你不用问别人自己也会跳出来"。

我想，当时维系空洞的爱也是有原因的。**我当时追求一种有男朋友的虚荣感**，也将其作为炫耀的资本。**我追求有人陪伴的感觉**，不论那种感觉给我带来的是快乐还是忧郁。从这一点来看，我的爱情出发点已经畸形，并且维系的爱情也是畸形的"伪爱情"。于是，它在最后阶段给我带来的是身心的压抑，也给对方带去了不愉快。

但回过头想，在这段感情中我也并非一无所获，**我看清了自己对爱情错误的理解**，也认识到真正需要什么类型的伴侣。更为重要的是，**我意识到在这段感情当中，我们都没有很好地把握好爱情中的三个成分**，我只在意聊天的亲密感，对自身寂寞的排解，对虚荣心的满足，而忘记去考虑爱情中的激情，使对方痛苦；而对方则只求激情与冲动，让我感到不安与恐惧。我们并非不适合在一起，但各自处理爱情的方式还过于稚嫩，这些都令我们渐行渐远。

我渴望一份完美的爱情，也相信它是幸福的。但身边不少不完美的爱，让我明白完美的爱情可遇而不可求。或许爱情中我们不必苛求完美，但是我们可以在追求趋于完美爱情的过程中感受幸福，感受爱情的美。

点 评

作者的初恋是有着985高校背景的男生，他们仅在网络上聊天就觉得挺合适，然后在一起了，但线下见面时却发现和理想当中的"他"相差甚远。所以，作者的爱情有很多理想化和幻想的成分。就像作者所说，她需要更多的是一种陪伴，满足虚荣心，所以这段初恋夭折了。希望她在未来能够更明白自己需要什么，和那个"他"更多地在现实层面沟通和交流，不仅限于网络聊天，并且多经历一些事情，这样才能真正了解对方的个性和行为模式，才能知道对方是不是她的Mr. Right。

案例二：不到十天的初恋

01 恋爱之前

大二时我遇到我的前男友，是我的学长，他是个学霸。对他心动是一个巧合，那天我们两人在实验室，他帮我完成了一个项目。我还记得回去后跟室友这么说："他真的好厉害，那个项目那么难，我连题目都没有看懂，他就坐在我旁边对着电脑倒腾了五分钟就做完了。"

此后，**我对他就完全另眼看待了，他那么厉害，对我又那么好，我越发想"占为己有"**。但事与愿违，之后的一段时间，我发现他回消息没有那么及时，感觉他有些敷衍，朋友圈里跟我的互动也不那么频繁了。我开始烦躁、焦虑、自责，怀疑自己是否犯错了，同时，自己也表现出矛盾焦虑型人格的很多特征。

后来他跟我两个人单独在教室，他给我讲题目。回去之后，他跟我说："如果我做你男朋友，你会不会很开心？"其实我当时听到这句话的第一反应是他在开玩笑，但室友觉得他就在表白，我便觉得室友说得有道理。这时候室友又说"你要是不去表白，五分钟以后我们就帮你去说"，这时候我特别慌张，就去表白了。**但他却以以后要出国，可能最后还是要分开为由糊弄过去了**，我以为他是拒绝，就特别伤心。但在我的坚持下，最后我们还是在一起了。

02 恋爱期间

（1）**第一天**。我们在一起之后的第一天，没有任何亲密行为，连牵手都没有。第一天的晚上，我跟室友抱怨他一点也不主动，结果室友就私信他，把我的抱怨跟他说了。他马上来找我，我们好好沟通了一次。他说他还没有从朋友的关系里跳出来，给他一点时间，他会给我好的恋爱体验，也跟我说以后我有心事直接跟他说就好，不要再通过室友了。我很高兴，他是我的初恋，**所以我对这次恋爱的期待特别高**，就把这种期待投射到他的身上，但特别幸运的是，他通过及时的沟通回应了我的期待。

（2）**第二到第四天**。从第二天开始，我们就开始有亲密的举动，比如他会牵我的手，在电影院里他还亲了我的额头。但到了第三天，我们约好一起吃饭后再去上课，**结果他忘了**等我就先和他的同学走了。我回去以后特别伤心，在QQ上问他是不是根本不喜欢我，怎么都忘了和我一起回去。他立马回复我说他以为是先各自回宿舍再一起去吃饭。十分钟以后，他就来我宿舍楼下找我了，急着出门,他甚至还忘了戴几乎不离身的手表。那天晚上我们一起吃了饭,他还陪我上了课,下课以后我们一起散步。我问他是从什么时候喜欢上我的,他说其实一年前就对我有点好感,**他说这些的时候把我的手握紧了。**

那天回去以后,他跟我说他对感情是很认真的,不会随便开始一段感情。我听了以后很感动,**在没有跟他商量的情况下,在朋友圈"官宣"了。**他转发到他的朋友圈,还说我给了他很大一个惊喜。之后的几天正逢国庆,我们一起出去玩,或在实验室学习。其间我老是问他跟他前女友的事,**他一开始拒绝回答,我就一直问,**(我是个控制欲很强的人,都没有注意他的真实情绪,一直活在自己的世界里),**最后他还是如实全说了。**

可见我对这段感情是有点不确定的,但他用行动告诉我,他是十分在乎我的感受的。我对他前女友的胡乱猜疑,再次说明我很缺少安全感。

(3)第五天到第九天。第五天晚上,我们一起去吃了夜宵。我有个老毛病,一吃冷的就会想吐,正好那天吃得很饱,又吃了冷的,身体很不舒服,回去的时候,我就一直拉着他的手臂,因为特别难受,嘴里说的话也是逻辑不清的。回去以后,他QQ上跟我说:"今天晚上你怎么那么恐怖,都吓到我了。"我特别委屈,跟他解释说我身体不舒服。

第六天的下午,他跟我提了分手。他说:"感觉我们就是学长学妹的关系,我以后要出国的,没法长久,不如我们分手吧。"**但是我挽留了。**经过沟通,我们的感情保住了。后面的几天我们都没有再见面,国庆之后他有托福考试,我也就没有打扰他。第九天,**我无意中发现他删掉了那天我发的朋友圈"官宣"动态,那天晚上,我跟他分手了。**他是这么说的:"我真的逼着自己去喜欢你,但发现我还是做不到。在实验室学习的时候,如果是前女友在我旁边,我肯定没法专心学习。**那天吃夜宵回去路上你真的吓到我了,我像从来没有认识过你一样,对不起。**"我根本无法接受,因为这是我的初恋,是我期待了很久的恋爱。我一边哭一边骂他渣,哭了一晚。

初恋,称为青涩之恋,它的重要在于它是从"0"到"1"的改变。根据"契可尼效应",人们对于还没有完成的事总是印象深刻的,初恋的过程影响了我对恋爱的态度。**我当时很快把我的初恋定义为失败的、绝望的,因为在那一刻我承受了很大的悲伤。**这种坏情绪在短时间内无法被接受,但是可以随着时间慢慢淡化。**我允许把自己的悲伤流露出来。**但在那一刻我还是用语言攻击了对方,这是一种宣泄,但也显得很不成熟。

03 分手之后

我本以为我们再也不会有任何交集,结果分手后的第一天,他就来找我聊天。我自我安慰:他还愿意和我接触,这意味着我在他心里的形象没有那么差。每天聊天持续了一个月,从学习到爱好,这也让我有一种错觉,我们好像还没有分手。不得不说,他分手后的陪伴缓解了我的痛苦。

但是一个月后,突然有一天他没来找我,我很焦虑,但也没有主动找他。后来连着好几天我都没有跟他说过话,我去找他,他也是很敷衍的态度。之后,我在他空间里偶然发现了一个跟他互动很多的女生,也是他的学妹。**那一刻我难受得哭了**。看到那个学妹我就联想到当时的我,他事事为我着想,只是现在女主角不再是我了,**我感觉又一次被他抛弃了,对他有不满甚至是憎恨,对那个学妹是羡慕、嫉妒甚至是怨恨**。最后,我们互删了好友,再也没有联系过。

04 原生家庭与矛盾焦虑型人格

作为女生,在喜欢的人面前我总急着想展示自己最强的和与众不同的一面。我就是一个假小子,因为我觉得女生刻意打扮得很美都很普通,大大咧咧的假小子风格是与众不同的。在大一期间,我试图帮喜欢的男生 A 获得奖学金,结果被他拒绝。我不明白明明为他付出了那么多,甚至可以帮他获得荣誉,为什么他总是不领情,最后拒绝了我的感情。

针对这些失败的经历,我做出了分析:第一,**我的付出只是感动了自己**,对方觉得奖学金应该凭自己实力去获得,别人给他不算是荣誉,所以我的付出不是他所需要的,甚至太过强势吓走了对方;第二,我总是急于在对方面前展现自己"与众不同"的一面,同时希望对方也这么觉得。当对方没有呈现出我期待的反应之后,**我会"变本加厉"**,久而久之这种压迫会让对方对我产生厌烦,而我却幻想对方会觉得我很特别。**至于为什么我总是过分渴望对方能格外关注我,就要谈到原生家庭了**。

虽然说从小父母一直陪着我长大,他们给了我物质上的满足,但其实精神上的陪伴是很少的。印象更深的是上补习班时爸爸妈妈转身离开的背影,以及内向的我一个人坐在陌生环境里一动不动默默流泪的场景。

爸爸跟奶奶经常吵架,爸爸有时候会扔东西,还会朝我凶,让我不要吃奶奶做的饭。每次只要妈妈不在家,家里只有爸爸、奶奶和我,我都特别害怕,他们只要一吵架,我就一动不动躲在角落不敢说话。所以我特别黏我妈妈,但妈妈白天经常出去,把我一个人丢在家里,出门前也不和我说一声,我就一直哭,一直在门口等妈妈回来。

因为幼儿时期缺少陪伴,成年以后我会下意识地寻找机会完成这段发育过程,反映在现实中,我非常渴望另一半能时时刻刻陪着我,**一旦没有,我就会焦虑,甚至还会在对方面前展现出强势的一面,以此引起他的注意**;我会非常霸道地占有属于自己的东西,我不愿意我的对象和别的女生有过多的互动,会不断地问他过去的感情经历,就像小时候我把礼物都锁在抽屉里,因为只有这样,我才有安全感。

因为爸爸和奶奶经常吵架,妈妈在中间起到劝架作用,我会非常喜欢跟温柔的人在一起,**所以长大后我喜欢的男生类型都是外表十分温柔的**。当他们对我很好的时候,给我一些暧昧信号的时候,我会不自觉地表现得特别主动。比如,前男友帮我做了项目,我就对他心动了;他说他对感情是很负责的,我就"官宣"我们恋爱了。然而这也是导致了初恋的终结。

爸爸和奶奶吵架时,我很依赖妈妈,这导致成年后我的依赖型人格特别明显。我不只是依赖男朋友,还依赖室友。在恋爱关系开始时,是室友的判断一直在引导着我。**在爱情中,自己的感受是很重要的,我的过分依赖使得室友的感受直接替代了我的感受**。

05 未来应该做出的改变

(1) 学会给自己安全感。恋爱中对方终究不可能时时刻刻陪着我,对方不能给我的,我要学着自己给自己。恋爱不会是我生活的全部,我应该要把关注点放在充实自己的生活上,比如男友没有及时回我短信,并不一定是他忽略我,可能只是在忙。我的快乐和满足感更多的是要由自己创造。

(2) 重视自己的体会和感受。不仅仅是爱情中,生活中了解一个人也要自己去接触对方,而不是依靠别人的言论。了解一个人也不能只关注外表,还要关注生活中的细节。比如,前男友是个很温柔的人,也说自己对爱情很谨慎负责,但最终因为一句"我真的逼着自己去喜欢你,但发现我还是做不到"让我否定了他之前所有的付出。他的真心付出我真的感受不到吗?其实,我只是想通过逃避去忽略我在这段感情中的错误吧。

所以,在未来的感情中,要去重视自己的体会,肯定对方带给自己的真实感受。既尊重对方,也对自己负责。

(3) 不去控制别人。在心理边界理论中,边界将自己和别人隔开。虽然别人的行为是不可控的,但自己的行为和如何看待别人是可控的。比如,在初恋中，我很渴望他对我好，但是不能想着去控制对方、占有对方。互相尊重，给彼此一定的距离才是上策。有清晰的心理边界，才能有健康、幸福、美满的爱情体验。

很感谢我的初恋，虽然我们没有走到最后，虽然这过程中我有痛苦，但是还是感谢他的陪伴。其实能够走到最后的初恋不多，初恋的美好在于是他/她带来了全新的体验，想跟初恋说声："谢谢，我会永远祝福你的！"

点 评

作者小时候因家里的紧张气氛，内心一直缺少安全稳定的感觉，喜欢黏着妈妈。长大后又把这种依赖的感觉用于恋人和室友身上，甚至使得室友的观点直接替代了她的观点。可想而知，这种焦虑和依赖的个性在恋爱中会促使她紧紧抓住男朋友，想知道男朋友的一切情况。男朋友也许受不了这种控制的感觉所以提出了分手，这段10天不到的初恋结束了。作者对自己的分析很细致、深刻，提出改变方案也很有针对性，相信她会慢慢从生活经历或新的恋情中变得更好。

案例三：我曲折而备受打击的"初恋"

01 我的初恋故事

高三那年，或许是因为学习压力过大无处发泄，或许是想要多一个人关心我，再或许只是想以这种特别的方式凸显自己的存在感，**尽管那个男生从外貌到性格无一符合我对初恋的想象，但我还是接受了他半开玩笑似的表白，然后我的初恋就毫无征兆地开始了。**

刚确定恋爱关系的那几天，我害羞到不好意思当着众人的面和他讲话，后来，我越来越放得开，经常和他一起出现在学校以及校外的公共场合。当然这一切都是我的父母不知道的，但高三的某一天，我妈妈偶然发现我和他一起去看过一场电影，她就来质问我是不是在和他谈恋爱。我也不想隐瞒，就大大方方承认了。

承认恋情那一刻的我打死也想不到，接下来的一段日子有多么难熬。在学校，老师们隔三岔五找我谈话，当众讽刺我；在家里，亲戚朋友都轮流跑到我家来劝我，我爸爸还疯了一般地骂我。**那么弱小的我唯一能做的只有妥协**，从那一刻起，我就下定决心，之后的恋情再不告诉我的家人。我不明白，明明对方成绩很好，身高接近一米八，长得不丑，为什么妈妈硬要我承认他长得难看，人一点也不行。我觉得这种做法极其不妥，**可我又没有当众维护他的勇气**。只有我的好朋友们知道，我仍然叛逆地和他在一起。

但是高考他考砸了，他去了北京，我去了上海，于是我们俩开始了异地恋。大学生活费不多，可他还是会每隔一两个月就从北京坐硬卧来上海找我，他来找过我两次。**在第三次还没到来的时候，我们分手了，因为我受不了他的控制欲和大男子主义**。至此，我的初恋就结束了。

02　心理学理论分析

在上这门课之前，我从没想过感情这种说不清道不明的事情也可以用科学的原理来解释。这门课让我感受到生活中的许多事情都是有迹可循的，实在是太神奇了。

（1）爱情激素说。**苯基乙胺简称为 PEA，是人体自身合成的一种神经兴奋剂，能够使恋人双方产生来电的感觉，并在恋情中不知疲倦，是信心和勇气的来源**。高三那年，我走读，他住读。晚上放学回家之后，才几个小时不见，我就特别想他。于是借了同学的手机，在半夜三更悄悄给他打电话。那段日子的每晚一个电话，已经成为我俩心照不宣的秘密。不仅如此，午休时，我们选择黏在一起，或是一起去上厕所，或是一起在安静的校园里散散步，我特别喜欢趁别人不注意，偷偷牵他的手。每次和他手牵手的时候，就觉得时光很美好，一切都很美好。晚上他送我出校门的时候，我们会来一个拥抱，那一刻就会觉得今天一切的烦恼都过去了，明天见面时又是崭新的一天。我们时时刻刻都想待在一起。这大概就是苯基乙胺的作用吧。

高中毕业之后，我带着他去游乐园挑那些刺激的项目玩。我们在过山车上疯狂尖叫，被人造浪打得起起伏伏，当时追求的是那种很刺激的快感。

（2）爱情地图理论。记得刚遇见我的前男友时，我就有点喜欢他，觉得他成绩优秀并且性格开朗，穿衣打扮也算干净利索，就对他比较欣赏。

在一起后，我才发现，**他和我的爸爸真的在有些地方极其类似。除了外貌以外**，他们的**性格**也是极其相似的。**前男友脾气比较冲**，我爸爸的脾气也比较暴躁，经常会在家生我妈妈和我的气。**前男友很爱面子**，手机要买最新的苹果手机，鞋子也要穿耐克这类名牌，我爸爸也十分爱面子，讲吃讲穿，生怕让别人低看了一眼。还有**他们对朋友、亲人都很大方**，高中同学一起出去玩，几乎每次我的前男友都会积极策划并且为大家买单。我爸爸对亲戚、朋友也是极好的，每次出差回家都会记挂着大家,给大家带礼物,而且他俩都有些小幽默,对待生活是很积极乐观的。

前男友和我爸爸的相似性,我想或多或少都与爱情地图有关。这个"爱情地图"在我们幼年时就基本形成,和遗传以及人们的生活经历都有关。在寻找配偶时,人们会下意识寻找具有优良基因的人,以保证能够生出健全的下一代。我们总是认为自己的脸是最好看的,因为我们的脸总会让我们想起童年时每天见到的父母亲的脸。所以"爱情地图"引导着我去选择长得像我爸爸的人,这也就顺理成章地解释了为什么我会在刚遇见我前男友没多久,就对他动心吧。

03 课程感悟与体会

一年之后,我们还是和平分手了。经过反思,发现在恋爱中我很少给予他反馈。我因为缺爱,所以不知道如何去爱一个人,不知道如何表达自己的爱意,不知道如何去关心别人。他同样也缺爱,可他却会非常关心我,遇到事情第一个想到我。我对待感情并非不认真,而是冷漠,觉得他的关心是理所应当的,因此我很少回应他的付出,这是我不对的地方。

爱与爱应该是平等的,不论是对爱人还是朋友,我都应该对他们表达更多的爱意,摆正自己的位置,时刻明白自己不是对方的唯一。否则我身上的很多棱角可能都会让那些爱我的、接近我的人受伤,甚至会把他们推远。这就是我和他分开之后,得到的最大的启发。

"童年缺失的东西,长大以后要用很多很多的时间来加倍补偿。"但我要用实际行动告诉身边的人我爱他们,我不愿意再做一个冷漠的人了。我要努力跟上爱我的人的步伐,和他们一起传递爱的接力棒!因为这门课,我更深层次地看到了自己的优缺点,并且愿意努力改正自己的缺点,让自己成为自己喜欢的那类人。

点评

作者初恋的男生和她对初恋的想象不太一样,但她还是接受了对方的表白。高中时期的恋爱受到了学校、家庭和父母的阻碍,作者只能忍气吞声。高考后他们成了异地恋,但没多久这段恋情就结束了。作者是从"爱情激素理论"和"爱情地图理论"来分析她喜欢这个男生的原因,还分析了恋情失败的原因,尤其对自己不懂如何去爱一个人,不懂得表达爱意和关心别人做了比较深刻的反思和总结。这段初恋带给她很多经验教训,祝福并相信她的下一段恋爱会更好!

第二节 少男少女情窦初开，经历风雨收获幸福
——这就是爱情最美好的样子

案例：再见之时，宛若初见

01 纠缠的红线

小学，电脑和手机还没有普及开来，大家唯一的爱好就是读各种各样的书。那时的我作为一个充满幻想、爱写小说的三年级男生，每天最大的乐趣就是带上精致的小本本，给班上的同学传阅昨晚刚写的新一章小说。时值全班大约有五六本题材各异的小说争相连载，为了提升自己小说的竞争力，我决定找一个喜欢画画的女生，请她来帮我为每一章配图。当我举着那本细长的车线本跑到她的座位前，请她帮忙作画时，她有些奇怪地看了看我，随即绽开了笑容："好呀。"

在有了配图后，我的小说大受欢迎。几个月后，老师将我们俩安排成了同桌，故事就这么开始了。

小学时代的记忆似乎都蒙上了一层光晕：上美术课，我趴在桌子上看她画一幅幅流行的日漫形象，有着高桥留美子笔下人物一般的脸。有时是下课，和她一起读班上新出的小说或流行的篇章，有时是聊大家都喜欢的《摩尔庄园》。不知不觉，我们做了三年同桌，直到小学毕业。那时的我爱上了周杰伦，在某个夏天的语文期末考试，我坐在窗边，微风拂过帘梢，阳光如碎金般洒在我的卷子上，写着作文的我轻声哼唱起"小学篱笆旁的蒲公英，是记忆里有味道的风景……"，却被她戳了一下，我转头望去，阳光下她微微眯着眼："别唱《蒲公英的约定》了，考试呢。"

一年后，《蒲公英的约定》唱毕，我们也毕业了。

但我没想到的是，初中走进陌生的教室，准备迎接新同学的我，第一个看到的还是她的脸庞，我惊喜得快要跳起来。似乎是命运安排好的一样，在惊喜中我们又当了三年的同学。

我依旧喜欢唱《蒲公英的约定》，但已经不再看儿童读物，转而读起一排排的世界名著，玩起严肃的战争类游戏；而她呢，仍在画她的漫画，她的笔触变得细腻而生动，偶尔也开始用起水粉，有时还听说她的家长因发现她躲在被窝里，打着

手电筒画画而大发雷霆。初二有一天,我们在一班回家的公交车上相遇,她问到我将来想干什么。

我得意扬扬地说:"当然是考进一中啦。"

大巴减速,她有点没站稳,朝我靠近了一些。

"我想当一个设计师!"她抬起头看着我,双眸闪过一阵光芒。

不久之后初中毕业,我如愿去了一中,她没能和我去到同一个学校。我们挥一挥手,似乎就要从此别过。

02 出现又离开

我们双方都没想到,大家之后的相见,是在高考后的上海。

再次相见的那一天我仍然清晰地记得上海柔和的秋日阳光,以及丝丝缕缕的凉意,还有树叶下斑驳的日影;我仍然记得她洁白的衬衫,略显散乱而自然的头发,**还有显然是新手画出来的刻意妆容**;我仍然记得一起逛的博物馆,一起淘的旧书店,一起进的莫名其妙的艺术馆,一起吃的广式茶点;我仍然记得那天傍晚,走在黄浦江畔的木质走道上,吹着江风,旁边是五颜六色的邮轮缓缓驶过,对岸是虚幻得有些不真实的东方明珠,**我们一起谈论着将来的理想。**

我说我想学法律,做一个律师;她说无论发生什么,她都要当一名设计师,听到这熟悉的话语,**我不免转过头**,看到的是小学那场语文考试时、初中公交车上聊天时一样的侧脸,只是嘴唇上多了一丝动人的红,她的眼睛盯着前方,迷离中却又有一丝坚定,**我的心似乎被什么拧了一下**,止不住地加速跳动起来,眼前的一切都打上了名为"爱恋"的滤镜,让我有些喘不过气来。

我笑着说:"你一定可以做到的,你一定可以。"

两人都不免笑起来,对岸的大屏幕闪烁着"我爱上海"的 logo,我从未如此感激自己来到了这个城市。**一两周之后,我向她表白心意,她欣然答应**,甚至激动地哭了出来,就这样,带着对于未来的憧憬,带着丝丝眩晕的感觉,我开始了人生第一段恋情。

恋情刚刚开始时,我几乎被那美妙的感觉冲击得目眩神迷,就像所有男生一样,我开始不自主地规划起我们的将来:我应该怎样学习,做什么样的工作,我应该怎样帮助她实现设计师的梦想……在那甜蜜的一个月里,我的嘴角始终是上扬的,走起路就像踩在白云上,生活就像棉花糖一样甜蜜。

但渐渐地,我发现事情开始不对劲。随着大学生活的画卷逐渐在我面前展开,我开始发现一切并没有我想象的那样美好,我越了解律师行业,越发现这里极其讲究出身和背景,而她也意识到理想和现实之间隔着一道鸿沟,本以为来到了艺术殿堂,但现实中却有各种不尽如人意的情况。

与预想的不同的是,我们无法分担彼此的压力。

外出玩时我感觉自己变得笨拙,无法了解她的心意;打电话往往只聊一小段时间就无话可说,只剩下一句"我该去赶作业了,明天要交";直到最后,连道早晚安都变得不再令人心动,**我开始觉得有什么东西不可避免地断掉了,但我又说不上来。**

又过了几周,双方波澜不惊地分手了,她提出,我同意。

恋情开始于大一秋天,结束于大一冬天,现在快要大四了,我却再也没谈过恋爱。奇怪的是,我没有感到悲伤,分手对我来说貌似是自然而然的事情,我感到的只有纳闷,究竟是什么导致了这样的结果呢?在那个冬天我想了很久,**但真正的答案似乎就永远藏在她的心里了,我无从得知。**

03 难解的心结

不管如何,大学生活还是要继续,我开始习惯了大学生活;对于繁重的课程从害怕到勇敢面对;对于法律产生了前所未有的热情。我似乎变得更好了,但我依然对当初那无法解开的心结耿耿于怀:究竟是什么让我们逐渐走向疏远呢?

04 久别又重逢

我做梦也想不到还会和她再出来约会。

时值 2019 年中秋,距离分手已经过去了两年。在寝室写着代码的我突然收到了她的微信祝福,是一条简简单单的"中秋快乐",坐在椅子上的我一时思绪万千,**我意识到这是解开我多年心结的一个机会。**

我们都惊叹于对方的变化:**她初学者般的妆容不见了,取而代之的是成熟多了的化妆风格。**她不再像大一时那样低沉和抑郁,而是开朗了许多;她依然坚持着设计师的梦想,即将去梦想中的单位实习。

真的,我发自内心地为她感到喜悦。

我们坐在长江边的长椅上肩并肩看日落,晚霞浸染云幕,飞鸟划过天际,江面遍是金黄,汽笛声摇曳着忽远忽近,几艘渔船和货轮被夕阳漆成金色,慢悠悠地穿过,微风拂过脸庞,水波层叠间,人几乎要迷醉在这样的美景里。我们都安静下来,静静地享受着这稍纵即逝的时光。

不一会儿天色略黑,我意识到该开口问出那个问题了。

我转头看向她,一如十几年前期末考试时那样,她也微微地眯着眼看我。

"你说,当初我们为什么会分手啊?"

她咧开嘴笑了,正像小学三年级时答应我作画一般:

"我忘记咯——"

看我脸上浮现出尴尬的表情,她急忙收住笑容,小心解释道:"我那时候压力太大了,因为家庭、学校的原因总是不免烦躁,感觉这样的自己没法跟你有未来,久而久之,也不愿意再这样了。真的,我这个人很容易忘事,具体为什么会提出分手,我真的记不清了,大一的那段记忆对我来说很混沌,希望你能理解,真的真的很对不起——"

"其实我才要说对不起,我那时候很笨拙,很不懂事,一定也不是个尽职尽责的男朋友……"

"没事的,都已经过去两年了啊,那时候我们真的还都不懂事。"

"嗯嗯,没想到两年后我们还能一起这样看风景,这真是太奇妙了。"

"是的,太奇妙了。"

两人沉默了一会儿,只能听到缥缈的汽笛声,她说:

"再看看日落吧,真是太美了。"

于是我们继续坐了很久,直到夜幕降临,广场舞的超大喇叭声把我们轰炸得落荒而逃。听着那俗套到不能再俗套的 DJ 舞曲,我却感到前所未有的解脱和舒畅。

两年前的事情,已经不重要了,现在或许是一个全新的开始呢。

05 未来会怎样?

未来会怎样?

我不知道,也许会和她做回好朋友,也许会和她重新开始,这一切都需要时间的检验。

我总是感叹自己是幸运的,能一起做九年的同学,能在一个城市继续读大学,能在每次出来玩时遇见美好的太阳,能在每个散步的夜晚吹到沁人的江风,能彼此支持对方的梦想,能互相接收很多小众的梗。更幸运的是,能在分手后都变成更好的自己。但最最幸运的是,我们竟然还能再次相遇。

我一度感觉自己活在小说里。

对"爱情心理密码"这门课听得越多,我便越感慨自己的幸运。爱情,原来是一件很奢侈的事情,会有太多因素阻止人们一品它的甜蜜,更有太多因素阻止它变得长久醇厚。但不可否认的是,爱情的确是美好的事物,它值得我们去不断追寻,为之努力,为之欢喜,为之哀愁,同样地,它也往往会给我们别样的回报!

点 评

作者文字功底较好,情真意切,满怀深情地写下了这十几年与前女友的情感历程。即使在分手的日子里,两人的内心都留着对彼此的想念,两人都在历经着生活的考验,也从经历中得到了成长。对这段"失而复得"的初恋,作者的心态是平稳的,也是憧憬的,更有感恩,也许这就是爱情原本的样子吧,祝福他们!

第八章　如何从梦幻苦涩之恋中醒来？

单恋，可以理解为单方面、不顾对方意愿的一种爱慕，它包括暗恋——喜欢对方却不说出来，以及明恋——表达爱意后遭到拒绝却依旧爱慕对方。其中一个非常重要的特点是：产生爱意的一方会对另一方抱有**非常多的不切实际的幻想**。总的来看，处在单恋状态的人都存在某些幻想和不顾及他人感想的特点。

"我曾经暗恋过数名女生。其中的一个，当时我心里时时刻刻都想着她。上课时她就坐在我附近，我会偷瞄她，如果她看过来，我会以为她也是对我有意思的。**我对自己喜欢的女生的一举一动非常在意**，并会把它们解读为各种各样的**信号**，然后在心中建立起对她的幻想——她是高贵纯洁的公主，一尘不染的她还心地善良、乐于助人。这些幻想越来越膨胀，直到有一天我发现她在抽烟，人们都传言她有几个男朋友，在体育课活动上她和其他男生一起讲黄段子……**这个幻想突然炸灭，不仅湮灭了我对她的向往，还激起了我心中无名的愤怒——她居然是这样的人，她一直在欺骗我！**"

这是一个男生在文章中写到的，相信许多暗恋经历都会以这种幻想破灭的方式收尾。其实这一切都是一方的脑内活动罢了，无关另一方的想法。

大学生因为过去缺少人际交往经验，有些缺乏和谐的家庭沟通和交流，缺少亲情、友情的陪伴。这时，如果有一个异性接近自己，有些人就会感觉到很贴心、很温暖，会以"爱情"的角色来相处。如果原生家庭缺乏爱和沟通的经验，在恋爱中也会呈现不成熟的心态，比如以下的案例。

第一节　你是如此美好，我却不敢走近你
——热烈的情感只能在脑海中回响

案例一：我的暗恋经历

我在高中时有过一段暗恋经历，暗恋对象是我后桌，我称之为 A。A 平时虽少言，但在班级中人缘很好，学习成绩好，篮球打得好。我那时经常找他问问题，一是他就坐我后面，问起来方便，二是他讲题讲得耐心且细致，一来二去我就慢慢喜欢上他了。我可以用心理防御机制来分析这段恋情。

（1）投射。投射是个人把自己的态度、愿望、情绪等投射到对方身上。在暗恋初期，我会找他进行答疑解惑，有时候他在跟我讲题的时候，我会萌生出是不是因为是"我"，他才会那么细致地讲题的想法。**那时候他的一举一动我都认为是在向我表达他的好感。**那段时间，我觉得他是喜欢我的。

（2）分隔和合理化。分隔是指一个人拒绝将两件事进行联结（联想），因为他们害怕把两件事放在一起可能产生的意义。合理化则是指使用某些借口去释放情绪。在经历了暗恋初期懵懂的喜悦后，**那时，我注意到女生 B 有时与 A 有着一些类似打情骂俏的互动，我心里就有点不舒服。**因为那时候在我的认知里，A 应该是喜欢我的，他应该不会喜欢 B，**这时我采取了分隔，我尽量不将 A 和 B 在一起玩与 A 可能喜欢 B 这两件事联系在一起**，但内心其实有点害怕有这样的结果。此外，我又采取了合理化，**自我安慰说，大家都是同学（因为我们班女生少，所以男女玩在一起的很多）**，相互玩在一起很正常，从而坚信着 A 喜欢我的想法。

（3）否认和投射。否认是坚持某些事实不是真实的，即使所有证据都表明那是真实的。在高一过了两个月后，A 和 B 在一起了。当听到这个消息时，**我的内心是受到打击的**，因为之前我一直通过投射和合理化等防御机制认定 A 是喜欢我的。过了几天，我开始认为 A 其实并不喜欢 B，只不过是 B 比较主动（据知情人说是 B 向 A 表白的）。此时，我就开始否认现实了，不认为他们交往是因为彼此喜欢。又过了几天我开始**以为 A 是想通过交往来探听我的口风，看我是不是会吃醋。**后来在高一下学期，A 和 B 不知什么原因分手了，我那时很坚信 A 是喜欢我的。**在整个暗恋过程中，这些投射对我的心理状态影响非常大。**

（4）置换。对某人有某种感觉，但却转移到另外一个人那里。在高二上学期，

我向 A 表白了,但他却说"我们还是好好学习吧",变相地拒绝了我,我的投射在他身上算终结了。继"表白"事件后,我们还是处于朋友状态,但有时候我还是会控制不住地去喜欢他,可我知道如果我一再表示,很可能会威胁到我们的友谊,所以**我给自己暗示说我喜欢男同学 D,以此来缓解我对 A 暗恋无果的悲伤。**

(5)升华。升华是指将原有的冲动或欲望导向比较崇高的方向,让其具有创造性和建设性,利于本人。置换在短时间内确实压下了我对 A 的喜欢,但终究不是长久之计。同时因为之前过多在意 A,我的成绩有点波动,所以我决定以后更专注于学习。通过努力,我在高二时还考过班里第一。**这种学习上的成就让我感觉实现了自我价值**,实实在在让我在往后与 A 的交往中,更能用平常心来对待他。

以上是我在高中阶段的一次暗恋,通过防御机制的分析,慢慢把当时的全过程梳理出来了。回顾整个经历,我应该感谢那次主动表白。我知道了对方的真实想法而不是继续整天幻想,随后才能将悲伤化为学习的动力,实现在学习上的自我价值。也希望通过我的例子,能告诉更多现在处于暗恋期或暧昧期的人:要适时地确认对方的心意,如果自己一味地过多投射,反而会影响自己的情绪,而且在以后的恋情发展中也会有不信任恋人的倾向。

点 评

作者生动描述了高中期间对男生 A 的暗恋过程,并用防御机制仔细分析了在这中间内心想法的合理性以及误区,情感细腻丰富。就像她所说,应该感谢那次表白,最终确认对方的真实想法,然后打消了自己的幻想,并能够化伤痛为学习的动力,实现了学习上的自我价值。这是一个女生在成长中不断探索自己的过程,她也在与人的交往过程中发展出自己正确的辨识和处理情感的能力,值得点赞!

案例二:不敢爱的男生

01　个人情感之路

我在小学和初中学习成绩一直很优异,保持在全年级第一,初中时遇到了她。她长得不是很漂亮,比较内向腼腆,不过她有一种百折不挠的拼劲,成绩在全年级前五名,甚至英语成绩远超于我。那个时候同学们都认为我们是"一对",

高中我们被外省同一所高中录取,不过我们都闭口不谈。奇葩的是我们双方的父母竟然意外相见,相谈甚欢。奶奶竟然很喜欢她!从那以后我们似乎相互躲着,来自农村的孩子嘛,身上的担子还是比一般人重的,考上重点高中后父母的期望更高了。所以我一直躲着她,从不在她面前流露半分情谊,**实际上回想起来,起初对她还是有点感觉的,只是这种感觉因为自己的刻意回避而淡去了。**

随后我在高中遇到了另一个她,和我是同乡,她有一双渴望的眼睛,那长长的睫毛格外引人注目。那时,父母的期望很高,学校给了我们考上名牌大学的使命。**于是我一直压抑着心中的这团火,在初中的那个她和高中的这个她之间纠缠不清。**初中的那个她被分到了另一个班,而这个她却是坐在我的不远处。高二时,她的成绩开始超越我,当我**最终决心向她表白时,却发现她已经追求另一个男生了。**那个时候我的心里虽然很失落,但是一直没有表露出来,只是在一旁悄悄地注视着她,时不时对他们的亲昵动作产生强烈的妒意。我一直不断地安慰自己,他们的爱情太天真了,会害了他们的。然而事实无情地摧毁了我的这个想法,那年期末考,她考了全班第一,勉强挤进前十的我彻底崩溃!

那年假期回家,初中的那个她火车票丢了,此时内心极度不平衡的我拒绝陪她退票换乘。此后我们之间很少说话,或许她之前也说不定对我有好感,**但在她急需帮助的时候,我却没有在她身边,她一定是伤透了心。家庭的因素,学校的因素,郁结在心中的各种不快造成我心态的极端不稳定,最终导致患得患失的心理和忽高忽低的成绩。**

我对初中的那个她没有了感觉,而对身边的这个她只能"伫立遥望"。班主任公开阻止他们的恋情,她委屈了就在雨中沿着跑道狂奔,好几次看她瘦弱的身影艰难地挪动着,我既伤心又难过,却又装着无所谓的样子埋头看书,竭力克制自己,告诉自己对她没有丝毫感觉,告诉自己她的事轮不到我瞎操心。似乎正是源于爱情的魔力,高三下半学期她的成绩一直稳定在前三位。

后来我们考上了不同的大学。这两年来,**我逐渐明白自己曾经对这两个人有过或多或少苦涩的单相思。**

02 自我浅析"不敢爱"的缘由

(1) 早恋再议。青少年处于青春发育阶段,对异性有好感甚至产生爱慕之情是再正常不过的事情,而这种情况被误认为"早恋"的开始,男女交往更会受到家庭或是学校的限制。少男少女们心灵非常渴望了解异性,**但是这种朦胧的冲动得不到理性的疏导,**也得不到老师和父母的理解,愈是如此愈会造成两种极端的状况,一是向恋爱方向发展,二是以自我为中心的封闭。也许我和她就属于后者,**舆论的力量使两颗本该靠近的心最后彼此分离**。

(2) 家庭因素的"阻挠"。在我们老家有早早订婚的习俗,两家父母知道我们的情况,有意撮合这段姻缘。但初中阶段的两个孩子对于此方面是比较羞涩的。本来我们就家教极严,且平时对于性与爱的教育很少或者压根就没有,而长辈的表现过于急切,这样反而让我们承受不起,说是恐惧也好,反感也罢,最终因为情感复杂而不敢尝试。

(3) 自身性格的缺陷。或许我存在逃避和焦虑心理,内心渴望爱情,却又不能完全相信或依赖别人,常担心与他人亲近会受到伤害,从而活在期望但又拒绝亲密关系的矛盾之中;强烈希望与他人建立并维持一种亲密关系,一旦发现她不情愿时会怀疑、担心她是否要离去,于是变得诚惶诚恐、患得患失。

03　我该如何去爱

首先,我得挑战一下旧有的自我认识——以成绩论英雄,没有成就就没有恋爱的资本。如今已经进入大学,我们的恋爱资本其实就是青春,不必给自己扣上一个不值得爱的帽子,就算爱情来得太突然,也不要否定自我价值,因为我的存在本来就是价值。

其次,我必须要走出某种罪恶感——学不好就是对不住父母老师,不按他们的要求就是不对的。人生百态,对于每一个个体而言,生活的一项重要使命就是:充分地了解自己,并且充分地享受、体验和发展他的独一无二性。因此没有必要生活在别人的眼光里,也没有必要被诸多的教条所束缚,应该深信,有我,世界更精彩。

除了以上,我觉得最重要的是,**没有培养爱自己这种能力的意识和习惯,又何来爱他人、爱自己另一半的能力呢? 有了这个环节,接下来的事情就是,遵从本心,寻求爱情。大胆爱一次吧,早就该做好这个准备了**! 退一万步来说,就算没有遇到缘分,爱了又分了,爱的能力也有所欠缺,但是天不会塌下来,生活照样继续!

点　评

作者是一个学习成绩优异、心思细腻、渴望爱情但又有一些逃避心态的男生。初中和高中在面对两个心仪的女生时,外界的环境因素是有利于他的,无论是父母、奶奶还是老师、同学并没有打击他的"早恋"情愫,他也没有受到权威的过分遏制。但这两段单恋为什么没有开始就结束了呢? 也许就

> 像他自己分析的一样,长辈过于急切,让他承受不起,或者是他自身性格的缺陷,缺乏安全感,又或者不懂得如何去爱,所有以上的原因让这些情感无疾而终。最后一段作者的反思是比较深刻的,也许他更需要的是好好探索自己,提升爱的能力,增强自己的自信,这样才会改善对爱又渴望又恐惧的心态。

第二节　面对心爱的 Ta,我为什么感到恐惧?
——知难而退的感情

案例一:两段无疾而终的"爱情"

01　无疾而终的好感

初三,我认识了她。那时我的成绩还算优异,担任班级的数学课代表,而她是班长。我总是下意识地看她,总是想和她说话,她在我身边我就会很安心。渐渐地,**我明白了,我喜欢她**。原来她也会主动找我闲聊;原来她也会关心我;原来她也喜欢我。我们会经常一起去操场跑步,会经常在一起讨论问题。

情窦初开的我很享受这种暧昧的感觉,我们也一直将这种关系保持到初中毕业。毕业之后,我们经常会到操场散步,有时会持续到晚上九点钟。因为操场离我家很近,有几次我们在散步时会碰到我的家人和亲戚。回到家时,他们会问我是不是在和她谈恋爱。**这个时候,我就会否认,因为我不想让他们知道我喜欢她**。在我的家乡"早恋"这种行为是被学校和家长抵制的。关于这件事,**我也和她说过,告诉她我不打算在高中毕业前谈恋爱,她也支持我的决定**。

暑假我们没有见面,再见时就是在高中了。军训时,我们一起散步,诉说了对彼此的思念,我们约定每天都一起上学一起回家。临近分别的时候,她给了我一封信。在信里她倾诉了一个月以来的感受,她说她每天都会在空闲时待在教室外面,希望能够看到我去找她,但是我没有。

从那之后,我们一直保持着书信往来,**我会在学校抽空回信或是在回家后背着父母偷偷地写**,在上学或放学时给她。分科之后,我们分到了同一校区,见面的机会多了起来。**但是由于我的克制,我们的关系始终没有更进一步**。就这样过了大概半年,虽然和她在一起时我还是感觉很舒服,但是相比之前总感觉少了点什么。

直到有一天,她约我去散步,**和我说了有男生追她的事。她说她并不反感他,但是她还是更喜欢我,她不知道该怎么办。**我们沉默了一段时间,但当时的我在伤心之余竟然感觉到了一些轻松,或许是我已经预料到了这一天,我并没有太激烈的情绪,想了想,**我向她表示我会退出,并祝福了他们。**从那之后,我们基本断了联系。

现在回想来看,首先,在家人和亲戚问我和她的关系时,我矢口否认,说自己没有谈恋爱,其实是一种自欺欺人的行为。我从小受到的教育是以学习为重,不能早恋。我和她之间的感情不能被我的家人所接受,于是一直告诉自己在高中不能谈恋爱,告诉家人我和她只是普通的同学关系。

其次,我始终没有让我们之间的关系更进一步,我没有主动去见她,而是以逃避和消极的方法来应对。我为了不让自己的行为引来家人的不满,不让情感影响我的判断,从不主动亲近她,把我的冲动和情感压制到潜意识中。

最后,在面对三人关系时,我主动提出退出,没有过多挽留和纠缠。这样以被动转主动,是为了不让自己受到伤害。

02 失败的单恋

从那件事情之后,我很少再和女同学交流,全身心地投入到学习中,偶尔会和朋友打球或者玩游戏来放松。在高二下学期,体育课基本不能再去操场,或许是因为来自学业和父母的压力,我感觉很压抑,每个月短暂的休息时间无法让我疏解情绪。**我感觉我的生活了无生趣,有时候甚至想着怎么去死。**虽然父母很关心我,偶尔会和我谈心,但我为了不让他们担心,**始终把这些埋在心里。**英语老师为了提高我们的英语水平,根据分数的高低,按照"高带低"的原则给我们分了组。作为组长的我,要按时检查组员单词和课文的背诵情况。此时我遇到了另一个她。其他组员都不怎么认真,但她不一样。我还记得她第一次来找我的场景,她有一双清澈的眼睛,说话轻声细语,很可爱,她突然就坐在我前面的空位上,说要让我提问她。她一直坚持让我检查她的背诵情况,让我印象深刻。

有一次我们碰巧坐了前后座,我们才真正开始了解对方。**在那之后,我们的关系日益亲密。**我们会分享喜欢的音乐,会谈谈彼此的理想,会分享小时候的趣事,会述说彼此的烦恼并给予安慰,会讨论想去的城市和大学。我不想去食堂吃饭,她就每天从家里多拿一份面包分给我,我也偶尔会送她一些小礼物。**在别人眼中很苦很累的高三复习阶段,我却感觉身心都很轻松。**在高考前一个月,我发觉她有些刻意地疏远我,这一发现让我有些烦躁,原来不知不觉间我已经喜欢上她了。我仿佛赌气一般让自己也去疏远她。**我想否认自己的感情,但它是如此强烈,以至于严重影响了我的情绪,我做不到。**我突然想告诉她我的心意,但理智告诉我不行,我不能影响她高考。

大概一周的时间,可能是她意识到了什么,她又变得和往常一样,至少表面上和往常一样,但我知道我们的关系不可能回到从前了。**高考之后,我向她表白,她拒绝了,尽管心里有所预料,但我还是体验到了心痛的感觉,我在一周之内瘦了十斤。**

点 评

作者从小被灌输了要好好上学、不能早恋的思想。所以初中时遇到自己喜欢的人时,没有和对方确定恋爱关系,但他们之间的相处是充满爱意的。在对方选择了另一个男生后,作者受到了巨大的打击,甚至产生了消极的念头。他为什么会有这么严重的"失恋"反应,需要好好探索。高中时又遇到了一个心仪的对象,彼此之间的关系也变得暧昧,他也享受到了轻松和愉悦,但不知什么原因,或许是因为误解,或许是高考的压力,双方的关系没有更多的进展,作者也没有做更多地努力去挽回两人的关系。

作者要问问自己,遇到一些小的挫折,为什么就退却了?甚至产生消极的想法。因此,对他来说,首先要搞清楚自己对爱情的看法,自己需要什么?为什么不能真诚、坦然地和对方交流,搞清楚对方真实的想法?其次,需要历练自己的勇气,要勇敢地走出自己的舒适圈,在情感上有所突破,这样才会有更好的收获。

案例二:我惨痛的单恋经历

01 我的暗恋

大三,我暗恋了一个男生 B,我和他之前有一些交集,一次课程作业和一次项目,他的见多识广让我仰慕。某次竞赛的总决赛他也组队参赛,但由于他认为我们组做的项目有诸多问题,所以不愿和我一组。我们组最后就我一人去北京,别人都是带着成品去的,我却在途中抱着电脑赶工,比赛的结果也不尽如人意。此外,学业的繁重、室友的负能量,让我很想找个依靠。

B 和我高中时表白但被拒绝过的一个男生 C 很像。由于之前表白 C 被拒绝有了阴影，我不敢表白 B，怕 B 也拒绝我。因此，**喜欢但不敢说，还每天见，容易幻想但不可求**。这份感情加上上述的压力一起困扰着我。最后我选择了表白 B。尽管最后还是被 B 拒绝了，但 **B 与 C 的表现不同**。C 未曾考虑女孩的感受，我特别尴尬，难以面对他。但 B 以保护女孩自尊的方式委婉拒绝，让我感觉还好。坦诚相待以后，话匣子打开了。我将之前的不悦在闲聊中诉说出来，又恰巧 B 的乐观成功地吸引了我，他将我逗笑了。他和我的处事方式、性格都很不一样。那一晚聊天后，**我原本昏暗的天空变得光明起来。因为我产生了一种以后遇到烦心事可以向他诉说，而不再烦恼的感觉。当时心里想着，即使做不了恋人，做朋友也很好**，但是我也明白这条界限没有这么容易控制好。

02　接触与争执

　　表白以后，我俩才算是真正地认识。我们一同经历了挺多事情，比如，全班维权"对抗"某个不公平事件、慰问好朋友的病情等。**我和他相处绝大部分情况都是我找他，解答我的困惑**。在这段时间里，我脑子里时常会有两种声音：**一种是告诫自己维持好朋友的界限**；另一种，**虽然自己意识到他的态度，但还是会幻想有很多可能性，想着我付出多一些也没有错**。之前几次都约不出他来，后来我过生日邀请他，他答应了。这一举动让我很茫然，不知道他的态度是否有了转变。我生日时试图去问清楚他的态度，但他回答得很敷衍，不明不白。当时，我问得太直接，还可能是当着太多人的面，这反倒起了反作用。之后的聊天中我感觉他很冷淡。**我想得比较多，会去分析他的想法，想多了又很难受**。

　　做游戏项目的过程中，我都是把自己的想法讲给他听，他很少有建设性的意见，大多数是指出我的不足。我遇到困难的时候，他没有提供帮助，反而会有两手一摊的举动。虽然做得很痛苦，但我都忍着了，一点点从零开始摸索。其间，我会向朋友抱怨。

　　寒假过去了，他将我的项目的第一稿的程序部分做完后发给我。那个晚上，他又提出种种问题想让我放弃这个项目。他提出的问题确实存在，但不是说放弃就可以放弃的，**他不知道我付出了多少努力才有这些的，还有我一直包容着他作为组员的不积极的态度。在那一刻我爆发了，和他吵了一架。我很难过，不知道要怎么和他聊下去，但就在那时他主动说了"对不起"，承认他太激动，冷静下来和我说项目存在的问题，要从哪部分解决。看见他发的"对不起"，我的眼泪都出来了**。

　　第二天，我和往常一样打了一长段文字，和他讲清楚我为什么生气，以及我想继续坚持下去的想法。**他注重结果,而我更看重过程,这也是我一人摸索也要坚持下去的原因。**但最后考虑再三,我觉得这个项目的确没有更多的希望,就放弃了。

再后来,我想学习一些新知识,向他说我想进入他领导的游戏组,看看他们是怎么合作的。**从那次争执开始,我感觉他的态度变了,他的话变多了。**但那时的我,深知不可以和他提及我们之间的关系,**因为我一表白,可能就是之前的结果,他会逃,那还不如像现在这样可以顺畅聊天来得好。**做游戏程序这段时间里,朋友的界限很难把控住。越是这样,我越会像个侦探一样去破案,寻找他的更多信息。有时我会等他回消息,我会因为他而烦恼。

我把我们之间的故事讲给两个高中好友听。她们说他不值得我如此对他。第二天,我想把他放下的时候,**突然意识到在我的潜意识里从第一次表白开始,就把他作为我的动力、精神寄托了。突然放下,似乎没什么更有意义的事情了,我特别害怕,感觉自己陷得太深了。**

03 爱情心理分析

我算是恋爱小白,把内心的东西投射到他身上,他是我心中的"理想形象",是我的隐性人格,而非真实的他。比如,我会把自己做游戏程序的意义:做出好游戏是为了给更多人带来快乐,想当然地认为他也是这样想的。这样一来,**他的形象太完美,很容易让我产生要完善自己才配得上他的想法,认为他说的都对。**

我在这段关系里是低自尊的,也是不自信的。如做项目时我忍受着他冷漠的态度。长期以来,我没有自我的想法,容易被他人的想法带着走,受他人影响。同时,我无法独立判断,更喜欢让别人替我做决定。所以,我会去依赖他为我解决问题。

我以为他给我带来的这些情绪都是财富,是难能可贵的。每一个在我身边的人都值得珍惜与感激,都是我独一无二的记忆。我确实付出了很多,但不明白爱情中的付出的区别所在。实际上,恋人之间最好保持相同水平的自我暴露,信息交换与付出,是一种互相学习的状态。

通过学习,我也逐渐意识到:从朋友到恋人,相互了解的过程本身就是一个长久的过程。爱不是为了顾全对方而逐渐失去自我,而爱情中依赖者最可怕的结局就是失去自我。

04 原生家庭和我的情感关系

家庭系统理论认为家庭互动模式可以代代相传,个体在选择婚姻和其他关系中倾向于重复在原生家庭中学到的相关模式。我爸妈特别宠我,对我不求回报地付出,但我却不领情。

父母如何解决家庭冲突,对孩子影响巨大,比冲突本身带给孩子的影响更为剧烈。我爸易怒,如果和我有矛盾,解决冲突时情绪比较极端,比如摔东西、撕钱。但他对外面的人都有极大的容忍度,我有时看着都觉得他傻。当我意识到自己把B当作动力,朋友觉得他不值得时,我非常害怕。在旁人都觉得我付出太多时,我的做法有点类似于我爸,容忍度很高。

父母的教育方式对孩子的人生观、价值观、世界观起着至关重要的作用。专制型的教育方式下,孩子对家长过于服从、自信心差、敏感羞怯等不利于其选择自己的幸福。我妈教育我的方式**就是专制型的,而我是被管得太严的孩子。**主要表现为社交隔离,比如即使现在我已成年,我妈都会让我打开手机定位,出门报备。在我妈眼里,只有父母是对的,只有父母最爱我,她想让我少一些伤害。这样的做法表面上是保护我,其实是控制我的行动范围。从小很多决定都是妈妈给我做的,造成我没主见、自信心差。同时,我妈培养出来的乖乖女,会对与我截然不同的他产生巨大的好奇心。

在我的情感经历中,对我有好感的,我都不喜欢,而我喜欢的都不喜欢我。对不喜欢的直接拒绝,对喜欢的我会加倍追求。这种关系是我熟悉的,让我感到安全。因此,使我产生了一种我喜欢的都需要我付出很多的不健康的观念。

05 我的启示与经验教训

(1) **我需要学会认清现实,同时学会接受现实。** 我需要看清这段关系,而不是替他找借口,或者为自己找借口,逃避现实。我觉得让人难受的关系可能真的是不适合的,爱情中投入和付出应该是双向的。

(2) **我需要有自己的想法**,别人的看法听了以后不能全信,要有自己的思考,仔细想想在爱情里什么是自己真正所需要的:**也许是一个可以懂我的人。**

(3) 自我认识与察觉。我是一个比较容易焦虑的人,要自我察觉,知道自己是怎么样的,自己需要什么。**需要先做一个快乐的单身,**学会寻求自我价值。学会接纳自己,爱自己。**先爱自己再爱别人,**才能在亲密关系中找到快乐。同时,也需要探索自己对回避型的人会产生兴趣的原因。

(4) **我需要找到与父母相处的合适的方式。** 好好了解自己低自尊产生的原因,并且告诉自己:这并不是你的错,不要将原因归结于自己,我能做的是去改善现在的自己。还要明白父母的教育方式不是很容易改变的,需要自己学习、体验,增强力量,慢慢和父母沟通,最终做到经济和人格的独立。

(5) 学习改善低自尊的方法。我可以在纸上写出自己的长处,越多越好。学会发现自己的好,肯定自己。以后遇到恐惧或迷茫的时候,我需要冷静下来,多了解一些相关知识,这样我会释然很多,同时也为今后的爱情打好基础。

(6) 培养自己的兴趣。放下需要一定的时间,而且确实很难。虽然这次不是真正的恋爱,但我也体会到和失恋相同的感受:会有短时间的抑郁,因为我付出了真情实感。这个时候我应该找到自己的优点,和朋友深入交流或者去做喜欢的事情,找到新的乐趣和动力。未来,我需要少一些幻想,**先了解自己,做好自己,爱自己,再去爱别人。**

> **点 评**
>
> 作者是一个好胜心强,容易想得多,很多情绪无法言明的女生,看得出她内心有丰富的情绪、情感,但不善于表达,尤其是不能让别人清楚地知道。这种模式也在她暗恋的过程中表现了出来。
>
> 作者详细描述了暗恋的过程,其内心想法很多,但并没有和对方直接沟通和得到确认。她非常渴望得到对方的认可,却用了讨好的方式想争取对方,心情随着对方对她的态度时好时坏。在向高中好友的叙述过程中,她突然意识到应该结束这段有点自欺欺人的单恋了。文章最后的总结和感悟是作者在这段单恋中得出的深刻教训,相信这次写作本身也是一种疗愈的过程。的确,应该先了解自己,做好自己,爱自己,然后才可能去理解别人,爱别人。

第三节 勇敢跨出第一步,才能从暧昧关系中收获真情

案例:暧昧感情"未来可期"

01 我对自己的分析

从小因为家庭经济条件不太好,我努力学习,因此我是亲戚口中的所谓的"别人家的孩子"。也正是因为从小是乖乖女,我压抑了太多自我的欲望与感觉,

以至于后来面对一些事情的时候,我很难拥有属于自己的看法以及感受。同时,在严苛的自我目标与现实差距之间,我总是感到紧张、焦躁和懊恼,总觉得自己做得不够好。

大学对于我来说是一个转折点,全新的环境帮我揭掉了贴在身上的标签。于是,我拥有了很多第一次:第一次弹钢琴,第一次学形体舞,第一次打篮球,第一次操控机器人,第一次在人很多的教室里做演讲展示,第一次在课堂上参加"比丑大赛"……这些看似小小的、不计较结果的尝试和突破,带给了我从未有过的感觉和体验。

自身拥有的,无论好坏,都是构成独特自我的一部分,要学会接纳全部的自己,同时,不要总是过分苛责自己,把所有的压力和责任都揽到自己身上,多留一些时间,做一些自己喜欢的事情,享受一些属于自己的时刻,要记得,爱自己。

02 我与家庭

在小学阶段,父母关系并不理想。最糟糕的记忆是父亲爱喝酒,喝完回家,母亲脸色不好看,话里带刺或者索性故意不说话,父亲借着酒性发脾气,摔东西,然后两人无休止地争吵,甚至打起来。每一个画面想起来至今都历历在目。他们从不因为我在场而有所克制,我常常是全过程的见证者。因此,这些事对我的伤害特别大。**小学阶段的我可能对于家庭矛盾和家庭暴力并不理解,却清清楚楚地知道这两个人都是自己最爱最亲近的人,知道他们在互相伤害,却并不知道如何去处理,剩下的只有害怕、恐惧和无助。**

我觉得这些事使我在生活中会变得极为敏感,特别注意别人的情绪变化和反应。因为我害怕稍有不慎,也会导致类似的可怕结果。我曾经以为如此小心翼翼可以避免很多矛盾,但有时反而带来了麻烦。特别明显的是在初高中阶段,在与朋友的相处过程中,**我经常因一些小细节跟朋友闹矛盾,并且不会主动去沟通解决**,明明很想要和好却依然一副冷冰冰的样子。现在回想起来像极了父母的状态,他们不是不在乎对方,但是,放不下面子主动和好,也不知道该如何跟对方沟通表达。

现在我知道了要**主动沟通**,互相理解和包容。过去我碍于面子当面说不出,就写了很多小纸条,这些小纸条到现在还保留着。前段时间翻出来看的时候,我觉得当时闹矛盾的起因都特别小,而且很多都是我先挑起的,才意识到我潜意识里一直受家庭的影响。幸运的是初高中的朋友在发现我的敏感后,都包容、关照我,我感受到他们的温暖,逐渐地也就少了很多不必要的猜忌和怀疑。

在我的家庭中,爱的表达很少。课程当中学习了**爱的五种语言:言语、服务、时间、礼物、接触**。这些在我的家庭中特别少见,家人不习惯互相肯定,在节日也不习惯互相祝福送礼物,不习惯拥抱亲吻。因此,在和家人朋友的相处过程中,我常常也不习惯爱的表达,哪怕只是简单的赞美或拥抱,对我来说都特别别扭。

学会爱的表达是十分重要的。2018年父母迎来了家里的老二,就是我的亲弟弟。相比我,他拥有更多人的照顾和陪伴,他也比我更会表达爱,见到我们,他会特别激动地拥抱和亲吻我们。我能很明显地感觉到整个家庭因为弟弟的到来发生了微妙变化。**他拥抱我的时候,我特别激动,那一刻任何甜言蜜语都比不过这一个温暖的拥抱,我深深地感受到被人爱、被别人在乎的快乐。**

03 我与恋人

严格地说,从小到大我还没有正式地谈过一次恋爱,目前是有一段还没确定但在发展中的恋情。

我的改变源于一个人的出现。2019年在项目组认识了一个学长,先是朋友关系,项目组开会的时候,偶尔对视会有微妙的感觉。有次我去实验室检查宽带网口是否可用,当时只有他在实验室,于是他帮我找网线测试,我站在旁边看他忙忙碌碌,跟他说说笑笑。刚开始两人独处时多少有点尴尬和小紧张,但之后相处起来觉得很亲切很放松。还有一次跟室友去实验室找他请教代码,他在旁边指导,肢体接触时我会有酥酥的感觉……类似的接触还有很多,但我当时并没有意识到什么。直到跨年夜前一天,他主动发消息邀请我跟他一起去参加跨年活动。组里不止我一个女生,**但他只邀请了我,而我第一反应居然是答应他**,虽然最后由于活动组织出了点问题没去成,但从那时开始两个人之间的关系便发生了微妙变化。寒假期间,我们有长时间且高频率的聊天,发现了很多共同爱好和观点,越来越熟悉后,我能很明显感觉到他传达出的"信号"。

在跟学长的相处中,我发现自己并没有表现出一贯的排斥和拒绝。过去之所以没有开启任何一段恋情,可能不单单是因为我把友谊与爱情的界限划分不清,还因很重要的两点:第一,他们的暗示或者表达跟我不在一个频道上,我接收不到;第二,我跟这些追求我的男生产生不了激情的感觉,也没有任何的承诺,我对他们可能只是有点好感,或者确实就只是单纯的朋友,因此对于他们的邀请或者进一步发展也常常是拒绝的。

海伦·费雪认为现代爱的趋势是缓慢的爱:当人们在进入一段有承诺的关

系之前,先要花费更多的时间去相处,花更多的时间在前期的约会上,可能更有利于长期的关系。**缓慢的进程有利于我们充分了解一个人,然后再决定是否要开启这段恋情。**我跟学长的想法可能都是这样的,站在外人的角度来看我们很暧昧很亲密,但我们仍然希望在返校后通过线下接触再决定是否确定关系。

点 评

作者是一名女生,是从小被人称赞的"别人家的孩子"。在其成长过程中,无论是家庭还是学校,都给了她非常好的生活感悟和爱的体验。初高中同学对她的包容和关照,弟弟给她的拥抱,从小玩到大的男性朋友和她的友谊,这些都让她能够逐步地认识自己,明白自己需要什么样的感情,哪一种感情是可以追求或答应的。虽然目前这段关系还处在不确定当中,但就其探索和努力学习的过程,我们可以看到未来可期!非常好!

第九章　性单恋者的亲密关系应该如何开始？

爱情作为人类美好的感情有太多人向往着，追寻着，一部分人收获满满，也有这么一部分人披荆斩棘却还是遍体鳞伤。"**我喜欢你，但你千万不要喜欢我。**"相信许多人看到这句话时会产生疑惑与不解。但无论看上去有多么匪夷所思，它仍然是许多人正在进行甚至反复循环的痛苦经历。有些学者将这种现象称为"性单恋"，是指对某人产生爱恋，却不希望获得来自对方的情感回应，这类人的恋爱欲望和对对方的好感会因对方的情感回应而消失，有些还会有负面的感觉。

从学术上说，性单恋者类似于回避型依恋人格者，这种人格类型的人在爱情里是一类特殊群体。性单恋者在幼儿时期渴望父母的爱，在缺乏关注的时候会焦躁不安，但当父母来到身边安慰的时候又会采取回避的方式。成年以后，他们依然会用类似的模式和其他人互动。他们渴望对方的爱，也投入了爱，但是一旦对方有所表示，就会迅速躲开，这是一种儿童时期情感模式的再现。

每个人都有爱的需求，性单恋者也不例外，他们是更缺爱的那一类人。从婴儿时期起，他们没有得到足够的关照和照料，久而久之心生畏惧。他们渴望爱但同时又非常害怕失去，用逃避来缓解内心的紧张和焦虑。很多人渴望的爱是被爱，但性单恋者恰好相反，他们会通过爱别人来感受爱，单方面地给予爱就是他们爱的全过程。对他们来说，没有互动的开始，也就不会有伤害。

第一节 明明渴望爱情却不敢向前
——"我喜欢的那个人 Ta 不喜欢我的时候是最完美的"

案例一：对"性单恋"的心理分析

01 我朋友 H 的爱情经历

我的朋友 H 就是一个具有"性单恋"特点的人，在他的每一次恋爱中最明显的心理变化就是：我喜欢的她不喜欢我的时候是最完美的，当她喜欢上我之后，我对她就只有厌恶，从一点点的厌恶慢慢到深深的厌恶。在恋爱还没有开始之前，他会通过各种方式向对方表达喜欢，这个时候他的喜欢是处于整段恋爱的峰值了，但就算是这样他也不会主动确定关系，绝对不会说出一句：我喜欢你，我爱你。

一旦恋爱开始，就代表他已经进入怀疑的阶段了，不是怀疑对方爱情的真实性，而是陷入自我怀疑，类似于"我真的喜欢她吗？"。随后，他会给自己心理暗示"不，我不喜欢她"。这些想法不单单只存在于他的脑子里，他也向朋友说出来。当对方发现之后去询问他，他会坚决否定。他否认之后依旧不会主动说一句"我喜欢你"，更不会有安慰、解释，一旦发生争吵，他只会用冷暴力逼她选择：是分手还是忍受。

02 无法摘星星的人

性单恋者，有一个悲伤的称号，叫作"永远无法摘星星的人"。当他们靠近星星时，会觉得星星是一块硕大的陨石，随时可能砸得自己四分五裂。性单恋者面对爱情，第一反应是拒绝，觉得被人喜欢是一件特别不舒服且浑身难受的事情。又或者明明喜欢一个人，但当被喜欢的人喜欢时，本能地产生拒绝的想法。在独处时喜欢沉浸在自己的世界里，给自己设限。

他们看似冷漠，没有共情性、同理心，但实际上他们是有很强烈的情感需求的。他们害怕失败，内心自卑，没有安全感，导致他们一点点地抑制自己的需求，不愿有情感表达。当对方过于靠近时，他们就会立刻做出逃离的举动，拉开与对方的距离。

通常来说,这类人从小被父母忽视,没有跟父母形成依恋关系,他们内心感到深深的不安,于是产生了自我防御机制,采用回避的方式保护自己。传统的中国父母,很少去表达爱,在教育孩子方面常常严格要求,这也造成了很多人童年时的性格阴影。当自我压抑与自我否定成为一种防御性的手段,他们往往会找借口逃避,不善表达,害怕被拒绝,恐惧与人交际,即便是渴望亲密关系,但对未知的恐惧也会将其转化为失望。也可能是因曾经受到过很大的情感挫折,比如失恋,被亲密的人背叛。但不管诱发因素是什么,这样的人有一个共性:明明渴望爱情却不敢向前,自我界限僵化,内心很少敞开。哪怕内心的渴望像一团火,也表现出一副我不需要的冷漠态度,从而避免自己受到伤害。

03 性单恋者与"渣"的区别

在正常人的认知里,被别人喜欢,建立亲密关系应该是一件特别值得开心的事情,如果自己也有同样的好感,应该欣然接受并且予以回应。因此,有些人会觉得性单恋者就是"渣"。这两类人的共同点虽都是很难进入一段深入的亲密关系,并且基本不会给予回应,但实际上他们完全不同。所谓"渣"就是对感情不负责任,对自己和他人都不负责,这是个人选择;而性单恋者是抵触亲密关系,回避人际关系,很难和别人进行深入的情感交流。

区别一:初心不同。渣男渣女的初心是取悦自己,而性单恋者的初心是保护自己。渣男渣女并不害怕及抵触亲密关系,反而他们乐在其中,从中获取快感。而性单恋者却是非常害怕亲密关系,他们就像刺猬,从不主动伤害别人,一旦有人靠近,因为害怕自己受伤害只能竖起浑身的刺刺伤别人。

区别二:做法不同。渣男渣女最典型的就是嘴甜心硬,哪怕心里没有一丝丝爱意,嘴里说出的话都可以把人迷得晕头转向,等对方越陷越深,他们立刻抽离,这就是他们追求的快感。而性单恋者说甜言蜜语基本不可能,对方陷得越深,对他们越好,他们内心越不安,因为他们觉得自己承受不起,不配得到。

区别三:对待感情态度不同。渣男渣女把感情当成一场游戏,并且只想要自己赢,可性单恋者却是把感情看得很重要,他们不轻易接受,也自然很难开始。

04 如何与性单恋者相处

(1) 不要强迫。他们大多有叛逆心理,共情能力极差,一般把自己的感受放在第一位,别人的感受对他们而言是一种索取和负担。对待他们,要求可以提,但千万不要强迫,把他们的感受放在第一位,慢慢引导他们去试着理解你的感受,不能心急。

（2）降低期待。没有希望就不会有失望,尤其是对性单恋者,更要降低期待。他们不仅很难实现你的期待,还会因为你的期待产生极大的不安全感,从而产生逃避甚至反抗的心理。

（3）理性沟通。很多人在感情里容易感情用事,遇到问题用感性去解决,但在性单恋者这里则不行。他们本身情感就比较迟钝,你疯狂输出自己的情绪,他们没法感同身受,只会觉得你不可理喻,是个危险人物。所以面对他们要动用一定的理性思维。

05　自我成长

人之所以能够主动表达自己的想法与需求,在于他对积极回应的良好预期,这种预期来源于无数次的积极经历。和回避型依恋人格的人谈恋爱需要耐心和温柔,往往需要特别主动,对于他们来说,接受一个人是一个漫长的过程,当他们确定自己是值得被爱的,他们才会主动去爱。

每个人都必须对自己的情绪负责,不能寄托在别人身上,没有人有义务帮你解决情绪,恋爱时双方愉悦,谁也不是用来当垃圾桶。如果你是回避型人格者,一定要重视自己的情绪,及早调节。**逼着自己做改变,尝试表达自己的情绪,接受身边人的关心跟付出,或者求助专业心理咨询师的帮助,克服人际交往的障碍,学着爱自己以外的世界**。早日走出自我闭环,敞开心扉,尝试表达爱,不要让自己错过身边爱自己的人。

> **点　评**
>
> 他们明明渴望爱情,却不敢向前;他们的自我界限僵化,内心不愿敞开。这就是性单恋者或回避型依恋者的某些内心状态。作者通过好朋友 H 的恋爱经历,描述了性单恋者的典型心理状态。如果不想一直错过,就要做出改变。作者的分析和阐述很准确、客观,对性单恋者的建议也有比较强的针对性。

案例二：过度保护使我极缺安全感

01　过度保护也会造成安全感缺失

一开始我认为我的原生家庭是十分健康和幸福的,从小父母就一直陪着我,也十分开明,尊重我的决定,甚至有些过度疼爱,很多事情都依着我。但我特别胆小,容易焦虑、恐慌,常常会杞人忧天,担心一些根本不会发生的事,连我妈妈都十分纳闷为什么我是个性格如此怪异的孩子。**但恰恰就是父母的过度保护,以及我对母亲的过度依赖造成了我的安全感缺失。**

我爸爸是我爷爷奶奶的第一个儿子(我爸爸上面有四个姐姐),而我是我爷爷奶奶的第一个孙女(我上面有四个哥哥),所以我从小就是我们家最受宠的孩子,有集万千宠爱于一身的感觉。他们所有人都把我保护得特别好,营造了一个特别美好善良的环境。**所以当我从其他地方了解到邪恶、疾病、死亡等事物时,这种崩塌感及落差感会让我觉得特别恐慌,我从小学开始每次听说疾病,就会担心会不会发生到我爱的人身上,并因此失眠。**我从来不敢看或者听别人说一些恐怖的东西,甚至到现在我也没有看过任何一部恐怖电影,因为我总是喜欢把事情代入到自己身上,自己吓唬自己。由于这些爱,我过度依赖我的母亲,从而患得患失,缺乏安全感。

同样,母亲的压力也是让我缺失安全感的一个重要原因,当然这种压力并不是学业或生活上的压力,它更多的体现在心理上。比如,我小的时候视力不好,看不清黑板,我妈妈为了引起我的重视,就会下意识地夸大这件事情的严重性,而我又是一个十分敏感胆小的孩子,会十分焦虑恐惧,甚至想我会不会瞎掉。**女孩子最依赖最愿意诉说的人一般都是妈妈,但同时我妈妈又是压力的施加者,我没办法同她诉说,只能憋在心里,有时甚至会因为害怕,自己偷偷躲在房间里哭。**类似的例子还有很多,我觉得这也是造成安全感缺失的一个重要原因。

越来越多的心理学理论认为,我们成年后的亲密关系与童年时期的经历有关,更具体地说是和童年时期的依恋类型有关。

孩提时期由于父母的宠爱和夸赞,孩子常常会觉得自己是世界的中心,所有人都必须要围着自己转,但当他一点点开始接触到父母之外的世界,就会发现总会有更漂亮更优秀的人成为焦点,而自己只是人群中不起眼的一员。我就是这样一点点认识到自己的平凡,一点点积累自卑,一点点开始不自信。我开始变得越来越内向,因为我嫉妒和自卑;我开始害怕成为人群中的焦点,因为我怕出丑怕、别人看不起我,除非我能保证我是全场中最优秀最漂亮的那一个,否则我将十分抗拒去表现自己。我只会在我熟悉的人面前表现出真实的自我,所以总是给人一种虽然友好但很疏离的感觉。自从开始了学生生涯,我总是回避跟人有过密的交往,如果我的父母在行为、言语上表现得过于爱我,或者我的朋友总是黏着我,我就会极度不适,甚至是恶心。

02 不同阶段对爱的不同感受

虽然我的恋爱史为零,但我的情感经历也是比较丰富的。而且随着年龄的增长,我对恋爱的感觉和态度也在不断改变。

(1) 小学阶段——恐惧。我小时候特别胆小怕事,看到有人打架都能吓得不行,更别提早恋了。虽然我的父母从来没有提过不可以早恋,但早恋一直都是我心里的禁忌。小学三年级时,有一个小男生一直跟我同桌,但因为我视力不好,坐后排看不清楚,就被老师换到了前排。临走时,他很难过地跟我说:"我只想跟你当同桌。"小男生长得挺好看的,成绩、性格也都很不错,我还挺喜欢他的。但我当时并没有说话,心里是满满的恐惧。后来上五年级时,老师让我们按成绩自己选座位,我先选的,他径直走过来坐到我旁边。我内心十分惊喜的同时,**更多的还是恐惧。我的恐惧可能一方面来源于我的自卑,觉得自己不配被别人喜欢,另一方面可能是因为不可以早恋的观念在我心里根深蒂固,觉得喜欢别人是一件很不正确的事情,如果我有喜欢的人,那我就不是一个乖孩子了。**再后来我俩上了不同的中学,也没有互留联系方式。

(2) 中学阶段——回避。上中学之后,我的心智渐渐成熟,关于"喜欢"这个话题也不再过于敏感和恐惧,但还是十分抗拒的。由于从小就被教育说男生和女生是完全不同的,不可混为一谈,因此我可以在女生面前表现得十分活泼,却总是习惯性地回避、远离男生,有时甚至与很多男生相处一年都没说过几句话。**高中时期我很容易对别人产生好感(只是偷偷喜欢,不会表现出来),但一旦我发现对方也对我有好感,我就会非常不适。**可能安静乖巧的女孩子比较讨人喜欢,高中三年,我还是听到了很多关于别人喜欢我的八卦。青春期的孩子哪一个没有一些弯弯绕绕的小心思,或明或暗,看似平静的表面之下暗流涌动。

高考后是恋爱高发期,我高三时的班长,特别优秀,可能是出于对学霸的"敬仰",我一直对他挺有好感的(谈不上喜欢),也听说他喜欢的女孩子挺多的,但他为人绅士,讲题细致,特别照顾女生,长相也不错,戴个细框眼镜,高高瘦瘦的,确实挺讨女生喜欢。高三我跟他没有过太多接触,高考后我俩就开始在微信上聊天,我慢慢开始对他产生好感,**但随着我们聊得越来越多,越来越熟悉,我的回避抵触情绪又慢慢上升,**再加上高考成绩公布,他是我们县的"状元",而我失利了,差距一目了然。"我们往往爱的是月亮,而不是月球。"我觉得他只是喜欢我所表现出来的那一面,根本不了解真正的我,一旦他深入了解,他肯定不会喜欢我的。**我开始恐惧,开始回避,但我越冷淡,他追得越紧,**当时的我已经被不适感充斥着,喜欢的感觉荡然无存,我一次次拒绝他,告诉他我谈不了恋爱,我受不了亲密关系,希望他不要喜欢我了,但他总觉得我是在试探,态度一次比一次坚定。那段时间我再也没有回过他的任何消息,我觉得自己特别渣,既然我谈不了恋爱,那我也不能吊着别人。后来我和闺蜜出去旅游,他每天发一堆消息让我注意安全,我真的觉得他人挺好的,但就是接受不了。当时的我还没察觉自己心理出现问题,只是觉得可能还没遇到真心喜欢的人,如果遇到一个让我主动出击的人,我一定不会这样。最后这个男生不愿为难我,就放弃了。

（3）大学阶段——从主动尝试到逃避。我第一次听说"性单恋"这个词,是我闺蜜听了我的经历之后告诉我的,我当时还不信,觉得如果让我主动追一个我真正喜欢的男孩子,我肯定不会这样。

我就是那种一旦产生恶心感,就会潜意识地去寻找下一个目标的人。 就在我对班长产生回避情绪并拒绝他之后,我很快喜欢上了另一个男孩子。**这是我第一次这么喜欢一个男孩子,并且愿意为了他主动出击。** 我们是在一个兴趣班认识的,其实一直没有过多交集,虽然他高考成绩不太好但很有才华,积极热情,活泼搞笑,长相也不错,我一直单方面对他有好感,出于女生的第六感,我总觉得他也对我有好感。暑假班结束时,我害怕自己再也见不到他了,就问同学要了他的联系方式,开始追求他,持续了好几个月。我们两人的大学距离很远,谈恋爱不太现实,所以一直没有捅破窗户纸,我俩有时也会相互试探。**我也一直在回避过密的交往,只是比较浅层次地交流,没有交心。** 国庆节放假时,我回家了,他也回去了,那几天我明显发消息少了,我害怕他会提出见面要求,**我一想到可能会跟他见面,就开始恶心了,我知道我跟他不可能了,而且潜意识里我已经开始寻找下一个目标了。** 他没有提出见面,国庆节过后,回学校后我们就又和原来一样聊天,**虽然表面没有什么不同,但实际上有些东西已经改变了,之前我还在期待他对我表白,但国庆节后我已经开始恐惧他的告白了。**

我终于成功地找到了下一个喜欢对象——某部电视剧的男主角,完全符合我的"理想恋人"的标准,我开始有了"快快乐乐追星不好吗？""为什么一定要谈恋爱呢？""独自美丽地等待'理想恋人'也不错呀"等想法。既然我已经不可能和他在一起了,为什么还要耽误他？我想快点结束,所以两天都没有回他消息,他以为我出事了,打了好几个电话,我因为愧疚感跟他坦白了我的想法,自那以后我们就没有再联系了。我可能真的伤害他了,他很快就和另一个女孩子谈恋爱了。

03 给性单恋者的建议

自那以后,我就开始喜欢"偶像",没有再喜欢或追求过其他人,我也基本确定自己就是性单恋者。

事实证明,约有 **30%** 的不安全依恋者经磨炼,可改变为安全型依恋者。我也一定会努力改变自己。

(1) 努力爱自己。每一个人都需要对自己的人生负责,要爱自己,相信自己,不要勉强自己,积极地面对人生中各种各样的挫折,做出改变,使自己变得强大、勇敢。先谈自爱,再谈爱人。

(2) 深入了解自己。梳理自己过去的生活经历,理解过去发生的各种事件,学着对过去的经历进行不同的评价。即便童年时有很不幸的事情发生,用今天成人的眼光来看,我们也可以改写自己的故事。这并不是一件容易的事,需要勇敢地面对,重建自尊,重新塑造自己。

(3) 学会依赖和信任别人。性单恋者拒绝跟别人有过密的交流,总是一味地疏远逃避和退缩,不愿让别人充分了解自己,这就是不够信任对方的表现。可以在日常生活中,主动和安全型依恋者聊天出游,分享自己的小秘密,一点点地重塑信任。

(4) 不要过于追求完美。不要将恋人理想化,也不要等待想象中的"理想伴侣"。毕竟人无完人,每个人都会有缺点。学着去接纳别人缺点的同时,也要认识自己的缺点。不要总是包裹住自己,让别人无法深入探究,要相信自己,真实的自己即使不够完美,那也是最本真的我们,真正爱你的人一定会接纳你的一切。

我们每个人都有相对固定的思维和行为模式,即使现在我的心灵受到了创伤,它也会不断地被新的经验一点点地改造、更新。对此,我们要有足够的信心,直面问题,直面痛苦,用勇气和智慧来改变自己,创造新的未来。

点 评

一般的性单恋者,可能在小时候渴望寻求父母关爱的时候,父母没有及时给予关注和回复,或者直接忽视需求。这样导致性单恋者慢慢会觉得被爱、需求被满足是一件羞耻的事情,甚至会怀疑是不是因为自己不够好,父母才不回应自己爱的需求。因此性单恋者无法接受别人的关爱,对他们来说越关爱越想逃离,别人对他们越好,他们越不知道如何去应对和回应。这是因为他们小时候原生家庭的教育中,就没有学会正确的爱和被爱。性单恋者最主要的特征是:认为自我价值很低,不能让别人看到真正的自己,一旦看到了,就觉得被看穿了"丑陋"的自己,自己也接受不了自己。如果对方喜欢自己,因为觉得自己很不好,那么连带着喜欢自己的那个"Ta"也不好了,所以会产生"恶心"等负面的情绪。

作者在孩提时代受到父母的过分保护,使她对父母过于依赖。由于害怕失去父母的宠爱,她只能表现得很乖,而隐藏住真实的自我。作者的很多能力都没有发展出来,长大以后遇到外界的一些挫折,让她有较大的挫败感,自我价值感比较低。

高中阶段,作者容易对别人产生好感,但一旦对方也喜欢她,她就会非常"恶心",别人追得越紧,她就会越回避和抵触。大学阶段她也第一次喜欢一个男孩,并愿意为他主动出击,但她一直在回避过密的交往,并没有交心,尤其是对方走近她,她不舒服的感觉又会涌现出来,潜意识里又在寻找下一个目标了。以上的这些现象和性单恋者的恋爱过程很类似,作者对自己的剖析也比较细致和深刻,最后一段对未来如何改变以及如何得到成长的思考,具有针对性。也许对她来说,学会认识自己、爱自己、做真实的自己,学会信任和恰当地依赖别人,是她未来人生的必经之路,也是重新找到自我的一条道路。

第二节 刚刚在一起就面临分手
——"喜欢她之后,她便不那么喜欢我了"

案例:18天的短暂恋爱经历

▋01 这个姑娘我追定了

我在大学的恋爱经历,从 4 月 22 日开始,到 5 月 10 日截止,整个过程为 18 天,**在这 18 天里,我经历了从相识,到单相思,到约会,到在一起,再到分手及最终的放下。**大二,我在一门课上遇到了分到同一小组的一个女同学。不擅长交际的我起初只是按部就班,按照小组分配的任务与她合作去完成小组作业。在小组作业展示的时候,我与她被派去台上演讲,她负责主讲,我负责补充。站在台前,**她那种端庄、自信的气质与漂亮的外貌让我倾心不已。**在那个时刻我便下定决心要追她。

我下课后便索要了对方的联系方式。理工直男的我,得到联系方式之后并不知道应该以什么样的话题切入,然而在短短的几条语音之后,我想到了一个能让两个人都有参与感的话题:口音。大学里我见识到了全国各地的同学,也听了不少口音,于是我便以口音为话题,猜测对方是哪里人。后来才知道对方同样是西北人,而且竟然是H省人。既然大家都是大西北的"老乡",那么饮食习惯应该也差不多,于是我灵机一动便邀约对方在即将到来的五一节一同与我品尝西北美食。可能因为西北人豪爽,她很快答应了下来。

我生平第一次这样期待五一节。我与她相约在学校北门相见,对方也很准时,这让我对她的印象又好了不少,心想这个姑娘我追定了。果然,对方的口味和我非常合得来,饭后,我们又相约去逛街。这一天是如此的愉快。

02 持续了三天的恋爱

回去的路上,我驾驶着电动车,而她坐在我的背后。这段路并不长,也不颠簸,但她慢慢地将手环绕到了我的腰上。也许正是因为这样一个举动,让我坚定了自己的想法。

我选择回到宿舍后就通过语音电话向对方表白。此时是5月1日,距离我们认识仅仅过去了9天。得到了对方"我考虑一下"的答复之后,那个晚上我兴奋地难以入睡。怀着这样激动的心情,在次日,即5月2日,我得到了对方肯定的答复。

此时距离这段故事结束还剩下8天。在5月2日那天晚上,我们聊天到了凌晨1点。对方随口说她有点饿,我便很快去了趟麦当劳点了份外卖给她。这种事情现在想来还是蛮特别的。

这段恋爱持续了3天。在5月6日,我们共同上的那节课结束后,我提出我们一起去逛超市。逛完超市,送对方到寝室楼下后,**我提出想要一个拥抱。可没想到对方给出了否定的答复,紧接着便是分手的通知。原因是听到我表示喜欢她之后,她便不那么喜欢我了。**

由于心有不甘,我还是与她"纠缠"了四天,直到5月10日,对方给我发来了其他异性追求她的聊天记录。我看完之后便不再"纠缠"她了,很快就放弃了这段感情。

03 吸引和分手的心理学分析

建立良好人际关系的主要因素有时空接近性、态度相似性、需求互补性、外表和个性特征等,而影响大学生相互吸引乃至爱恋的因素也大同小异。

（1）身材与容貌。亚里士多德曾经说过，外表包括人的外貌、身高、风度等，这些因素也会影响人与人之间的关系。美丽比一封介绍信更具有推荐力。沃尔斯特曾经安排过一个大学生"电脑舞会"。舞会参加者不能自带舞伴，由研究者为其安排。舞会结束后，询问男性参加者他们是否喜欢他们的舞伴，是否愿意再约会他们的舞伴，结果发现，男性喜欢其舞伴并愿意与之约会的主要因素是身体方面的吸引，而非女性的个性特点和智慧。不少研究都表明，男性把外在吸引力当作选择对象的重要条件，而女性则较注重男性的智慧品质。这与我们日常认知中的"郎才女貌"相符。我被她的容貌和气质所吸引。

（2）个性特征。男性对女性个性美的选择首推温柔、贤淑、善解人意。其次是活泼但不轻浮、懂得生活、会体贴照顾人等。而女性更加看重男性的能力是否强、人品是否好、是否有责任感，以及风趣、幽默、深沉、稳重、开朗、乐观等。除此之外，广义的个性特征如文化教养、风度、气质等也同样影响男女之间的吸引。因此，男人更看重女人的气质美，女人更看重男人的风度美。正是对方端庄自信的气质吸引了我。

（3）需求性互补。一个人不但有物质上的需求，同样也有精神上的需求；不仅有生理上的需求，也有心理上的需求。在人际交往的过程中，双方的需要或满足这些需要的途径若恰好是互补的，那么强烈的吸引力便会从中产生。这里要说两个概念：阿尼玛与阿尼姆斯。阿尼玛指代的是男性中的阴柔面，而阿尼姆斯指代的则是女性中的阳刚面。荣格认为，每个人都身具"显性"与"隐性"人格。荣格派精神分析师玛丽·洛尔·科洛娜提出了这样一种说法："作为女人，我将会爱上与我男性的那一面相近的男人；作为男人，他会为与他的女性面有着某种联系的女人倾心。他的女性面取决于其童年、母亲、姐妹甚至其父亲的女性面。男人会有意识地更喜欢某种类型的女人，这是其个人历史所决定的。"

因此，我们爱上某个人，或许只是因为自己的"隐性人格"得以重见天日，能够有机会与"显性人格"整合，从而发展为一个较完全、较成熟的人格过程。换句话讲，我会喜欢上对方，也有一部分原因是因为对方的特征与我内心深处的阿尼玛十分符合。

（4）分手原因。**对方从我表明自己喜欢她的那一刻开始，对我的好感就开始下降了**，似乎是因为对方意识到了自己性单恋者的特点而选择放手。但为什么我最后会放手？我在了解到还有其他异性追求她之后便不再死缠烂打，而是果断选择放弃。其实，我也有一些性单恋的特质。例如，表白的时候会默认被拒绝，但对方隔天表示接受之后心情反而是十分复杂的。此外，性单恋者在恋爱过程中会希望对方没有缺点,对方展现真我时会感到生气或失望。

她身上的特点,不仅吸引了我,也吸引了其他人。在激素、荷尔蒙的作用下,我认为她与自己的"隐性人格"十分相符。被分手的我认为是自己的过错,认为自己有些地方做得不对,做得不够好,所以才会引得对方分手。在得知有很多人追求她之后,我意识到或许她从来就不是自己心目中"理想形象"。在自己理想中,她应该是十分专一,很少与其他异性有过亲密关系的。我的幻想破碎了,所以我不再纠缠对方。

04 建议

(1) 不要急着表白。我听到过一个很有趣的观点,表白不是冲锋的号角,所有的表白都等价于自嗨。以我为例,我会把表白失败作为心理铺垫,这样如果真的失败自己也不会太过于难受。因此从某种意义上来说,从我表白的那一刻起,我是期待对方给出否定答复的,若非如此,那会超出我的预期,反倒不知道应该怎么样了。

(2) 不要高估自己的认知。以这个故事为例,因为对方一个细节,让我产生了误解,导致我急于表白,最后打乱了节奏,以分手收场。作为男生,我认为可适当接受对方的暗示,但需要结合自身的因素来考虑接下来的行为。如果会错了意,那就不好了。

点 评

作者在做课程作业("爱情配对实验")的时候遇到了他心仪的女生,于是展开了追求。女生的回应和坐在电动车上手抱着他腰的一些动作让他觉得对方是喜欢他的,所以他表白了,对方也答应了。但这段恋爱只持续了三天,对方就提出了分手,原因是"听到我表示喜欢她之后,她便不那么喜欢我了"。作者对这段前后18天的暧昧关系做了比较细致深刻的阐述,但对方为什么是"性单恋"?仅仅凭几次拒绝就能判断吗?可能还需要进一步探索和分析,尤其是需要了解对方过往的生活经历。

如果对方的确是"性单恋"的恋爱模式,在分手以后,作者如果能够和对方坦诚沟通,再说一说彼此的内心感受和想法,可能就会更明白为什么会形成这样的恋爱模式。这样,文章最后结合理论提出的对策才会有更好的针对性。

第十章　怎样从异地恋中收获未来？

"你住的城市下雨了,很想问你有没有带伞,可是我忍住了,因为我害怕你说没带,而我却无能为力,就像我爱你却给不到你想要的陪伴。"

大学生远离家乡到外地上大学,缺少家人的陪伴,很多同学有孤单寂寞的情绪。如果原先在一起的恋人远离共同生活的地域,身处两地,遥远的距离会加重双方的思念,也会给恋爱加上一道严峻的考验。由于没有了对方面对面的陪伴,孤独无奈就油然而生。固然异地恋困难重重,但是"破解"它的金钥匙也不是没有。对于所有异地恋的情侣来说,谁不想演绎一个历经风雨考验,最后修成圆满正果的美好故事,但又有几人可以忍受着日复一日的思念煎熬,又有几人可以长时间地从冷冰冰的文字中汲取温暖。

让我们来看看异地恋的同学们有怎么样的经历,并得到了哪些启示和成长经验。

第一节　矛盾冲突,恋情结束,真的是距离惹的祸?

案例一:同城的异地恋

01　小王和小张的恋爱经过

在一所寄宿制高中里,小王(男)在高中二年级时与隔壁班级的小张(女)结识,他们互相吸引,从认识到开始交往仅仅用了不到一周的时间。除了对激情的追求,他们也有着对未来的计划,多次谈论到未来。在沟通中,他们也互相得知了对方一些过往亲密关系的细节:**小王过去有过好几次恋爱,但是没有一段能维持超过三个月的,而且几乎都是无疾而终,但他依然还是相信爱情;小张过去也有过几次恋爱,结束的原因无一例外是另一方喜欢别人,起初小张会苦苦挽留对方,后来她开始选择果断分手。**因此,恋爱一开始,小张就告诉小王,她害怕被抛弃或忽略,也极度缺乏安全感。小王也对小张说过,如果她有了别的喜欢的人,自己也可以接受。

仅仅过了三个月的热恋期,小张因为成绩原因放弃了高考而选择出国求学,另一边的小王还是坚持高考。当小张告诉小王她要出国时,小王没有看出小张有一点犹豫或不舍。所以尽管小王非常不舍,但挽留的话语还是没有说,他不想让小张感受到压力。他想起以前因为给了前任过度的压力从而导致分手的经历,于是,他表现出了支持的样子,似乎他可以承担一切痛苦。

也因为这样,小张去了另一所学校开始为出国求学作准备,打算在两年后的暑假出发。**两人不再每天能看到对方,一个月甚至更长的时间只能在手机上聊天。**白天双方都在忙着学业,到了晚上才有机会互诉衷肠,但由于一天忙碌下来,话也说不太多。快临近高考时,小张有时会来看小王,但由于小王学校管理严格,仅仅也只是见一面说几句话,**其间一些有意义的节日也无法相见。**小王因此觉得有点亏欠了小张,却没有办法改变现状。

高考结束后,小王进入了较为理想的大学,开始了新的大学生活。进入了大学,也就意味着有更多的时间见面,但由于大学所处地区偏僻,交通极为不便,小王在课余时间又迷上了网络游戏,加上两人似乎已经习惯了网络聊天,**因此,小王开始躲避小张见面的请求,就算小张主动提出来小王的大学,也被小王以周边没有玩的地方为理由而拒绝。**于是这段感情还是以微信、QQ 的方式存续着,并且小张是主动的一方,直到这年的新年。

在跨年当天,小王习惯性地等待着小张出去玩的请求,然而这次手机的提醒通知迟迟没有响起,小王心里开始有些失落。等到了晚上,小王主动联系了小张,发现小张与同学在酒吧跨年。一个人在寝室的小王感到了孤独与失望,但是他还是压抑情绪没有告诉小张。他走上街头,沉浸在音乐和自己的想象里,萌生了"她不再喜欢我"的想法。后来小王在校园里看到成对的男女总会羡慕他们,而自己不仅见不到恋人,而且对方马上又要出国,甚至有了在大学里再找个女朋友的想法,但是这种想法又压下去了,小王每天都在纠结。不知不觉地小王忽视了和小张的联系,就连 QQ、微信的联结也开始断裂了。几天以后,小张提出分手,但原因说得非常模糊,她对小王说:"若是没有回复,就算我再爱你也会失去动力。"这时小王才发现了自己对小张的忽视,也感觉到了自己还是深爱着小张,但是后悔却为时已晚。

刚分手的一周,小王极度悲伤,茶饭不思,夜里无故流泪哭泣,时不时把自己和小张代入各种爱情故事中,以唱歌、弹吉它等方式寻求走出心碎的状态,夜晚睡不着时小王就看一些电视剧和电影。一周后,小王依然在分手的悲伤中无法自拔。小王认为小张之所以会说那些话是因为还爱自己,只是害怕受到更大伤害所以先行放弃了。小王觉得小张是自己的"理想女孩",不舍失去。于是去了所有之前和小张一起去过的地方,拍摄了照片,做成相册,写下自己对小张的爱意,想要找机会求复合。几天后,在一次同学聚会中,小王喝了酒,给小张打电话询问能否复合,但电话那头传来的不单是否定的答复,还有另一个沉重的打击——小张说:"我想喜欢别人。"这句话击破了小王最后的心理防线,绝望、悲伤和愤怒等情绪一下涌现出来,可小王最后还是压抑了自己的情绪,因为他在一开始就说过"如果你有了别的喜欢的人,我也可以接受"。在崩溃大哭后,他开始强迫自己接受现实。同学说了很多安慰小王的话,小王却自嘲地冒出来一句:"说不定她是故意那么说的,好让我可以接受分手。"

第二天,小王删掉了与小张的所有聊天记录,扔掉了所有有关她的东西。

02 原生家庭对两人恋情的影响

小王幼年父母离异,他跟父亲生活,目睹离婚后父亲的酗酒发泄,后来有过继母,继母对小王的管教十分严格,可能导致了他回避型人格的倾向,小王由于自卑而不愿跟别人交际,同时也不愿陷入孤独。父亲后来有过几次外遇,**小王先前多次恋爱无果也可能受父亲经历的影响,或和父亲的生活状态有关。**

小张幼年父母不在身边,成长过程采用的是打压式教育,经常贬低和讽刺,使得她有着不少自卑情绪。加上在几段恋情中都以对方"出轨"而结束,极度缺乏安全感。因此小张对亲密关系中情感的变化非常敏感,这也是案例中小张发现小王动摇后主动分手避免伤害的原因。

03 对异地恋的建议

(1) 坚定感情。很多异地恋的朋友都会担心长期不见面会不会让感情变得淡漠,而且会产生猜疑,这时信任就变得非常重要了,小王和小张就因为同城的"异地恋"存在着不信任,这会让感情加速冷却。

（2）视频、语音交流，多多沟通。时间和距离都很考验人，恋爱双方一定要坚定，不能动摇。各种联系方式都要用，一定要频繁。这点很重要！最好通过视频、语音来表达感情，将自己的快乐、烦恼和生活点滴都分享给对方，帮助维系亲密感。

（3）制造惊喜，经常见面。惊喜来得突然而喜人，表达了制造惊喜之人的体贴和温馨。经常见面，对于异地关系的维护非常重要。如果不能经常见面，那就订一个见面计划。比如，多久见一次，什么时候见。如有急事取消见面，一定要向对方解释清楚。小王和小张在这方面就做得很不好。

（4）共同努力。可以谈谈对将来的构想，彼此在憧憬中携手走过异地恋，让爱情开花结果。可以聊聊新的目标，下次旅行的目的地等，给自己一些计划，也给对方一些期待。

点 评

案例中小王和女友小张恋情的失败，客观原因是距离等环境、条件的限制，经常无法见面，但这一客观原因在恋爱后期其实并不存在。也许恋情失败更重要的是主观原因，即小王对女友的情感忽略以及双方沟通的缺失。亲密关系中的沟通是非常重要的，一味地压抑在亲密关系中的情绪，看上去是独自承受了一切，是为对方着想，实际上是对亲密关系的不负责任。就像作者总结的：一段完美的爱情必须同时包含亲密、激情和承诺三大要素。小王和小张在恋爱初期时这三大要素都或多或少被满足过，但在发展中先因为客观条件丢失了亲密，又由于缺失沟通忽略了承诺，最后双方仅存的激情也被遗落，一段感情就此消散，可谓是一个异地恋爱情的反面案例。

案例二：我尊重你的选择，珍惜你陪伴我走过的那段时间

01 初恋的开始

我和小 A（女生）都是大学乒乓球社团的成员，小 A 是学姐。到了 2019 年的夏天，她准备考研，而我也留校做课题项目，我们就这样一起度过了一个暑假，在这段时间里我们两个人的感情逐渐升温。之后，我鼓起勇气向她表白，很幸运，她高兴地答应了。

02 一百天的甜蜜期

在我和小A确定了恋人关系后,我们的感情迅速升温。我们在一起100天的那个晚上,她送给我一个钥匙串,上面印着我和她的名字。她笑着跟我说:"100天快乐呀!"那是我第一次收到女生送的礼物,现在回忆起来还是非常激动的。我们相互拥抱了很久,那一刻,我仿佛觉得自己拥有了所有,其他的一切都不重要了。

我和小A在一起四个多月后,迎来了寒假。她回家的那天,我去机场送她。我和小A都觉得我们的关系正在朝一个好的方向发展。然而,谁都没有想到的是,一场突如其来的疫情打乱了所有的计划,**我和小A真的发展成了"异地恋"**。

03 一个快递引发的不愉快

假期里,我们两个人依旧保持着良好的联系,每天都分享一些有趣好玩的事情,聊一聊最近看过的书,发去每天各自做饭的照片。

有一次,她给我寄了一箱鸭脖,想让我尝一尝,我拆了之后品尝了一下,觉得味道还不错,发给了她一张照片之后表示了感谢。然而,不知道为什么她就突然生气了,问她为什么她也不说。后来在哄了她好久之后,她反问了我几个问题:"为什么拿到快递不第一时间告诉我?""为什么你的反应就这么点?"这下我才明白,**她的意思是想让我"每拆一下快递发一张图过去",在回应她的时候一定要说"有多么好吃"**,这样才会显得没有辜负她的良苦用心。尽管后来我向她道了歉,表示自己没有意识到这点,以后会改进的,然而她还是闷闷不乐了好久。

04 找她?不找她?

后来的某一天,我早上给小A发了消息,她一直没有回复。我打电话,她说:"我看到你给我发的消息了,但是我今天不太想搭理你。"我不知道她为什么生气。过了好久,她才反问我:"我不找你,你就不来找我吗?"这下让我觉得她有点无理取闹,她似乎听不进我说的话,我只能任由她发脾气。

5月左右,小A被她的毕业设计弄得焦头烂额。我给她发了消息但是一直没有回复,于是打了电话过去,她告诉我现在不想和任何人说话。这次我吸取了上次的教训,开始安慰她。然而,这次她说:"冬季学期考试周的时候,我也没打扰你吧,所以你现在也不要来打扰我。"看来这次和上次不一样,她真的需要一点时间和空间来专心做自己的事情了。

经过了这两次事件,我有时候确实摸不着头脑。男性和女性对话的时候,男性更希望得到明确、具体的信息,比如我希望她尽可能直白地表明需不需要我来陪她聊天,不想时时刻刻去猜女生的心思;**而女性则是更在意感受,希望对方能理解自己,感受自己的情绪。**

■ 05 分手

随着考试周的临近,我们两个人的压力都挺大的。我觉得两个人之间的联系太少了,我想做出一些改变。我打了一个电话过去,她没有接,我想她可能正忙着呢。过了一阵以后,我连续打了三个她才接,她接起电话的第一句是:"你有事吗?没事的话我挂了。"听到这句话我突然愣了一下,不知道为何她突然如此冷漠,但是我觉得说闲话可能会让她感到厌烦,于是回了一句:"我其实没有什么特别的事情……就是想关心关心你。"然后电话就被挂断了。那一刻我觉得挺心寒的,之后的几天她也没有理我。

有一天她给我发了一条消息,没想到的是,这是她给我发的最后一条消息,我苦苦等来的是一句"分手吧,我们不合适"。**看到这句话的瞬间,我的大脑一片空白**,虽然我考虑过这种可能性,但是当自己真的看到这句话的时候,还是一时无法接受。我马上打电话给她,然而她没有给我任何诉说和询问的机会。

那天晚上,我一个人待在空荡的房间里,不断地问自己:"我……就这样失恋了吗?"然而事实就是如此,我在没有得知原因的情况下就分手了。现在的我,依然还没有从这段恋情中走出来,我不甘心两个人就这样草草了结这段关系。或许,时间才能慢慢治愈我这部分被割舍的爱。

■ 06 总结

有很多矛盾和冲突看上去是些生活中的小事,但是没有满足小 A 内心的需求,导致我每次的回应都达不到她的期待。她慢慢失望了,或许这是分手的一个主要原因。比如,在"一个快递引发的不愉快"这个例子里,如果我这样回应:"**亲爱的,我收到你寄的快递了,鸭脖很好吃,味道可能比外面的还要好,你可真会挑好吃的呀!我知道你是爱我的,所以才会如此用心地挑了我最喜欢吃的,谢谢你!下次就由我来给你寄去一点好吃的吧。**"得到了鼓励和肯定,她就不会觉得自己的付出白费了。

再比如,在"找她?不找她?"这个例子中,如果当时的我能换个角度,不光从"找她?不找她?"着手,而是更顾及她内心的感受,结果可能就会有所改变。比如在她跟我说今天不想搭理我后,我说:"**亲爱的,没关系。我猜,今天你可能遇到了一些不顺心的事,想一个人静静,不想说话了。我能理解你的感受,也尊重你的选择,但是如果你想找一个人倾诉的话,我愿意随时倾听你的感受。**"如果这样回答,不仅表明了我的想法,而且也给了对方一个很好的台阶。

另一个分手的主要原因是:**小 A 是一个很缺乏安全感的女生,而"异地恋"把这个问题放得更大了。**亲密关系中缺乏安全感的本质就是害怕,害怕自己被抛弃,害怕自己不被爱,并且没有能力承担失败的风险。小 A 经常想通过一些小事来检验我是否爱她,然而我却没能很好地满足她的需求,她对这段亲密关系逐渐失去了信心。

除此之外,"异地恋"考验着两个人对爱情的坚守,考验着两个人对未来的构想。每当我想和她畅想未来,她选择的都是回避。她的处事态度似乎一直都是"走到哪步算哪步"。对于我而言,自己一直都有"计划"的习惯,**我在大二的寒假就确立了出国读研的目标。**

我觉得这可能和我们各自的原生家庭有关。从小到大,她的人生道路似乎都是被父母安排的,一切都显得顺理成章,只要做父母的乖女儿就好了。然而,当她大学即将毕业的时候,父母给了她选择人生道路的机会,这却让她无所适从。保研?考研?出国?工作?她站在人生的十字路口,不知如何选择。最后等到其他选项都被排除了,才选择了剩下的那一条路。

对于我而言,从小到大父母基本上都是让我自己做选择,他们经常跟我说:"不论你做什么决定,爸妈都支持你,但是你要为自己的选择负责。"在成长的过程中,我逐渐养成了规划自己未来道路的习惯,比如选择学校、选择专业、考相关的证书等,都是我自己一手安排的。所以,当我和小 A 恋爱的时候,特别希望能把她加入到我未来的计划和生活中,想一想我们可能会遇到的困难,也憧憬着未来的美好场景。

在我和小 A 异地恋中,两个人无法每天见面,遇到矛盾时轻易地逃避问题,亲密成分下降;我们无法见到对方,抱不到对方,身体上没有接触,激情成分下降;我们两人对未来的看法不同,小 A 逃避和我一起规划未来,而我也没有做出相应的承诺,承诺成分也下降。从爱情三角理论的角度分析,我和小 A 的恋爱条件似乎没有一条牢固,所以最后恋情崩盘也在所难免。

07 我的心声

小 A 是我的初恋,分手时,我没能表达出自己的想法,所以在这里想要表达一下自己的心声:"我很珍惜我们在一起的那段时间,2019 年的下半年是我人生中最快乐、最幸福的时光,我们在白天牵着手走过校园的每个角落,也在晚上背靠背一起仰望星空。然而在寒假分开之后,距离似乎将我们越拉越远。我知道你是一个很缺乏安全感的女孩,但是我却经常忽略了很多你眼中非常重要的东西,没能给到你想要的。我没有察觉到你内心真正的想法和感受,只是感觉到疲惫和不愉快。虽然你最后逃避式的分手像是用一把刀子深深地插在我的胸口上,但是我并不怪你,可能你只是在以这种方式保护自己。我尊重你的选择,也非常珍惜你陪伴我走过的那段时光。希望我们都能在这段恋情中获得成长,成为更好的人,在未来遇见合适的另一半。再见了,我的初恋。"

点 评

可以看出作者是个逻辑思维清晰、责任感比较强的人,对自己在初恋中的行为进行了详细的分析和"检讨"。女生小 A 更在意感受,需要他去猜心思,希望他能理解自己,但这些对初恋的男生来说太难了。两人的思维方式、生活节奏以及对未来的看法都有差距,导致这段"异地恋"渐行渐远。

作者能够从这段恋情中反思自己的问题,并能够联系课堂所学分析问题,提出了解决的思路。最后说的那段话既是说给小 A 听的,也是说给自己听的,是对自己不明不白失恋的一个总结,对自己这段珍贵初恋的怀念。有多少成熟的男人没有经历过失恋呢?这是心理成长过程中一个必经的疗愈过程,相信他会越来越坚定和成熟。为作者的心态和反思点赞!

第二节 原生家庭的负面影响,异地恋的艰难考验,爱情将如何进行到底?

案例一:伤口是光照进来的地方

01 自卑的童年

我是来自单亲家庭的小孩,父母在我 6 岁的时候就离婚了。我对父亲几乎没什么印象,因为早在 6 岁之前他就去外地工作了。当时我还在上幼儿园,每次周末他从家里乘班车去外地的时候,我很舍不得,还会跟着班车一边哭一边跑。但是后来我被迫接受了这种没有父亲的生活,利用压抑的心理防御机制来回避自己的情感。从"不接受父亲的爱"变成了"不接受他人的爱"。不爱自己,不敢被别人爱,更没有爱别人的能力。童年缺爱导致了我的回避型依恋模式,不知道如何回应亲密关系,只能逃避。

因为我是女孩,而父亲需要一个男孩来为他传宗接代。在无数次争吵过后,母亲仍旧不愿违反计划生育的规定。因为父母离异,于是我便从一个大家都羡慕的小孩,变成了需要同情的那一个。**曾经有很多老师、家长在与我单独接触并提及我的家庭时,都让我不要难过,要坚强,可殊不知正是这些看似"好意"的安慰让我心中的自卑感越来越强烈。为了掩饰内心的不安与脆弱,我选择了戴上冷漠的面具。**

小学的时候,我喜欢的小男生也喜欢我,但我对他表露出的只有讨厌。在一次打闹中我不小心用笔把他扎出血并表示"你活该"后,他就渐渐与我疏远了。初中的时候,有一个非常优秀的男生对我表示过好感,但他的母亲与我的母亲是好友,对我的家庭情况了如指掌。因此我内心一直有个声音告诉自己:"你配不上人家的,与其等着别人抛弃你,不如先拒绝。"这个声音逼迫着我反复思考对方的缺点,避免接触,最后我们也渐渐疏远了。**在结交朋友的时候,我也不敢主动向别人示好,害怕对方因为我的家庭缺陷而瞧不起我。**同时,性单恋的特征也经常在我身上出现:别人一喜欢我,我就开始讨厌对方,甚至会觉得恶心。这就是我的原生家庭给我造成的低自尊的心理状态。

随着年龄渐长,我逐渐意识到了自己性格上的缺陷,开始努力修复。高二那年文理分科,新班级的同学几乎都不了解彼此的家庭背景,这才让我感觉能真正呈现在大家面前,而不是贴着"家庭破裂"的标签。渐渐地,我有了一些自信。到了大学,我已经可以很坦然地和舍友聊我的原生家庭,并且聊完之后依旧保持自信了。

其实小时候我也并不抗拒跟同学聊我的家庭,因为这不是我的错,无须隐瞒。但在自我暴露后,我的心态就会发生变化,相处过程中总会忍不住想:"他/她是不是因为我父母离异才这样做的?"现在想想,其实这些事情与我的家庭没有太大关系,只是因为我的自信心不够,不敢肯定自己其他方面的价值,才会偶尔把家庭拿来当成挡箭牌。一个真正成熟的人,不会一味指责父母对自己的伤害,而会去理解他们,并与自己内在的执念和解,然后用自己创造出的新的价值和自信去减少自卑,让伤口慢慢痊愈。

02 初恋碰上异地恋——争吵不休的亲密关系

(1) 不平衡的爱。在高三毕业那年,我开始了我的初恋。但这是一段不平衡的感情，我一开始并没有那么喜欢他，但是因为对方喜欢了我三年，我就抱着"还不错，要不试试看"的想法开始了这段感情。可能也跟我极度缺乏安全感和低自尊有关，**只有跟"我没那么喜欢但很喜欢我"的人在一起，我才觉得安全、舒适**。但这也让我"恃宠而骄"，不愿意在争吵面前低头，不愿意夸奖对方，犯了"恋爱十诫"中第一诫：把自己当神。我总是不满意对方与我有不同的看法，不喜欢对方的朋友，对方如果不按照我希望的方式说话、做事，我就生气。我想要什么不明说，希望不开口对方就能懂得。我的占有欲也很强，希望对方始终把我放在第一位，因此经常表现得比较强势，以至于对方曾多次表达过："我觉得你好厉害，我跟你比起来好像差很多"，我在一点一点地消磨对方的自尊心。在这样的相处模式下，我们两天一小吵，三天一大吵。我还经常用冷暴力逼迫对方向自己先低头，**后来我时常反思，美好纯真的感情就是这样一点一点被自己不懂事地"作"没了**。

（2）一年四次分分合合。**大一开学，他去了国外，我们开始了异国恋**。新鲜的环境和不同的学习节奏让我开始反思这段感情，我觉得自己还不够喜欢他。想了很久，在开学一个月左右后我主动提出分手。但又过了一个月，我开始怀念他对我的好，又主动找他复合，这样分分合合的情况在一年中出现了四次。现在看来，这是典型的矛盾焦虑型的依恋状态。

后来，我渐渐看到他身上的优点并陷入这段感情当中，但越是这样我就越怕对方离开我，每次我提出分手也并不是真的对感情不抱希望了，只是想通过这种极端的方式逼对方表达对我多么在意。但是我又不那么坚定，**理想化的防御机制让我在空窗期的时候觉得回忆里的东西特别美好，分开的时间越久便越觉得美好**。所以每次他回来找我的时候，我都会欣然复合，但真正在一起一段时间之后，我又觉得对方身上缺点重重，矛盾开始激化。

（3）异地恋的隔阂。由于年轻和缺乏经验，**我对于异地恋的处理可谓是一个反面教材**。我不是一个"安全型恋人"，对方也不太有安全感，我们经常互相猜忌、胡思乱想，从而心生怀疑。我们一年能够见面的时间总共也不超过一个月，且异地之前也只有一个暑假的相处基础，未来遥遥无期，没有承诺，没有念想，平时也不经常电话或视频聊天，只是文字聊天。异地状态下我们经常吵架，虽然一见面就和好了。

（4）潜意识中的自证预言。我害怕对方像我爸爸当初离开妈妈那样离开我，也害怕像人们常说的"先爱上的那个人会先离开"，这种害怕的想法被我"投射"到了对方身上。我总是怀疑他和其他女生的关系，总是害怕他不喜欢我了，总在日常的交流中有意无意地表露出这种想法。大部分的争吵也来源于此,这也是一种"强迫性重复",即使对方很爱我,我也会怀疑:这个爱是不是真的?能持续多久?是不是总有一天会消失?好像只有验证了这些猜疑之后我才会罢休。在被爱的状态里我不适应,所以要想尽一切办法回归到之前那种被抛弃的状态,因为这种模式我最熟悉,也比较有安全感,所以故事的结局就是,**对方真的先于我而离开了。**

03 反思与展望

（1）良好的感情以平衡为基础。好的关系是双向的、平衡的。我意识到一段良好的感情必定是建立在平衡的基础上的。感情中必然存在摩擦,而解决摩擦的方式就是包容和改变。只有平衡,我们才愿意为了对方而改变。老师说得很对,任何想要改变别人的想法都是徒劳的,最好的办法是改变自己。同时,像很多案例中提到的那样,如果一方过于强势,或者一方过于逃避,最终都不能构成一段好的爱情。因此,**如果意识到了感情中的不平衡,还想要维持这段感情,就必须通过其他方式来保持平衡。**我在这段感情中就是失衡了,其实应该多赞美对方,多给对方一些表现的空间和成就感。

（2）理解别人。很多人以自己的角度思考,希望对方能读懂自己的内心。但现在我意识到,要学习接纳别人的情绪和感受,因为每个人成长的方式和看问题的角度都不同,没有理由让对方与自己完全保持一致,正因为存在差异,我们才会相爱。因此,**我们必须控制好自己的情绪,不要再过多地投射,要理解他人,加强沟通。**

（3）不怕伤害。其实在感情或人际交往中被拒绝、被伤害是很正常的一件事情,没有人能被所有人喜爱。但是如果不去爱人,就必定很少有人来爱你。同时,这种因为害怕伤害而产生的投射和强迫性重复不仅会伤害自己,也会伤害到别人。因此,我只有不断地主动尝试,才能修复以前的创伤。

（4）爱自己。爱自己,是我从课程中学到的最重要的道理。我以前一直不算是一个爱自己的人,总是羞于自己家庭的不完整,叹息自己性格的缺陷。但是,如今的我意识到:**伤口是光照进来的地方,正是因为有这些伤口,我才能拥有共情能力。**每个人都是独一无二的,即使有缺陷,有不足,那也是属于我们的最宝贵的一部分。很多导演把自己的童年创伤改编成了艺术作品并获得大奖,很多作家也正是因为童年的不幸才拥有细腻的情感和笔触。每个人的过去都是独一无二的,如果能好好面对,及时疗愈,它们可以成为一笔宝贵的财富。

从前，如果有人对我表现出不喜欢，我的第一反应就是"一定是因为我不够好才会让对方厌恶"，但是现在我变得比较坦然，即使对方不能如我所愿的那样喜欢我，我也依旧会觉得自己很好，可能只是对方的审美角度与我不一样。我们都会遭遇很多挫折，这些挫折各有各的原因，甚至很有可能是一场乌龙。因此，无论遭遇生活中还是感情上的失败，**我们要做的第一件事就是不要盲目地责怪自己、封闭自己。**

虽然我学了很多道理，但是性格上的缺陷不会瞬间消失，不舒服的感觉偶尔仍会浮现，我还在慢慢修复的过程之中。但是我已经能明显感觉到现在的自己和过往的区别，我有爱我的妈妈，也有关系很好的朋友，还选择了自己喜欢的专业。将来，我也会好好爱自己，并把这份爱传递给身边的人。

点评

作者 6 岁时父母就离异了，家长和老师对她的关心反而增加了她的自卑感，她选择了一个自己不怎么喜欢、但是却很喜欢自己的恋人。处于异地恋过程中，她分析自己在这段关系中的投入和付出有点不平衡。作者的总结和反思很深刻，认为未来的亲密关系需要加强沟通，需要有勇气去追求自己喜欢的东西，需要从原生家庭的伤痛中看到蕴藏的资源。"伤口是光照进来的地方"，这句话太赞了！相信她一定能在未来的情感历程中获得更好的爱。

案例二："逼迫"男友手工做礼物

01 异地恋中的矛盾

我与男友是通过支教活动得以相识和相恋的，支教活动结束之后就开启了我们的异地恋。我们主要通过电话、视频或消息等方式进行联络，每隔 2~6 个月见一次面。

在我们的交往过程中，我曾多次赠送亲手制作的礼物以表达爱意，他都非常珍爱，而他赠送的礼物则是网上购买的。由于我和他审美不同，初期他送的多份礼物我均不甚满意，我委婉向他表达了我的意见，后来他便更倾向于赠送我明确提出过想要的东西。但那终究不是我最理想的礼物——在我看来，精心准备又恰能符合对方心意的礼物最为珍贵。既然他难以买到符合我品位的礼物，那最好的选择应当是赠送他亲手制作的礼物。对于送礼这件事，我们产生了多次矛盾。

我要求他只要送给我亲手制作的礼物即可。 他接受了我的要求，同时也是当作多次争执之后对我的补偿。他告知我会抽空为我制作礼物。然而，几个月过去了他都不曾开始制作。在2019年七夕节（也是我们相恋一周年之际），我再次送给他我亲手制作的礼物，而他只是赠送了零食大礼包，加上他在我多次提醒下才买下一款我喜爱的玻璃杯送给我，这一切都令我大失所望。因此，我便开始与他冷战，大概三天都不怎么搭理他。在他多次恳求和我的失望感渐消后，我主动和他进行了沟通。在我的引导下，他信誓旦旦地答应一定会补做一份十字绣礼物。**然而，从购买材料到开始制作，他总是在拖延，这令我怒不可遏。** 我对他放出了狠话："你即使做好了我也不会再要了！"

02 异地恋中使用的心理防御机制

通过反思，我发现在恋爱中我使用的心理防御机制主要有**"合理化"** 和 **"反向"**，而男朋友则使用了 **"被动攻击"** 这种防御机制。

"合理化" 心理防御机制属于自骗机制的一种，是指个体无意识地用似乎合理的逻辑为自己难以接受的言行举止、动机等辩护，并寻求道德上的可接受性，从而让自己能心安理得地接纳。

案例中有两处体现了我的合理化心理防御机制。

其一，我要求男友必须主动赠送我手工制作的礼物。在我原本的逻辑中，我认为男友应当"主动赠送手工礼物"，原因是我正是这么对待他的，他应当对我的付出予以回应。我曾长期认可这一观点将这个观点灌输给了男友。但事实上，在爱情中，双方的付出是难以计算，更难以比较多少的。虽然我更善于用语言、做礼物等方式去表达爱意，但男友的爱的语言更多地体现在嘘寒问暖、学业支持等行动上。即便是在送礼物的问题上，男友也会精挑细选礼物，只是形式与我不同罢了，并不能因为我的礼物是手工的，他只是用钱买礼物而证明他的爱意就比我少。

其二，在我们发生冲突后，我要求男友赠礼作为补偿。在每一次矛盾的调解过程中，由于我更善辞令，我往往是占主导地位的人，故而我会将问题归咎于男友并要求一定的补偿，而他也会被我说服，表示认可并向我承诺补偿。然而，这一逻辑也是不成立的。即便男友做得还不够优秀，但换一种角度思考，也可能是我不够包容，引导不充分。**在爱情中，矛盾是恋人们共有的"敌人"**，而并非恋人间彼此的"敌对",片面地将问题归咎给其中一方是有失理性的。

由上述两点分析可见,我在爱情中存在着"合理化"的心理防御机制,这给了我认可自己的动力,却也给恋人带来了不必要的愧疚感,**长此以往会导致双方感情的不平等。**

"反向"也是一种自骗机制。当个体"本我"的欲求和动机不能被自我意识、社会行为准则或道德所接纳时,担心自己不慎表现出来或被他人察觉,则将其压抑至潜意识,并以截然相反的行为取代,一言以蔽之,也就是个体"本我"和"自我"的冲突,使得动机和行为背道而驰。

在案例中,我有两处体现出了"反向"的心理防御机制。

其一,收到七夕礼物之后的三天冷战。在我收到七夕礼物——零食、水杯之后,我心中仍有怨怼,我的"本我"非常渴望马上向男友表达不满,并告知他"这些礼物我其实挺喜欢的,但是令我耿耿于怀的是你答应过送我手工礼物却未兑现"。但出于对面子的维护,担心再三重复自己的需求仍然达不到预期效果,我的"自我"却缄口不言,选择沉默。

其二,在男友拖延制作礼物之后我放出的"狠话"。对于他的拖延,我的"本我"想催促他,告诉他"我迫切地想收到你亲手制作的礼物,我很想看到你全心全意为我花时间的样子,请你快一些"。但我为了维护面子,我的"自我"说出了伤人的话,表达了对礼物的毫不期待,**实为心口不一。**

从上述分析可见,在爱情中,我会因为看似无关紧要的外界因素而"心口不一""口是心非",这正是"反向"心理防御机制的体现。**这种心理防御机制使得本就不擅长猜测我想法的男友更加迷惑、受到伤害,而我自己也无法达到真正的目的。**

从男友的角度,他的心理防御机制是"被动攻击"。"被动攻击"是通过被动的、受虐的或把冲动转向自己的一种防御方式,从而表达对别人的攻击行为的反抗。这种表达是间接的,非即刻显效的,如:拖延、失败、为引起别人注意的挑衅行为等。

在上述案例中,有两处体现了男友的"被动攻击"的心理防御机制。

其一,答应我制作礼物作为补偿但迟迟不付诸行动。在我和男友平时的许多次冲突中,男友内心可能并不认同我,但出于种种原因,他在沟通过程中表现出了极大的配合。然后,在矛盾过去或者他再三思虑之后,"本我"中对自己真实内在心理的支持便开始膨胀,不再愿意配合我履行承诺。

其二,在制作礼物的过程中不断拖延。从挑选材料到亲手制作,其间男友常常拖延。也许男友认为我的反复催促表达的并不是对礼物的期待,而是对他的控制。出于对行动自由的争取、对我的需求的不赞成,又担心正面反驳我会与我再次产生冲突导致更加困难的局面,他只能通过"既不拒绝又不配合"的方式应对。

从上述分析可见,男友已经产生并启动了"被动攻击"的心理防御机制。这种机制可能是因为在亲密关系中相对弱势、难以发声造成的。这不仅会激起我的愤怒,也会在他心中留下许多不悦,若积蓄久了仍未妥善解决,则极有可能"一次性爆发",对亲密关系将造成严重的危害。

03 我和男友的心理防御机制是怎么产生的?

我与男友在爱情中的心理防御机制不同,可见我们在亲密关系中的地位是不对等的,相对而言我占上风。不对等但相对和谐的亲密关系、不同的心理防御机制均可能源自原生家庭及所处环境的影响。

在我的家庭中,母亲当家作主,父亲予以支持和配合。因此,母亲的强势影响了我在亲密关系中的表现。通过更多的言语和行动,我牢牢地占据着这段关系的主导地位,以此获得安全感。在男友的家庭中,虽然父亲是一家之主,但父亲性格过于温和、沉默寡言,母亲更善辞令,使得母亲占据家庭的主导地位。因此,即便他在与我的交往过程中感到了不适,也会出于习惯而潜意识里认可这一模式。

心理防御机制的成因还源于文化,这使得我们相对于针锋相对的辩论而言,更倾向于柔和的沟通方式,为了避免正面冲突,"被动攻击"的心理防御机制就成了替代选择。

同样,我的"反向"心理防御机制也与某些思想及信念息息相关。譬如:许多人认为重复沟通同一事件会自降身份,会导致事与愿违,而盛怒之下做出让步更会失去尊严……这些思想的桎梏使得我常常无法心口如一,逐渐产生了这种心理防御机制。

此外,亲密关系中的不对等,也使得我们不由自主地采取一些心理防御机制。我会使用"合理化"的心理防御机制来维护我对亲密关系的主导权,而男友也会通过"被动攻击"来应对自己所处的弱势地位。

04 调整心态,积极看待自己和对方的心理防御机制

经过一番分析之后,我对于爱情中的心理防御机制有了更加深入的了

解,也认识到了它的积极作用和消极作用,看到了亲密关系中一些行为的本质。未来,我将在以下三个方面做出努力,以维护更好的亲密关系,成就更好的自我:

首先,要理解并包容彼此。 在我看来,任何一种心理防御机制都是经过反复演练之后被潜意识吸收的结果。对此,我不能抨击对方的某一种心理防御机制,毕竟那曾帮助他渡过了不少难关并挖掘到了他的自我价值。我应当对这一心理防御机制的背后成因进行探索,找到我可以发挥作用的地方,帮助其运用更加成熟的心理防御机制来更好地应对现实。同样地,我也不能盲目认定自己的心理防御机制是最好的,而要在不经意使用时考虑到对对方可能产生的伤害,及时制止并不断探索更佳的机制。

其次,要提高沟通效率,深入了解彼此的真实意愿。 同一行为背后可能有不同的动机,可能是经过不同的心理防御机制而产生的。因此,我们应当透过现象看本质,在受到不成熟心理防御机制伤害时,保持冷静,追根溯源地探求对方的真实意愿,多进行交流、磨合。相信如此一来,必能提高沟通效率,促进彼此感情。

最后,在亲密关系中要不断学习,使得彼此的心理防御机制可以渐趋成熟。 "随着个体的发育成熟,适应方式会一步步趋向于成熟和适合于现实,每一步都与相应的个体生理发育阶段有关。"成熟的心理防御机制可以更加有效地应对人生中遇到的种种问题。亲密关系就可以是我们心理防御机制成熟化的一个跳板,通过"以人为镜",汲取对方心理防御机制中的优点,对于自己受到的伤害予以告知,及时调整自己处理问题的方式,相信亲密关系会更好,日常人际交往中也会与人"共赢"。

点 评

心理学家萨提亚认为,一个人和他的原生家庭有着千丝万缕的联系,而这种联系有可能影响他的一生。原生家庭是我们学习与他人相处的起点,从小我们面对不同的困境,养成了各自不同却都行之有效的心理防御机制。作者在异地恋中体现出的"合理化""反向",其男朋友呈现出的"被动攻击"等防御机制,也许都可以从幼年时期找到根源。知道了自己经常使用的防御机制,怎么去改变和调整也许更重要,作者已经做了较好的尝试。

第三节　即使是远距离恋爱，也有很多益处
——异地恋让我们进一步成长

案例一：成长与爱情——由依赖到独立的转变

我的这段感情有一个最大的转折点，就是上大学开启后的异地恋。虽然这是一件让人很痛苦的事情，但在那之后我有了一个很明显的改变，所以我认为自己在爱情中的成长得益于异地恋。

高中时期，我们两人是同班同学，**在学校几乎可以时刻看见彼此**。我会要求男朋友吃饭时和我坐在一起，我也很喜欢在他打球的操场边逗留，晚上回宿舍之后也要他跟我发信息聊天，一遇到什么困难立马去找他帮忙，整个恋爱过程我几乎**把全部注意力都放在了男朋友的身上**。经常会因为男朋友回消息不及时，或者在某些场合忽视了我而发脾气、闹矛盾，**当时的我觉得谈恋爱就是要时时刻刻在一起**。

然而，当我们分居两地，**不能天天黏在一起，很多事情我都不可能立即寻求男朋友帮助的时候，一开始真的很痛苦**。每天在学校看见别的女孩有男朋友陪伴，我就觉得特别孤独。很多时候下晚课回宿舍的路上，我都会因为涌上来的孤单感而绷不住地流泪，但我也不想打开心扉把自己的心事告诉还不是很熟悉的舍友，整个人的情绪状态都很低落。**男朋友也只能发消息安慰几句，但这对我的情绪缓解并没有很大的帮助**。

当我经历了一段时间的痛苦后，有一天我看着对面床铺的舍友，心想"她也是从外地考来的，她来这里也是一切从零开始，为什么我不能和她一样开始一段独立的生活呢？"从那时起，**我意识到了自己依赖心理的严重性**，于是渐渐强迫自己放下心中对男朋友不在身边的执念，**好好地安排自己的生活作息**。我开始结交新的朋友，逐渐把自己的注意力从男朋友身上拉开，分散给了自己的新生活。这样，我的生活不仅变得丰富了，我们的感情也好转了很多，不再是一聊天我就倾诉自己孤独，而是有了更多的话题和新的相处模式。

实现心理意义上的独立，是我在这段异地恋中最大的收获。现在静下心来想想，异地恋的经历对我来说是一种磨难，但也给我带来了巨大的成长蜕变。虽然很痛苦，但也让我看到了男朋友在这段感情中对我的包容与耐心。**我和男朋**

友一起跨过了这道坎,如果以后遇到新的问题也会想到这次的改变,获得直面挑战的勇气。

所以我的异地恋帮助我实现了突破与成长,这些经历也增加了我继续勇敢去爱的信心,它们是相互促进、相辅相成的。

点评

他和她原来是同班同学,异地恋后,她还存在着比较严重的依赖心理,希望得到男朋友的陪伴、照顾和保护。但男友不在身边,她的需求无法得到满足而使她非常痛苦。这种痛苦让她思考着如何去改变,也让她看到由于长期受父母的过度照顾,自己的独立生活意识和能力没有得到充分培养。所幸她也察觉到了,异地恋既给她带来了挑战,也给她带来了一个去独立和改变的机会,能够帮助她成长,这是一个非常好的蜕变的过程。

案例二:由异地恋而形成的爱情观

01　求学路上的差距,让我有强烈的占有欲

我和我的男朋友是高中同学,我们从快高考在一起到现在已经两年多了。我们是异地恋,他在北京,我在上海。我们见面的时间只有假期,大部分时间由于上学我们不能在一起。在高中,我们都是班里最优秀的学生,但是我的高考失利了,他发挥得很好,去了北京大学。**原来的我因为和他水平相当而自信,但是高考后的我显得很自卑,失去了原先的自信,再加上异地恋,我便更加缺少了安全感**,所以在大学刚开始的一年里,我越来越觉得不安,并且对他有了很强的占有欲,我希望时刻知道他的生活状态,知道他在干什么,我们也经常因为这个而有吵架。占有欲真的是一种不理智的爱情心理,**虽然我知道自己不应该这样想要了解和控制对方,但是内心的不安还是让我在很长一段时间中保持着这样的状态。**

02　我们都在努力着

后来,随着我们关系的进一步发展,生活中越来越亲密,包括我们与对方的家人都互相熟悉,我的不安少了。其实他真的为我们关系的改善做了很多努力,在我一味地施加自己的占有欲的时候,他迁就我,满足我许多在外人看来不合理的要

求,他为了我改变自己,所以才让我对他越来越信任,通过他的努力,我也慢慢恢复了以前的自信,对我们的感情和未来少了许多焦虑。现在,我们之间已经不会再有那么多矛盾和不信任了,一切都在慢慢变好,我不会再为不知道他在干什么而紧张害怕,不会时刻想了解他的事情,逐渐适应给对方自由、给对方空间,也逐渐放开了自己不安的心。我们一直在为了未来而努力,我相信,相爱的人需要给对方动力,而不是带给对方压力。我也通过老师的课,**知道要给男生多一些在成就上的鼓励,大部分男生的最终目标是出人头地,作为他身边的女生,我应该多给他这方面的自信**,让他获得对自己价值的肯定,也更有助于我们关系的长久维系。

03 我的爱情观

第一,只有脚踏实地的爱情才可能开花结果。任何爱情,都是多层次的,身体、心灵和灵性都彼此相似的爱情才是最完整的爱情。

第二,我们都被自己隐藏的人格所吸引着,性格上的互补可以成为互相依赖的基础,所以相处的时间长了,如果你发现自己对对方产生了不满,不要急着否定对方或否定自己,理性地思考,可能这正是你人格中的隐性部分,学会接受他人在你眼里的缺点,有时就是接受自己的不完美。

第三,事业上的互相帮助会让两个人走得更近,达到更多心灵上的契合。有机会要多去了解对方的事业,相爱的两个人要共同成长,相互鼓励,在恋爱中让自己变得更优秀。

第四,爱情不是占有,要给对方足够的自由和空间,理性也是感情的一部分。

第五,安全感来源于自己的内心,只有爱情的人生不是理想的人生,人生还有很多价值等着我们去实现。

第六,爱情里最重要的是信任和坦诚,这是爱情的基础,由此发展的爱情才会是健康的,会走得长远。

第七,林徽因说:"在我自己的感受看来,陪伴是最长情的告白。爱情最终会变成亲情,也许不会像老金那样一生守护。"但陪伴的心永远都不会变质,也永远是爱一个人最好的方式。

点 评

作者经历了两年的异地恋,从开始时的内心焦虑不安,到现在的慢慢淡定安稳,彼此都学着给对方更多的空间和信任。

爱情里的双方应该给对方足够的空间、足够的自由。完全占有和控制另一个人是不可能的,没有人有这样的权利。安全感不是别人给的,而是自己给的,不安全感往往是对自己不信任的表现。人生中除了爱情还有很多能让自己获得快乐的东西。如果一味地关注爱情,就没有办法发现自己人生的其他价值。

　　在这个过程中,作者更了解了自己,也学会了去了解男朋友的想法,多多地给予欣赏和赞美。由此,她阐述的爱情观都是发自肺腑的经验总结。相信有了这样的经历和感悟,未来的爱情之花会越开越灿烂。

第十一章 "焦虑型"的恋爱如何才能从容自在？

"有一次，我买了我最喜欢吃的奶油草莓，想要给初恋男友留一点。但是他一直不回我的消息，我就很生气。晚上的时候，我让他一定要在他宿舍楼下等我，然后我端着装满奶油草莓的包装盒走到他面前，说'这是我最喜欢的水果'。**正在他欣喜若狂打算接过去的时候，我突然把草莓全部倒在旁边的草丛中**，说'但你让我不高兴了，所以我并不想给你'。他的眼睛里满是震惊，我一边觉得很痛快，一边在等他的解释，但没有想到他转身就走了。

"和初恋男友在一起的三个月，在我开完社团会议之后，我打电话叫他过来接我。大冬天他来了，但是来晚了，他说他刚打完游戏。我很生气，然后就和他说分手。**当时他一直追着我跑，一直和我说不要分手，但我最后露出厌恶的表情**，把他伤害到了，他也甩手离开了。"

这是一个女生所叙述的情感经历，或许你的伴侣或自己也有相似的经历，你可能会困惑为什么 Ta 会这样做？Ta 是不是还爱我？这个女生"倒掉精心准备的草莓""提出分手"的行为或许可以用许多复杂的心理学理论来解释，但其实真正的答案很简单，抽丝剥茧，直至本质，那就是**"依恋理论"**。

所谓"依恋"，是婴儿和其抚养人（一般为母亲）之间存在的一种特殊的感情关系。它产生于婴儿与抚养人的相互作用过程中，是一种感情上的联结。英国精神分析学家约翰·鲍比提出的依恋理论认为："儿童因社会和情感需求，至少与一名主要照顾者发展出依恋关系，否则将造成其心理与交际功能长久的不健全。"

儿童的依恋类型主要有安全型、回避型、焦虑（或矛盾）型和紊乱型。成人的依恋类型可以划分为安全型、痴迷型、疏离型和恐惧型。**成年以后的亲密关系与儿童时期的依恋类型密切相关**，有一定的对应关系（见图 11-1）。

第十一章 "焦虑型"的恋爱如何才能从容自在?

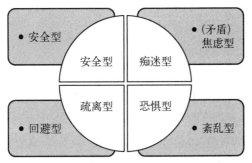

图 11-1　成人依恋类型(内)和儿童依恋类型(外)对应表

安全型依恋的儿童能够自如地和母亲享受亲密行为,温暖而有爱。紊乱型依恋的儿童在亲密关系中心中充满矛盾和挣扎,最爱的人也是让他们感到痛苦的人,一方面他们非常渴望亲密关系,另一方面又害怕被爱。回避型依恋的儿童会将亲密行为看作是独立性的丧失,他们会尽可能地减少亲昵。在这一章我们主要探索矛盾焦虑型依恋类型。

焦虑型依恋的孩子有什么特点?

焦虑型依恋的孩子会非常在乎妈妈的一举一动,显得格外警惕,根本没有心思全身心投入到玩耍中,他们会时不时地看向妈妈,并且在目光中带着"怨念":妈妈要离开时,他们会表现得非常痛苦、极度反抗,甚至会歇斯底里、大喊大叫,还会直接用实际行动去表达"愤怒",是非常典型的"戏精派"和"行动派"。妈妈回来时,他们对妈妈的态度非常矛盾,心里既想与妈妈接触,又感到排斥。如果妈妈想抱他,他们会生气地拒绝并直接推开妈妈。陌生人更是无法靠近他们,他们会非常敌视陌生人,无法融入陌生环境。

这类孩子的母亲照顾孩子的行为前后不一:时而兴高采烈,对孩子非常积极;时而消极抑郁,对孩子爱理不理,甚至会情绪失控,产生责骂孩子等过激行为。对于这种类型的母亲,她们在孩子的心中永远是飘忽不定的,孩子跟妈妈在一起时会非常没有安全感,不知道如何跟妈妈相处,因为妈妈不知道什么时候就"怒"了。

总的来说,焦虑型依恋的表现有以下几种:
(1)对于伴侣和关系依赖性强;
(2)期待伴侣完美化;
(3)无法控制焦虑感;

（4）把伴侣当作生活的全部或唯一；

（5）经常因为伴侣没有及时回应或不够关注自己而没有安全感；

（6）患得患失；

（7）情绪化严重。

焦虑型依恋和成年以后的痴迷型依恋有直接的关联,这种类型的成年人希望在亲密关系中投入全部的感情,但经常发现与他人的关系达不到如自己期望的那般亲密,会担心伴侣对关系的投入不如自己,在感情中患得患失,但没有亲密关系也让痴迷型依恋者不安。

前文所述的案例中,女生"倒掉精心准备的草莓""提出分手"的行为都是内心缺少安全感的表现,所以总是想用各种方式来考验她的男友,**通过"作"来反复验证对方是否在乎自己,期待对方做出如自己希望的回应**。她经常想着这段恋情是走不到最后的,如果感觉到男友要离开她,倒不如自己先离开男友,这些现象都是比较典型的焦虑型依恋的特征。

当有些人知道自己属于焦虑型依恋时会感到害怕,觉得自己是不是永远得不到爱了。但很多研究表明,焦虑型依恋是可以被治愈的。**如果找到安全型依恋的人,或者有足够的自我觉察,不断修炼,学会爱的表达,树立自己与他人的边界感,情况会得到很大的改善,或者自己就会转变为一个安全型依恋的人**。这其中,爱自己才是终身幸福的开始,才是真正的爱情心理密码。让我们不妨看看下面几个案例。

第一节　紧张和不安,悲伤和愤怒

——"焦虑型"依恋者的恋爱故事

案例一：我的恋爱陷入了同一个模式的死循环

01　我的四段"暧昧"关系——我是如何变成焦虑型依恋者的？

事件1：初中升高中时,我喜欢上了与我考入同一所高中的一名初中同学。这是我对于男女亲密关系的第一次主动尝试。我记得很清楚的是在我被明确地拒绝后,我还是没有死心,给对方造成了一些困扰,直到最后关系破裂。再加之当时我的学习成绩变得不值一提,自信就受到了很大的打击。因此这次失败的尝试让我开始自我怀疑,怀疑自己在女孩们眼中的形象,开始怀疑自己的社交能力。所以这样一次浅尝辄止的经历,让我对"想要一个能一直陪我的女孩"这个念头产生了极度渴望。

事件2:高三,因为座位坐得很近,我跟一个女孩A成为"闺蜜"的关系,有一段时间很暧昧并且让全班都感觉我们"在一起",但在那个时候,A却喜欢同班的另一个男孩B,A却一直"欺骗"我说她和B只是朋友,我因为受不了A和B经常在一起而与她有了矛盾与冲突。

我很在意A,比如对方一声不经意的叹气,我都会注意到,并且很多时候都会浮想联翩。而在这个时候,面对如此多的焦虑、负面的情绪,**我的办法就是坚持写日记来记录下自己的情绪**,然后感觉就会好很多。有可能是因为我太过焦虑,也有可能是因为本就无法改变,我的那些小小的怀疑与焦虑很多次都得到了印证,我也因此越来越焦虑。之后由于高考我渐渐以学业为重,就和他们没怎么接触了。**当时我没有认识到事情的本质,我觉得结束了亲密关系就可以结束焦虑**,这种方法在高三也确实是一种现实的做法,但是效果也只是暂时的。这段经历在我的内心中产生了很大的影响,**我害怕我喜欢的人表面上跟我看似关系很好,实际上却喜欢别人,而我却像个傻子一样被蒙在鼓里,所以在之后的一些亲密关系中,我就反复想要确定自己在别人心中的地位,对一些细节很敏感,也对对方充满着不信任。**

事件3:大学,我在班级QQ群认识了一个女生,因为都喜欢泰勒·斯威夫特这个明星而逐渐熟络。后来我们因上同一门课并有着共同的爱好而越来越亲密。因为我帮了她很多,例如修自行车、补办学生证、图书馆找书等,我都能在她需要帮助时伸出援手,**我感觉自己好像喜欢上了她,可在那时却知道了她有异地恋的男友。为了让这段关系持续下去,我便自我安慰:做个"男闺蜜"也不错。**

接触时间长了之后,我发现她很可能有抑郁症,时不时会有一些抑郁情绪。但我在那个时候"天真地"认为我可以去改变这些。而之后在我们一起出去玩时又发生了一件事情。我们在地铁站的时候她的手机被扒手偷了这让她不知所措。在我们去找报案的路上,她死死地拽着我的胳膊,甚至拽得有些生疼,**在那时我深深地感觉到:我一定要一直陪着这个女孩。尽管我不是她的男朋友,尽管跟她在一块儿,快乐与伤心会交织在一起,可是我不能抛弃她,我要照顾好她。**之后我们便更加亲密,而丢手机这件事情虽然对于她来讲是一个很不开心的经历,但因为我的帮助和陪伴,**却让我们的关系发展到了除了身体接触之外,跟普通男女朋友有过之而无不及的程度。**她的精神状态也好了很多。她甚至愿意让我做她的"哥哥"。之后我们就是一直保持着这样的亲密关系。

可是，十一假期过后，**我却又感觉到了她的忽冷忽热**，再加之有一天晚上我阴差阳错地加了她男友为 QQ 好友，可能是我内心的怀疑，以及跟有抑郁情绪的她相处总是很累，**我终于跟她提出了断绝这段关系**。在这之后她和我其实都受到了很大的打击，但我知道我无法忍受那样的关系，便就再也没有提出和好，只是那之后一周的梦里都是她在对我说和好。不过万幸的是，在我看来，分开之后她并没有去做一些让人害怕的事情，而且似乎也慢慢和我一样走出了悲伤，这也让我心里好受了一些。

在这件事中，我感受到了一种两个人互相吸引、关系逐渐变好的过程，也感受到了被关心被依赖的"恋爱"的快乐，这是我之前从未感受到的。而由于事件 2 的影响，我的焦虑依然没有减退，依然很黏人。**可是由于在事件 3 中，对方的表现比我还要黏人与依赖，我内心中的安全感还是得到了一定程度的满足**，这也给了我一个经验，如果找到了一个能够接纳我的人，拥有一段稳定的亲密关系，或许我的焦虑就会得到缓解。

事件 4：在跟她分开之后的一段时间，我加入新的社团，认识更多的人，好让自己转移注意力。**可是在之后我陷入了一个死循环**：我又喜欢上了一个跟我每天都在聊天的女孩，虽然刚刚认识的时候我们聊得十分投机，**可是之后她变得忽冷忽热，后来我发现她虽然是单身而且对我有好感，可是她仍与一个男生纠缠不清，于是我再次选择了主动离开**。之后又遇到一些跟自己聊得投机的女孩，很容易就在意她，然后发现对方对自己没兴趣或者已经有了男朋友，我就迅速断绝关系。进入大二，我玩了一年的游戏来转移注意力，对游戏失去兴趣之后，又开始在乎一个对我比较关注的女孩，**结果最后再次闹崩了**。因为我过于在意对方对我的关心和在乎，太在意自己想要的那种"一生一世一双人"的幻想。

我一次又一次地陷入死循环，焦虑的感觉又回来了，总是对对方有不切实际的幻想，对于亲密关系的渴望也过于强烈，**过去的经验总让我觉得：如果这个人没有达到自己的要求或者无法满足自己被关心被依赖的需要，这个人就不是"对的人"**。所以我疯狂地寻找那个可以陪自己的人，甚至别人稍微对自己好一点，就以为对方可以成为那样的一个人，继而对关系产生错误的判断。发现对方无法满足自己的幻想后，为了减少自己内心的纠结，我就直接把关系狠狠地断掉，删除所有联系方式，就这样又把和三四个女孩的关系搞得很僵。由此，我的内心一直都处于一个渴望亲密关系却又不断对他人失望的状态。

02 通过上述的分析,可以总结出以下几点

(1) 内心被认同被依赖的渴望是我去寻求一段亲密关系的内在动力。

(2) 在寻求的过程中一些不被认同的经历加重了我的渴望,而被认同的经历也加重了这种渴望。

(3) 我一直都认为我在亲密关系中的焦虑是正常的,是焦虑保护了我,而并非是焦虑导致了关系破裂。

(4) 过往的经验让我认为世界上存在一个可以满足我需求的人,所以我就不需要去改变自己的焦虑,这种想法是不对的。

(5) 过往的经验告诉我在与一个人的关系陷入危机时,直接断掉关系对我来说是损失最小并且最有效,实际这种办法对于亲密关系的维持是很不利的。

> **点 评**
>
> 作者从高中到大学在处理和异性的亲密关系时大部分都搞砸了。在这个过程中逐渐变得焦虑,用了一些不太合适的方法进行自我保护。他意识到了这些问题,但依然无法摆脱过去经验带来的惯性。上了"爱情心理密码"这门课后,作者逐渐了解到他的这些人际交往的问题在很多人身上同样存在,并且也有解决办法。他从这门课开始,能够学着用理论去解释在亲密关系中的问题,并尝试寻找解决办法。就像他说的:"我可以更好地认识自己,给自己一个改变的开始。不要想着轻易地去改变别人,先去改变自己,也许别人也会因此而改变。"

案例二:我的爱情脉络和心路历程——焦虑型和安全型的爱情

01 爱情的萌芽

我和她是初中的同班同学,三年间我们并没有过多的交谈。我只记得当时的我时常会因为班级上的事务找她帮忙(我是班长,她是生活委员),我还偶尔会向她请教一些文科的题目。初中毕业后,我和她只是在每年过年的时候互相问候,她还会在我的生日时为我送来祝福。高考后我们各自考到了不同的大学。

在我心中,她纯洁、安静、值得信任,我对她有着很多好感。

2019年5月20日,有人通过QQ上的表白墙向我告白。虽然是匿名的,但从里面的信息、表达方式等,我确定了是她在向我表白。我在同学的鼓励下,我

决定给她一些回应,也对她进行一些了解,以便决定继续交往还是直接拒绝。毕竟无论怎样,一直让一个女生吊着一颗心不是大丈夫所为。第一次聊天非常顺利,我们各自表达了恋爱观,分享了生活的琐事。大学生活单调乏味的我第一次和女生彻夜长谈,我很喜欢这种被异性欣赏、与人交心的感觉。

之后的一个月中,我经常会找她闲聊。9月这一个月的交谈中,我对她有了很多的了解。她成绩优异,是这一届的尖子生;她三观很正,许多观念和想法与我不谋而合;她乐观开朗,从聊天的字里行间可以看出她积极的生活态度;她长相甜美,是一名"软妹子",是我喜欢的类型;她没有谈过恋爱,纯洁得像一朵白莲花。再加上她经常主动找我聊天,向我讲述曾经的不如意,倾诉现在的烦恼,我感受得到她对我的依恋,这让我非常满足。

她比初中时变得瘦了,变得美了,变得开朗了,我对她的感觉越来越好,我们正一步步地走向爱情。

02　爱情的甜蜜

2019年的国庆长假,我们都回到了家乡,**我用微信向她表白了,没有意外,她毫不犹豫地接受了**。我约她看电影,这是我们初中毕业以来第一次见面。对方的种种表现也与预期相符。因此,过程很甜蜜,我们第一次牵了手,散场后在雨中散着步。

10月的日子是最甜蜜,也是烦恼最少的。我每天都沉浸在无声的兴奋之中,连睡觉也不例外。不知有多少清晨是从睡梦中笑着醒来的,闹钟仿佛失去了它存在的意义。我们聊天的语言更加亲昵,用的表情包也更加肉麻。10月下旬,我在周末去她的学校找她一起旅游,我们去了博物馆,逛了小吃街,爬了山,看了电影。晚上我们一起住在宾馆。我想,爱情的美好大概就在于此吧。

03　恋爱中的矛盾

我喜欢逛论坛,经常看到一些关于恋爱的帖子。里面描述的女朋友大多都是黏人,喜欢闹小脾气的样子。我也认为如果女孩子真心喜欢、依赖一个人,是会黏着对方,偶尔闹闹小脾气的。但我的女朋友思想成熟,举止沉稳,一直很听话懂事。于是我觉得她对爱情的投入不够多,对爱情不够重视,产生了一种"**她不是真心喜欢我**"的感觉。这种感觉并不是一直存在的,只是在一些特殊的情况下偶尔出现,比如我发消息她没有秒回、有时她会因为自己的事情中断我们的聊天,等等。最开始的几次,虽然我心里不舒服,但也接受"我们刚在一起,还需要时间磨合，逐渐拉近关系"这样的想法。后来，我忍受不了心里的不平衡，很委婉地编了一份"考试题"，问她为什么不主动，是不是不够喜欢我之类的问题。她当时在上课，但还是很认真地给我写了一份长长的答卷。或许是她的答案没有让我满意，又或许是自己根本不知道想要得到什么答案，我当时的不平衡感并没消失，不过我也没有继续问下去。

在这之后，我心里只要有不舒服的感觉，就会去找她盘问。我的盘问方式越来越直接，态度也越来越粗暴。到最后，我甚至直接提出一些硬性要求，逼着她满足。只是无论我的做法多么出格，要求多么无理，她总是会顺着我的话一步步妥协，在我生气暴怒的时候安慰我，向我道歉。她每次都让我"有话就说，不要憋着"，或许是她的妥协和默许让我没有意识到这种做法的严重后果，继续得寸进尺地伤害她。

12月初，她和闺蜜来上海迪士尼游玩，其间她没有选择和我见面，让我有些失望。**我的负面情绪又一次出现了，压抑过后又是一次彻底爆发，我威胁着提出了分手。在她的解释和挽留之下，我向她道歉，当天见了一面之后和好如初。**快放寒假的时候，我坐火车回家，需要她的精神陪伴时，她却和室友约好一起看电影。**我希望她如果足够在乎我，就愿意为我改变，推掉和朋友的约定来陪我。**可她没有改变的意思，我的情绪又爆发了，又一次提出分手。**她哭着挽留我。她卑微的语言，激动的情绪，我现在看来心都要碎了。**可在当时我只想着自己，只想让自己的心里好受一些，事后也没有安慰她，没有向她道歉。

我的情绪爆发得很有规律，大概半个月一次。如同火山爆发，肆无忌惮地质问，提出各种无理要求。可事后我们总可以和好如初，像什么都没有发生过一样，一如既往地聊聊琐事，说说甜言蜜语，她也从未主动提起过我说的那些话对她造成的伤害。

在校恋爱期间，基本每隔20多天我们就会相见一次，一起花两三天时间在城市周边旅游。与她在一起时的我温柔体贴，而异地的我有时会暴怒无情，不去考虑她的感受。

04 爱情的终结

我们的家乡都在T省，放寒假回到家之后我们相约一起做了很多事情，我也像之前一样因为各种小事向她发泄过不满。后来受疫情影响，我们只能各自待在家里。我以游戏作为消遣，主动和她分享的热情减少了。2月14日情人节本来应该是情侣亲密相处的日子,但我想,这样的节日既然见不了面也就**失去了意义**,干脆不管它了,于是没有问候,没有礼物,情人节就这样平淡地度过了。

2月15日,在一整天的等待之后,她爆发了。她说,我们的感情变了,我不再像以前一样在乎她。她提出暂时缓和几天,但是保证不会分手。**这样的请求似乎超过了我的底线,分开几天意味着她对我不再依赖,这是我无法接受的。因此,我拒绝了她的请求**,没有理解她内心的真实想法,没有想过她需要的是什么,**甚至连简单的道歉安慰都没有**。她越来越失望,在下午提出了分手。那一刻,我的大脑仿佛受到电击一样,悔恨、迷茫、无助……各种情绪充斥在心中。我从未想过百般顺从的她会提出分手,也终于意识到"分手"这两个字的可怕。我疯狂地挽回、道歉,在一下午的死缠烂打之后,她终于回心转意。只是在我们之后的感情中,出现了一些细微的变化。

当时的我向她保证会痛改前非。为了让她重新感受到我对她的在乎,我每天会和她互道早晚安,用了更加亲昵肉麻的称呼,还提出换了情侣头像。这些放在以前她一定会很高兴,但在现在,这些做法像是为了完成任务,多了刻意的成分,她并没有因为我的"改变"感受到我对她的在乎。其实,她真正需要的不是这些,她只想要我对她多一些理解,多一点温柔,少一点以前的质问和控制,只可惜在当时我没有意识到她的真正需求。因此,所有的表面工作无法改变最后的结局,在感情中越来越累的我们总有一天会走向无法挽回的分手。

情人节后的二十多天,表面上风平浪静、一切如旧,我还是会忍不住找她倾诉一些心里的想法,但我的表达方式、态度有了很大改变,可她却没有以前的耐心了。她敷衍、逃避,我感觉得到她心里已经产生了抵触。在3月2日她生日的晚上,因一件小事我又一次爆发了。起因是一篇描述"耽美文学"的帖子,**看到那篇帖子的内容后我无法抑制内心的愤怒,为什么我的女朋友会喜欢"耽美"**?愤怒之下,我去找她质问,找她发泄情绪。话没说两句,我就被拉黑了。

被拉黑之后,**我起初是愤怒,然后是无所谓、解脱,冷静下来之后悔恨的感觉却越来越浓**。第二天,我放下尊严不顾一切地联系她,电话、短信、微信、QQ,没有得到一句答复。我又去找她闺蜜帮我联系她,她闺蜜发给我一张和她的聊天记录。里面写着"我已经不要他了"。我伤心欲绝,却无可奈何。

三天后,她给我发了很长的一段话作为告别。这段话里,她很认真、很冷静地提出了分手。她感谢我曾经给予她的快乐,也因此不想亲眼看着"爱情的花慢慢凋谢",她只能提前退出了。看到这段话我心如刀绞,我永远也不会忘记当时的感觉。

就像世界上所有刚刚失恋的男女一样,那之后的几天就像噩梦,一切都变成了灰色。我想尽了一切办法做最后的挽回,得到的是"不可能"的答复。我试着和她像朋友一样分享日常生活,换来的是冷漠。我去她家楼下送生日礼物,约她出来见面,可磨破了嘴皮也无法重新得到她的信任。她本不想下楼见我,她说她"害怕见了面又会后悔",我知道她离放下感情还有很长一段路要走,可爱情过后就是这样,宁愿双方受苦也不愿再多给对方一次机会。

05 反思和总结

在上"爱情心理密码"课之前,我没有听说过**"焦虑型依恋"**这个名词。我把自己的种种体现焦虑型依恋的行为归结成小心眼、心胸狭隘。我一直有疑惑,在爱情之外的关系中,我算是比较大度的人,按理说我不应该是心胸狭隘、小肚鸡肠的人。可是到了爱情中,我就像是变了个人一样,许多微不足道的小事都会被我铭记在心。这究竟是为什么呢?

原来,爱情不比其他亲密关系,它更复杂,更能体现一个人的内心,体现一个人的潜意识。我在以前的生活中一直是大大咧咧、无忧无虑的,对细腻的情感体会很少。因此我的潜意识里对这样细腻的情感存在一种向往,这或许就是人类对未知的渴望。

在恋爱中,我的这种潜意识得到了释放,表现为焦虑型依恋:

(1)爱情的初期,我总是拿她与理想中的恋人比较,希望她朝着我理想的恋人去发展;

(2)当她无法满足我的需要时,我会产生难以控制的焦虑感,严重时会产生控制欲;

(3)在我的恋爱观中,恋人的地位是极其重要的,我生活的 80% 以上都由她构成;

(4)当我主观上认为我付出的远多于她时,我会产生不平衡感,患得患失,进而引发情绪的爆发;而当我的消息没有得到及时回复,或是对方没有主动关心我的生活时,也会产生焦虑感。

在课堂中得知,世界上像我这样的焦虑型依恋者并不在少数,占到人群的 20%~25%。有如此多的人像我一样曾在爱情中痛苦过、挣扎过。虽然这种依恋关系不够健康,但我也不需要太过自我否定,这并不是我们主观可以控制的。我能做的只有在今后的恋爱中尽量调整心态,或是寻找安全型女友帮助自己转变依恋方式。

正如老师所讲,恋爱会让一个人更全面、更深入地认识自己。这段恋情带给我的不只是经历,还有对自己的全方位认知。

另外,我觉得我还有一些自恋型暴怒的特质:

(1) 任何的不如意,都是在挑战我的自恋;

(2) 任何的不如意,不管主观还是客观的,都有主观恶意动机存在;

(3) 有主观恶意动机者,必须向我做出道歉;

(4) 否则,我就"毁灭"了你或者"毁灭"了我自己。

自恋型暴怒如果变成行动,就会有极大的破坏力,但相应地,也很容易激起对方的暴怒,从而导致事情一发而不可收拾。

比如,当我的女朋友没有及时回复我的消息,有时候我会怀疑她是看到了消息而故意不回复,以此来打压我的地位和权威,从而达到报复我的目的。事后沟通证明,我的臆想是完全不存在的。当我不如意时,也总会产生毁灭这段爱情的想法,比如之前曾两次提到过分手,每次这样做的后果都是深深地伤害了对方,也伤害了自己。

我为何会变成一个准自恋型暴怒者,这要从我的经历说起。

我是独生子女,小时候备受爷爷奶奶、爸爸妈妈的关爱,在初中,我是班长兼体育委员,几乎负责班主任所交代的一切事务。再加上学习成绩优秀,算得上是班级的核心成员。从小学到高中,我也从来不缺乏追求者,在大学之前的朦胧的感情中,我都扮演着被动的角色,似乎一切都在围着我转。因此从小就形成了自我中心观,不懂得为别人考虑。

总之,一切都太顺利了。**正是这样,让我意识不到自己应该时常站在对方的角度多为对方考虑,也意识不到自己每次的发泄带给对方的伤痛有多么剧烈,还总把控制当作是为对方好。这大概就是我的准自恋型暴怒的形成过程。**

点 评

作者对自己在恋爱中的行为表现和内心活动做了很丰富、比较准确的描述,有关"自恋型暴怒"的部分也许言重了一些,但他描述的经历和其中的感悟令人动容,对自己心理和行为的深入剖析也让人感慨。作者从课上学到了有关爱情和心理学的知识,更在实践中探索未来的情感之路,相信这对他以后人生的发展大有裨益。

案例三：原生家庭导致的"焦虑型"——焦虑型和回避型的爱情

01 越想亲密却越害怕——矛盾焦虑型的形成

小时候我跟父母在一起生活，但是父亲由于工作原因一星期才回一次家，母亲也不太管我，我的生活起居是奶奶帮着照顾的。母亲唯独在成绩上对我要求严格，有一次没考好，就吓唬不让我吃饭，考好的时候也会挑剔说怎么还扣了几分。在我印象中，母亲就是一个比较严格、冷漠、只顾自己玩乐的人，而父亲是一个老实勤快，很顾家的人。父母间经常发生冲突，相互辱骂甚至打架。我十岁时他们便离婚了。离婚前，他们把我一个人丢在家的时候，**我会很着急、气愤，甚至威胁他们再不回来就把平时用来训斥我的"教鞭"毁坏掉，但就算克服巨大勇气去挑战权威，也没有得到任何回应**。父母离婚后，我也总是每天在家等父亲回家，有时候他回来得晚我就会打电话催促。现在回想自己的种种表现，都让我觉得自己有矛盾焦虑型依恋的倾向。

长大后，我在父亲的悉心照料下，各方面都很好。对比母亲不管不顾、自私无情的形象，我很不满意，有意疏远了与母亲的关系。母亲也很少关心我，比较冷漠。直到我上了大一，父亲不幸患癌去世，我便交由母亲来照顾。

想到现在她毕竟是我最亲近的人了，还是想主动去改变我们之间的关系，但我能感觉到和母亲之间存在着某种相互不信任和隔阂，她对我的付出总会被我拿来和父亲做比较，内心会感受到落差。对一些过往的事，她总是有所保留。这种失望和不被信任，使我的内心始终保有一堵墙。**母亲真的关心我吗？真的爱我吗？** 一直以来她对我的生活也不闻不问，对母亲我既想亲密，又害怕自己孤独一人，但真的表现出亲密后我又会失望，我觉得自己时而焦虑矛盾，时而又回避。

02 你不知我为何生气，我恨你为何不迁就我

我和前男友是认识很多年的同学，之前是比较好的朋友，初中毕业时他对我表示过好感，但我拒绝了。过了几年高中毕业后，因为我们之间的友谊和熟悉程度，我对他有了喜欢的感觉，主动提出了在一起。在一起后，大部分时间是异地，一般是我主动跟他视频聊天，他基本不会主动找我。他喜欢有自己的个人空间，会因为我的消息打破他的平静而感到烦躁。他喜欢把自己一些私密的想法发在微博上，我偶尔发现了他的这个账号并告诉了他，他表示不想让我知道，**想再换一个账号**。我当时感觉到自己被他排除在外了，就有点愤怒和失落，难道有什么

不能看的吗？所以软磨硬泡地让他与我互相关注。

聊天时，因一些小问题我们会互不退让，针锋相对。**每次他还不知道我为何生气，还觉得我中伤他，甚至觉得他自己很委屈，想避免冲突，避免交流。我**也不解他为什么不能哄哄我，为什么就不能迁就我的想法，非要和我争个上下。**好几次我以分手相威胁，希望他能为我有所改变，但他说不喜欢这种被逼迫和威胁的感觉，分手也是绝对不能乱提的。**他告诉我，他之前就是被前女朋友以分手逼迫，虽然相互喜欢但还是分手了。但是我心里就想：你不是更喜欢我吗？为什么还要给我设那么多条条框框，我偏不想被你约束。

在一起的时候，他也有态度好主动向我认错的时候，也许他也不知道自己哪里做错了。但我仍然不满足，会觉得他并没有真正认识到自己错了，就算现在认错了，但下次还会犯。我感到自己越发焦虑、没有安全感，我们没有共同的目标，没有未来，我们现在的异地恋又有何意义呢？**日积月累，我一直向他表达我不快乐、不满意的情绪，最后因一件小事我觉得他根本不懂我，一气之下跟他提了分手。**

03 "爱情不是改变而是接受"

如今看来，我认为他是回避恐惧型依恋，害怕受伤不太与人打交道，更喜欢自己打游戏，能从游戏中获得自信和成就感。我们的相爱模式就像焦虑矛盾型和回避型之间的爱情。但也可能是我的焦虑，迫使他扮演了回避的角色。**只是我内心在不断渴求，希望他关注和回应，想要得到承诺和保证。**回想起来，大多数不开心都源于我的不满足。他说看到我生气他的内心会感到害怕，会全身冒冷汗，我想他的内心应该也受到了很深的伤害。

爱情中不是去改变对方，而是去接受对方。我对他缺乏理解和包容，只是对他提出我的需求，希望他变成我心里喜欢的样子，而没有考虑他的感受。我没有想过他也会失落，会伤心，这是因为我没有站在他的角度去体谅他的难处。**我们相处中，没有深入了解过彼此内心的真正想法和感觉。我们各自的沟通模式和处事方法都有所不同，我不应该要求他执行我的标准，我应该学会去包容与自己不同的方面。**

确认自己的问题所在，我应该学会对自己负责，培养自己的安全感，不是一味地去依赖对方，急切地想要对方的回应和支持。**在自己焦虑的时候，及时觉察自己的情绪状态，安抚自己，**不该在恋人面前肆意发泄愤怒和不安。我应该学会让自己变得坚定，找到内心的支撑。对爱情，我应该认真思考：是否真的有能力去付出爱并接受不完美的他。

对我来说,这段感情经历最大的好处是让我开始觉察自己,允许自己接受不被认可的阴暗面后,还能承受和接纳自己。我学会了保持一颗开放的心,以探索式的思维方式面对生活。**我在与老师的交流学习中时时自省,常常体验到一种醍醐灌顶的感觉。**我也从之前认为无路可走、无计可施的观念中解脱了出来,在自我认识后,我能更好地治愈自己,理解他人,努力接近内心的自由和人格的独立。

> **点 评**
>
> 作者在和男朋友的互动中一直采取主动积极的态度,但也许男友因为过去失恋的伤痛还未修复,或由于其回避的倾向,使得作者越发焦虑,越想要逼迫男友做出改变。岂不知,不是出于自愿的改变是不可能长久的。这段恋情让作者感悟很多。的确,我们首先应该去理解别人,换位思考,多包容对方和自己不一样的想法和行为,才能收获爱情的甜蜜。此外,更重要的是,作者还应该觉察自己焦虑背后的内心渴望,如果能用更好的办法来抚平内心的焦虑和不安,那未来的恋情才会走得更加平稳。

第二节 提升自尊、接纳差异、降低期望
——焦虑型人格的求生之道

看了以上几个案例,我们不免要问焦虑型依恋者到底应该怎么办?让我们看看同学们给的具体解决方案:

"按依恋理论的说法,焦虑型依恋者改变自己的方法是让自己成为安全型,最根本的解决方法便是找到一个安全型的恋人建立一段稳定长期的亲密关系。但迅速找到一个安全型的恋人,对我来说也不是一件很现实的事情,所以我觉得需要做出一些改变来缓解自己的焦虑,让自己更加快乐,并且这样也能增加遇到一个安全型依恋者的概率。"

"我发现需要思考的第一个问题便是:我为什么需要别人的认同才可以得

到快乐？我为什么需要在亲密关系中和对方互相依赖才能获得安全感？**我过分在意外界的认同，我在意朋友、周围人的肯定，而非对于自己的接纳。所以我觉得要做的第一步是接纳不完美的自己，提升自己的自尊，相信自己是值得被爱、被尊重、被珍惜的。**去做一些自己喜欢的事情，感受自己的价值；去帮助一些人，感受自己被需要被珍惜的感觉；多与好朋友交往，感受自己被在意的感觉。去相信'我的存在，就是我的价值所在，我并不需要费力去证明什么，做到什么，我的存在就是有价值的、有意义的'。"

"当与人相处时，如果我产生焦虑的情绪，就多暗示自己，不是自己的错，并要接受别人可能会在某些方面对你的不认同，但这并不会影响你与对方的关系。比如：对方某些时候没有及时回应或只有很小的反应，很多时候并非是你的错，很可能只是对方在忙而已。这个世界上不可能存在完全认同你所有方面的人，你有你喜欢的东西，别人也有别人的爱好，萝卜白菜，各有所爱。另外，**在感到焦虑的时候找到一种合适的方法去缓解焦虑**，去寻找一些方法来让自己忘记那种焦虑的感受，去专心做自己的事情。"

"**相处时降低自己对于对方的期望。**你希望对方能够时时刻刻陪伴在你身边，然而这在现实中几乎是不可能存在的，所以不要对对方有如此高的要求，而是应该去了解对方是一个什么样的人，然后探讨一种两者都比较满意的解决方案，这样问题可能会少很多。"

"不要把关系中的冲突想成是无法解决的，一段亲密关系中的两个人存在很多不同，因此**有矛盾很正常**。对方的承诺由于一些原因没有做到也很正常。**没有什么是沟通解决不了的，即使暂时解决不了，不要想着先去结束关系，而是要先去询问对方的感受，好好地沟通**，也许就能找到解决方法。另外，焦虑型依恋者在恋爱初期就应该告知对方自己是焦虑型的人，告诉对方自己的情况，如果对方不能接受可能就要及时止损。"

案例：用行动减少焦虑

01 噩梦中门锁是坏的

我每次做噩梦，梦见有怪兽或者坏人抓我，我都会跑着跑着遇到一所房子或者可以躲藏的地方，这个地方通常都有一扇门，梦里的我总会跑进房子然后反锁上门，但每当这时，**我就会发现门锁是坏的**，我想尽任何办法都无法让这个门彻底地关上，只能等着坏人一步步找到我，然后就会惊醒。这样的梦做多了，导致有时候我在梦里发现门锁是坏的时候，我都能判断出自己是在做梦。

在我成长的过程中,主要都是妈妈在照顾我,爸爸大概是在我三岁的时候去外地做生意了。我从小到大很少和男生玩,因此不知道怎么和他们交流。和女生交朋友都是很和善的样子,从来没有和朋友闹过矛盾,但也没有对朋友暴露过我的内心世界,那时的我属于"恐惧回避型"。

02 在自我暴露中开始了恋爱

我认为自己的依恋类型是在变化的,高中以前比较偏向于回避型,高中毕业和男朋友在一起后,渐渐开始偏向于焦虑型,直到现在恋爱两年多,我的焦虑情绪减少了很多,正在逐渐向安全型转变。

高三,班主任安排我和N成为同桌。N开始逐渐关心我。我突然生病住院做手术,耽误了近两个月的功课,N每天都会发消息问我情况,看到他这么关心我我就很感动,对他开始有了不一样的感觉。回学校后,N更加关心我了,**但我不知道自己对他是感动还是心动,不知道自己是依恋他对我的好,还是喜欢他**,而且,高考完就要各奔东西,我们就算在一起了还要经历异地恋,我是绝对不想这样的。一次周末,我和N约好谈话,聊起了我小时候从来没告诉过任何人的事,听完后,他明确表示喜欢我,而且和我讲述了他的事情,我们互相诉说着,交换着彼此的秘密。

其实,这种行为叫作"自我暴露",这样做会使关系更近一步。但当时我认为把这些告诉他之后,他就能知道我为什么要拒绝他,为什么接受不了异地恋。结果,因为互相的自我暴露,使得他在我的内心又走进了一步。于是,我做出了一个在我看来非常不理性的决定——在高考前的一个月决定正式在一起,而我也给他下达了死命令,大学志愿必须选同一个城市。

03 异地恋的安全感

现实总是残酷的,成绩出来后,我考进了上海某高校,而他成绩不理想,选择了复读,我不舍得离开他,也不忍心离开他。**于是,我接受现实,开始了异地恋。**

N复读后,学校是封闭式的管理,不能带手机,每个人发一张电话卡,可以在课间休息时去公用电话亭打电话。我本身就很抗拒异地恋,再加上N复读期间联系非常不方便,我的焦虑程度达到了顶峰。我有想要分享的事情都没办法和他说。**我只能等待他给我打电话,而我自己却没有任何办法联系到他。刚刚开始异地恋的那段时间对我来说真的是煎熬**,每次接到N的电话,我总会说着说着就哭了,每次挂电话后,我也感觉我的心总是空落落的。因为自己联系不到他，所以就更会满脑子都是他。那段时间，我感觉已经没有了自己的生活重心，**把所有身心都寄托在了他身上，做其他事情提不起兴趣。**

N 也渐渐发觉这样发展下去不好，他会在晚自习后排十几分钟的队等待和我说 1~2 分钟的电话；也会早上五点钟起床第一个到教室，偷偷用教室的多媒体登录 QQ 给我发消息。在我们"困难版"的异地恋中，**他虽然学习压力大，但依旧尽他所能给予我关心和温暖，努力让我不恐惧、不焦虑。**

我曾经认为自己不可能坚持异地恋，但他的行动开始让我觉得我也应该努力，而不是每天全身心等待着他打电话。**于是，我开始让自己的生活也忙起来，一下课就去图书馆，坚持把每天的事情都做完。我发现每天过得充实也可以让我很开心，提前完成所有作业，也可以让我获得满足感。我的生活不只是每天想念他，我可以做很多其他的事情来转移自己的注意力，让自己不要胡思乱想，不要焦虑。**

04 我们的爱情还在继续

N 复读一年后，考到了南京的某个大学，因为这样可以离我近一点。我们可以每天打电话，互相发消息。但**我又出现了许多焦虑的行为。**N 突然很久不回消息，我就会胡思乱想，他会不会在和别的女生聊天；N 睡觉前忘说晚安，我会想他是不是没有以前那么爱我了；给 N 打电话未接，我可能会连续打十几个电话直到他接……**我会在意很多细节，然后推测他是不是已经不爱我了，就会对他会不会要离开我产生巨大的恐惧。**我知道 N 很爱我，但我接受不了他不爱我的结果，所以我会对恋爱中的许多小事有一种"草木皆兵"的过度紧张。面对这样的我，N 会说是因为我太敏感了，而我会说，是 N 太不注意细节了。

这些我所在意的小事，往往成为恋爱中争吵的导火索，**争吵过后，我们会互相反思，达成共识，我努力在自己每次焦虑或者胡思乱想的时候先进行自我疏导，告诉自己对方很爱我，对方没有及时回复我肯定是因为有事。而 N 也会更加注重那些我在意的小细节，养成每天晚上说晚安的习惯；每天和我打电话；节日时准备小惊喜；见面后给我长时间的拥抱。**N 对我说过一句话**"我现在能给你最好的就是时间，我愿意给你我的时间"，**他知道我缺乏安全感，需要更多的陪伴和关怀，而我在一段恋爱中最需要的就是时间和陪伴，所以他的这句话让我很感动。他还主动把自己的所有密码都告诉了我，告诉我他不在意这些，我可以随便看，他想让我有安全感。

还有一个很打动我的细节就是，每次吵架后，**男朋友总会说"我现在虽然很生气,但这不影响我爱你",而我们也总是会赶在当天解决问题,重归于好。

所以,曾经的我一直以为只有两个人每天待在一起才能给我足够的安全感,但我遇到他之后,即使分隔两地,他也总能给我一种内心的舒适感,让我越来越确信他很爱我,确信他不会离开我。虽然有时还是会因为一些事情而胡思乱想,但这样的频率在逐渐下降,直到现在,我们已经很少为这种事情而争吵了。

05 改变与成长

(1) 梦境的变化。以前我噩梦里的门锁都是坏的,但后来我的梦中,虽然门关不上,但我总能在那里发现另一个可以用来逃走或者藏身的密道。再后来,我发现,梦境里的门锁开始起作用了,只要我锁上门,坏人就进不来了,再到后来,我已经很少做这样的梦了。

弗洛伊德在《梦的解析》中指出,梦境本身可能是荒诞或扭曲的,但梦中的情绪却是真实和不容忽略的。我一直认为**坏掉的门锁是我内心缺乏安全感的象征**,是内心恐惧的象征,但在和男朋友相处的过程中,在向他暴露自我的过程中,我有一种渐渐被治愈的感觉,而我的内心也越来越有安全感。

(2) 依恋类型的改变。谈恋爱前,我不愿意向他人暴露自己。谈恋爱后,我开始向男朋友展示自己最真实的一面,但却因为害怕受到伤害,恐惧分离,而变得焦虑、敏感。在男朋友的爱护和陪伴下,我的焦虑情绪渐渐减少,直到现在恋爱两年多的时间,我感觉自己内心的安全感比以前多了很多,而且也不再恐惧彼此的分离,适应了和男朋友异地恋的生活。

我想要努力把握每一天,和他一起为我们的未来努力,但如果有一天他不爱我了,我也不会像以前那样觉得自己无法承受。因为安全感的增加,我变得更加坚强了。

(3) 人际关系的改变。我抗拒对他人有过深的感情,但谈恋爱后,我不再像以前那样只是"温和"地对待朋友,我会开始在他们面前表露出不一样的情绪,也会和他们说一些心里话,虽然还是没办法做到完全不回避,但我逐渐开始"开朗"地对待他人,朋友们也可以见到比以前更为真实的一个我。

开始自我暴露,不再抗拒自我暴露并从内心开始接纳他人对我来说是一个很大的成长,所以我很感谢男朋友一直以来对我的爱护和陪伴,很感谢自己可以重新拥有接受爱、给予爱的能力。

(4) 自我价值的提升。我们都很爱对方,都愿意为了未来去努力,这份爱就变成了我们的动力。我努力学习,目前成绩也在学院内排名较前,我想要好好努力然后保研,而男朋友也在努力学习,他也愿意来上海。我们经常讨论以后要在哪一个城市生活,以及对于未来的规划和期盼等。

正是因为内心有了这份爱,才有了对未来更为清晰的目标和更为强大的动力,而在我们努力的过程中,双方都会变得越来越优秀,自我价值得到提升,进而获得成长。

曾经的自己从未想过会接受异地恋,而那时的自己也不会想到,异地恋虽然辛苦,但我却被这份爱慢慢治愈,获得了改变与成长。

点 评

如果对自身的焦虑和回避行为进行深刻反省、探索和修正,依恋类型是可以随着内心的改变而发生改变的,用心感受爱、接纳爱可以获得更多的安全感。作者原生家庭因缺少父亲的陪伴,内心缺乏安全感,将自己最真实的一面封闭了起来。谈恋爱后,通过学习和实践,逐渐获得了改变与成长,逐渐开始向外界展示真实的自己。

作者写出了很好的爱情体验,她不再抗拒分离,逐渐被男朋友的爱所治愈,她也因此收获到了许多宝贵的东西,得到了心灵的成长。

第十二章 "回避型"的恋爱如何才能突破自我？

有一名女生这样描述自己的恋爱："每天晚上我们俩都会去操场走一会儿，讲讲一天的趣闻。之后不久，**他就冲我发脾气，说我的话太少**，他觉得不知道我在想些什么。我很疑惑，因为自己从不以为这是一个问题，总觉得我不用说太多他都能懂，又觉得言语在表达感受上太过直白，所以不想多说，只愿意倾听。**但是在他抱怨了之后，我也尝试过改变，但是结果却收效甚微**。之后还是他来迁就我，最艰难的时候他甚至会在晚自修结束前就开始想好待会儿要跟我聊些什么话题，然后写在纸条上，努力一个人想把气氛活跃起来。**当时的我对他的努力无动于衷，甚至惊讶于自己的冷漠**。另一个导火索是我忽冷忽热的态度，**在情绪低落的时候，我会关机，玩消失**，久而久之就发展到了看到他的信息也不愿意回，有时候是因为话题不感兴趣，有时候是觉得浪费时间，还有时候正好是在忙事情……总之，一件小事都可以变成我无视他消息的理由。**还有一个表现就是我不愿意表露自己的真实想法，言语带刺或者回避话题**。最后，我们开始认真检视关系中的不足之处，然而我还是一味地逃避，想把话题转移开，两人的对话常常不欢而散。在他提出分手的时候我**甚至有些如释重负**。可是要知道，我曾经真的有憧憬过我们两个人的未来，但可惜这个未来没有了。之后我再也没谈过恋爱，虽然也曾有爱慕的人，但我总是回避明确关系。"

根据英国精神分析学家约翰·鲍比提出的依恋理论以及后继的研究发现，儿童依恋类型主要有安全型、回避型、焦虑（或矛盾焦虑）型和紊乱型。

上面那个女生就属于回避型依恋类型。仔细分析她描述的心理状态，我们发现：她不愿意与他人分享内心真实的感受（不沟通）；当他人过分亲近时她会选择远离，漠视他人的情感需要（不接受亲近）。她也比较敏感、自卑，在意他人意见，在社交场合沉默不语，害怕被他人嘲笑。当与他人关系存在矛盾时，她往往回避问题，不太愿意正面解决问题。这便是回避型依恋者的典型特征。

回避型依恋者为什么会这样？

回避型依恋的主要成因在于童年时期的原生家庭，回避型依恋者在婴儿时期往往遭到**其养育者（一般是母亲）的忽视，或是过度控制、批评和嘲讽**。在这种环境下成长起来的人因为感情和需要长期得不到满足，甚至被压抑，于是生出了**"他人都是不可靠的，只要自己才最可靠""只有自己不会抛弃自己"**的想法，这种想法看似是高度自尊的，但其背后的潜台词其实是"**我不配被他人爱**"。理解了这种潜台词，也就理解了回避型依恋者的种种表现。

回避型依恋者的背后有两种动力驱动：一种是需求得不到养育者满足而催生的对他人关心和爱护的"饥饿"，也即是依恋的动力；另一种则是因长期得不到养育者关注而催生的无望和自卑感，为了对抗这类消极感觉，孩童时期回避与养育者的亲近，成年以后则回避与其他人建立亲密关系，这是回避的动力。回避型依恋者的成长过程会投射到亲密关系中。他们一方面渴望与异性建立亲密关系，有时候会显得过于热情；另一方面他们又是极度敏感的，一旦异性对其稍微冷淡，便会加重他的自卑，为了对抗这种自卑感，他便要回避对"关注和回应"的需求，一旦异性对其表现出想要建立亲密关系的迹象，他的自卑感便再一次发作，认为一旦建立了亲密关系，自己最终还是会被人抛弃，所以回避型依恋者就会选择回避亲密关系。

第一节　脆弱和敏感，不敢去信任

——回避型依恋者的爱情悲剧

案例一：一对互相吸引又极有风险的组合——焦虑型依恋与回避型依恋

心理学家荣格有一个术语叫作"阴影"，即不能在阳光下呈现的心理，最后会躲入阴影中，但它不会消失，而会以我们不能控制的破坏性的方式出现。有些人在童年时就承受了由原生家庭投下的"阴影"，并在阴影中变得更为阴郁不幸；而有些人则在亲密关系中被治愈，并有机会走出原生家庭制造的阴影。至于有无这种机会，很大程度在于亲密关系，故此，我想以我和初恋男友为例，来分析两人

第十二章 "回避型"的恋爱如何才能突破自我？

的依恋类型和亲密关系。

01 "追"是因为曾经总被冷落

我的初恋男友生于一个较为富庶的家庭，这样的家庭不出意外，往往搭配一对忙碌的父母。他曾对我提起小的时候**大家都很忙碌，根本没人理睬他**。父亲总是醉醺醺地回家，很晚才能和他说上几句话。

他还有一个相差七八岁的哥哥，他时常跟着哥哥等玩耍。为了融入这个群体，他就为他们跑腿、放风、报信，总是一副弟弟的卑微和怯懦的姿态，因为讨好他们能够交换来哥哥们对他的关照。**他很小时就能克制自己的欲望来满足大孩子们的无理要求**，可他的哥哥也没有加以阻拦，或者说根本没有注意到他的这些行为的动机。

父母、兄长、朋友时有时无的回应，使他变得患得患失，形成了一种焦虑型的依恋，**他需要不断试探其他人对他的感情是否真实**。上大学后，我们便开始面临恋爱的艰难命题——异地恋。

在我们恋爱的两年时间里，他的焦虑型依恋特征基本体现在"低自尊""高控制欲"这两方面。因为距离带来的不可控性，他表现出了极高的控制欲。初期只是要求我事无巨细地汇报每一天的行程——包括穿了怎样长度的衣服、是否化妆、同行者有谁，拍照给他看上课座位旁是否有异性。第二个学期更是变本加厉，开始限制我参加各种社团和组织，逼着我推掉了一切课外事务，要求我删掉了通讯录中的异性，不许我与同性朋友一同聚餐，最后，他一再警告我不许去图书馆自习，"战争"一触即发。

他屡屡使我意识到他低自尊的可怕，每每在激烈的言语冲突之后，他会摇着头满是幽怨地说自己很可笑，**会用自残来"让我等着瞧"**。

他会舍弃自我需求来捆绑我，记得在一次分手过后，我们拉黑了彼此所有的联系方式。**他不顾一切买了硬座火车票要来上海找我复合**，我没有同意，并在他出发前一再重申让他不要来，我不愿再纠缠。可事与愿违，深夜他打电话来说他在上海举目无亲，我不忍心看他流落街头，谁能料想到我们就这样复合了。但在之后的每一次激烈争吵中，他都会搬出这样的说法——他为了我坐二十几个小时的硬座火车来上海求复合，多么难熬、多么遭罪受苦，而我现在还好意思和他吵架，我没有良心。

控制欲强的背后，一是对自身的不接纳，二是回避外界挑战与冲突，也就是控制者把自己内心回避的情感体验"扔"到了被控制者的身上，比如恐惧、弱小、无力、胆怯。异地代表着他远离我的现实生活,这期间可能有很多优秀的异性闯入我的视线,而他无法杜绝这一情况的发生。他可以选择信任我或者信任他自身的魅力,他也可以提升自我来抵御潜在的危险,**但他选择了更简单粗暴的方式——监控我的生活,切断我的社交,让我和他始终处在相同维度,无疑这是最省力的应对办法**。

02 "逃"是因为不敢去信任

如果说初恋男友是极端焦虑的,那么我就是助长他暴怒情绪的推手。我具有一部分回避型依恋的特质,这形成于我的原生家庭。

父母十几年在外务工,而我被寄养在外公外婆家。我很羞于谈起对于父母的感情。六七岁时,常常有人问我想不想在外务工的父母,从那时起,我就能面不改色地说出与内心截然相反的答案。每每父母过年前几天回家时,我会一个人怯怯地躲起来,任他们怎么找我也不出来。**我羞于面对他们热切的感情,羞于表达**,即使在外公外婆的大声招呼下我也不会主动叫爸爸妈妈。

我还因会为被人发现了我的心思而恼火,极其害怕他人侵入我的隐私。弟弟有次无意发现了我写给母亲的信,当着我的面大声念了出来,那是我唯一一次动情地倾诉对母亲强烈的想念,那是我在日记里才敢展露的一面。我因此而气急败坏,为此和他大打出手,并哭着把日记烧掉了。

我的性格隐秘而复杂。一是没有父母的陪伴,**尽管外婆外公对我极其宠溺,但我却始终有种被抛弃的感觉,所以很回避亲密关系里的那种突然的亲昵**。每次过年相见,父母急切地拥我入怀都会令我感到极其不适;二是心理学常说的"假性独立",即孩子对父母发出了爱的呼唤,却没有得到父母爱的回应。在经历了等待、失望和最后的绝望后,会不自觉地认为打扰了父母就会伤害到父母。

鲍比的依恋理论也提到:如果照料者对儿童的需求表现出冷漠和拒绝,那么个体就会认为自己是不值得爱且他人是不可靠的。

在这样的情境下,我习惯了掩藏我的真实情绪,这样才能不暴露真实的自我——真实的自我渴望亲密,但每当我稍微主动而对方兴致不高、反应平平时,我会迅速陷入自我怀疑,是不是我表现不够好?是不是我令对方感到厌恶?是不是对方看出了我的缺点?所以用沉默、远离、逃避的举动来处理,久而久之,我在亲密关系中就变得疏离而淡漠。

03　回避型和焦虑型的相互惩罚

因为回避型依恋者给不了焦虑型依恋者多少支持,而焦虑型依恋者又总在侵犯回避型依恋者脆弱的隐私。他每一次监控我的生活,登录我的社交账号,偷窥我的日记,就离引爆我心中的防备炸弹更进了一步,直至最后我对他冷若冰霜,开启了我的防御模式,他也开始了焦虑型依恋者的穷追不舍。

他追,我便逃;他打电话,我不接;他强迫我表态,我选择沉默;他不许我做的事情,我一定要去做……我们都在惩罚对方。

04　各自需求的差异——恋母情结与对父亲的渴望

在分手阶段他曾向我坦言,他一直到初中,只要有机会都是和妈妈一起睡的,我听到后感到难以置信,但是好像又一下子找到了他对我的极度依赖的原因。想起很多时候他像婴儿一样把头埋在我的胸口,或者像四五岁的幼儿般撒娇,他童年的俄狄浦斯(恋母)情结,经成年后的恋爱转嫁到了我的身上。我符合他择偶的标准:一方面我的软弱与没有原则的妥协,恰如他的母亲对他的百依百顺;另一方面我时而的冷淡与他母亲的表现相对应,对他产生了像磁铁一样的致命吸引,我越逃避越抗拒,他就越想把这种情结施加在我身上。

我童年缺少父爱,直到十七八岁我和父亲都对彼此感到疏远和陌生。小时候,我常常受到他隐晦的批评。我十岁时把第一部手机的密码设置成某个号码,爸爸无意听到后说我像个农村土孩子。在我内心渴望男友给我足够空间的同时,还期待对方能给予我从未在父亲身上得到过的纵容和依靠,从而维护我的脆弱与敏感。

某种程度来说,这已经预示了我们的爱情走向,我在恋人身上继续追寻那种只有父亲才能提供的"可依靠感",他试图在我身上建立起类似与母亲的联系。他做事生涩、全无经验,我的寻求未果;同样,我冷漠、疏离,也无法让他实现"母亲"般的那种"有求必应"。

05　总结

我的焦虑型依恋特质其实也是在某种程度上的自我保护,经过科学的梳理和回顾,我也终于能正视我的不安全依恋,能够不再畏惧我性格中的阴暗面,并且不会再盲目进入一段亲密关系。对于已经形成的依恋类型,我并不全盘否定,因为这种行为模式在过去帮助了我,使我有了安全感,是一种自我防御机制。但我会逐步改进在亲密关系中令双方不适的细节,以更好的心态走到阳光之下。

> **点 评**
>
> 作者的男朋友在恋爱两年期间有很多焦虑的表现,体现在低自尊、高控制欲等方面,而作者由于从小的生活经历,内心隐隐有一种被抛弃感,回避亲密关系中的亲昵,极其害怕别人侵入她的隐私。所以这一段恋情呈现出典型的"他追、我逃"的模式。作者在经历了这次初恋以后,能够有所总结和反思,而且对自己也有比较清醒的认识,相信她在未来生活经历中会有更多新的体验和感悟。

案例二:面对爱情,我为什么选择了逃避?

01 家庭背景——父爱缺失

课程一开始老师提到童年的记忆问题,我发现我的回忆里正面的记忆很少,负面的情绪很多。例如:我记得小时候天蒙蒙亮就独自起床去买早点时寒风吹过的那种冷冽;我记得母亲离家出走时我的茫然;我记得小时候不知道什么原因被父亲用腰带抽打的恐惧;我记得小时候回老家迷路时的惶恐;我记得小时候无数次和母亲争吵甚至是动手……相反,**母亲跟我叙述的小时候的趣事我却没有一丁点的印象。**

记忆是在初中的时候渐渐丰满的,那时候的我开始了寄宿学习,最让我记忆深刻的,是我一个人在空荡荡的寝室里唱《真的想回家》,流了一地的眼泪;最让我感到伤心的是高中离校时当众指责帮我搬东西却迟到的父母;最让我难过的是父母没有到我大学寝室来过一回。我一直觉得我在家中像是一个局外人。经过学习,我认为自己是回避型依恋者。我以母亲和弟弟的生活为出发点,通过观察分析我母亲和弟弟的相处模式,找到一些被我遗忘的记忆。

小时候我的父母是忙碌的。由于父亲的事业停滞了,家里的争吵声也就接踵而至,父母之间的交谈总是会演变为争吵。一年中,我和父亲加起来也没有说过几句话,我和父亲如此,弟弟和父亲也是如此。**我和弟弟缺失父爱**,很多时候**父亲都会采取一种逃避的方式去对待亲子关系。**

我不知道我的性格是在怎样的潜移默化下形成的,但我发现了一些缘由:

(1)我和弟弟的成长过程中过度依靠母亲,情感得不到正常宣泄。由于属于流动人口,学习生活的地点不固定,没有从小玩到大的死党,只有母亲负责我们的衣食住行和情感上的沟通,母亲成为我们小时候生活的唯一支撑。由于父亲的长时间缺席,这造成了我们性格上的柔弱,生活的重负本就让母亲身心俱疲,再加上母亲控制欲强而且多疑,导致她不能够及时发现和解决我们心理上的问题。负面情绪长期得不到释放,最终,我们经常采取"否认""反向形成"等防御机制。

（2）母亲对我们生活的全方位照顾。小时候,母亲对我们生活全面管控,让我们养成了以打游戏来反抗母亲管控的潜意识。在日常生活中表现为逃避家庭责任,甚至会认为父母就是为我们服务的。

02　自身回避型特质分析

（1）自卑感。我发现我性格的本质特点是友善性。我对于友善性的理解是：很多事情我会有自己的主见,但当我和他人起争议时,大多数情况下,我会放弃自己的主见,我把这种行为解释为友善性。其实我明白我就是自卑,这种自卑,让我常常在虚拟世界里寻找满足感。

（2）不善社交。**当我跟别人聊天时往往会有一种词穷的感觉,特别是和女生聊天的时候。**社交上的困难让我在游戏中寻找满足感,虚拟的满足感又压榨了现实中的社交时间,形成了一种恶性循环。

（3）对负面评论极其敏感。一次社团活动中我被一名同学当面批评,尽管他只是描述自己的看法,尽管已经过去了三年,但我还是对他的评价记忆犹新,这成为我自我否定的一项依据。

03　恋爱经历的分析

第一段恋爱经历是初二的时候,在恋爱的时候我很在乎对方的回应,很容易吃醋,我们两个人经常冷战,但一般持续时间不长。当时我一个暑假都有意回避她,开学之后也逃避她,最后我们就不了了之了。**我当时的感觉是突然不想谈了,原因是我妈妈反对,看重我的老师也反对,跟两位长辈谈了几次后,我选择了放弃。**

第二段恋爱经历是高三的时候,我和我的同桌暧昧了半年,在高考后我们就确定了关系,但我跟我妈妈聊起这个女生的时候,她表示不喜欢,之后的约会我突然就没有了开始时的那种激动,我又开始单方面回避她。

如果以旁观者的角度去看待这两段感情,很明显我是一个"妈宝男",没有什么主见,面对抉择时选择逃避,不考虑对方的感受。**我以回避型依恋者的方式来分手,我的自我不充盈,甚至负能量,不能给予他人爱,现在的我很想去发展一段**

亲密关系,但就目前情况而言,我还没有准备好。

04 总结

在对心理学有了初步的了解之后,我知道了我的性格特征,知道我情绪产生的缘由,知道了该采用什么方式去慢慢克服回避型依恋的反应,但离接受自我还有一段路程要走。

> **点评**
>
> 在作者的成长环境中,由于父亲的长时间缺位,再加上母亲过强的控制欲和多疑的性格,导致他的人格中有比较强的依赖特性和回避倾向。就像他本人所说,内心比较自卑,比较压抑,这种个性在他两段恋爱中也很明显地表现出来。经过学习,他逐渐知道自己性格产生的原因,也逐渐明白应该用什么办法去克服和改变,这种探索是一种积极的信号,会让他有更多改变的动力。

第二节　我们用什么保护自己
——回避型依恋者的心理防御机制

通过分析回避型依恋者内心的矛盾,我们便能得出他们惯用的心理防御机制。回避型依恋者的心理矛盾主要是"自我"和"本我"的矛盾,"本我"对养育者寻求关爱的需要得不到满足,短期感到痛苦、焦虑,长期则产生无望、自卑。为了减少和消除这种因"本我"长期得不到满足而衍生的无望、焦虑等情绪,回避型依恋者常用的心理防御机制有以下几种:压抑、否认、反向、合理化、隔离。压抑是回避型依恋者最核心的一种心理防御机制。其余几种心理防御机制则主要作用于减少自己对养育者乃至他人关心的需求,或减少自己的自卑感。

(1)压抑。压抑是回避型依恋者最常用的心理防御机制,他们幼年时期压抑自己对父母关爱的需要,成年后则压抑异性关爱自己的需要。

(2)否认。即通过否认自我对他人的需要,从而减少在这种需要中引起的焦虑、无望的负面情绪。

（3）反向。反向则是回避型依恋者的伪装，回避型依恋者隐藏着深深的自卑，为了抵抗这种自卑，回避型依恋者常常表现为自尊甚至自大，在前期交往中表现出来的过分热情其实是压抑潜意识中的自卑的反应，内心明明是渴望与人接近的，却表现出回避与人接近，以上都是反向心理防御机制的表现。

（4）合理化。回避型依恋者在回避与他人建立亲密关系的时候常常找不到合适的理由和动机使自己可以接受，于是他们便会把这种对亲密关系的回避合理化为"自己不再喜欢某人"或"自己不够喜欢某人"。

（5）隔离。隔离是回避型依恋者避免自己再次遭受童年心理创伤的心理防御机制，也是回避型依恋者的又一核心防御机制，即通过给自己划定安全区，划定亲密界限，避免因超出亲密界限而使自己再次遭受童年被漠视的创伤。

案例：内心极度缺爱者的恋情

01 "冷热"交替的发小

杜某，是我多年的发小，在与他长期的相处过程中我发现他有典型的回避型依恋者特征。在初中的时候，杜某暗恋我们班一个女同学。在早期的暗恋过程中，尽管这个女同学对杜某较为冷淡，**杜某仍对她非常热心**，常在 QQ 上找她聊天，但是她也不常回杜某。在杜某的热情下，这个女同学开始有了接纳杜某的迹象，**不过杜某的态度却发生了转变，开始冷淡她**，当时我们都以为杜某不喜欢她了，还戏称杜某为"渣男"。但是一段时间以后，**女同学又变回了最初的冷淡态度，杜某却又开始热情起来**，整个初中，杜某和这个女同学的关系都在这样的波动中发展，我们当初都以为杜某和这个女同学最终会在一起，但是后来两人还是没有在一起。后来据他说**每次当女生开始喜欢他，他便不再喜欢这个女生了，他自己也不明白为什么会这样**。

02 案例分析

后来我了解了杜某童年时的成长环境，杜某是独生子女，父母早年外出打工，他随爷爷奶奶长大，后来父母回家做生意，杜某才回到父母身边。不过杜某的父亲每天在外应酬，每晚都很晚才回家。母亲则是女强人，主要精力都用在了工作上，对杜某不常关心，但是却十分严厉，只要学校老师说杜某最近有什么小毛病，例如上课开小差，杜某的母亲就会狠狠批评他。据杜某回忆，从小到大他的母亲基本上没有夸过他，反而是有一点小事就狠狠地批评他。

在这样的环境下长大导致其内心极度缺爱,但是他的"本我"却又是渴望父母的关心爱护的,而渴望长期得不到回应使他产生了"自己是不值得被父母爱的念头",内心极度自卑,这种自卑在他长大成年以后进一步泛化为"自己不值得被他人爱"。杜某为了对抗这种缺爱的焦虑以及更深层的自卑,他的潜意识里开始弱化和回避对父母的需要,追求自我的独立,这种"弱化和回避"进一步强化为"他人都是不可靠的,自己才是最可靠的",即与他人划定边界,当他人靠近时,他便开始疏远他人。

对于回避型依恋者来说,**自我改善的最好办法便是消除这种自卑感,尽管童年受到了父母的忽视或指责,但那并不代表自己是不值得被爱的,也并不是只有自己才能依靠。此外,最重要的是不要给自己划定安全区,更不要画地为牢,自困一隅,只有勇敢走出自己的安全区,才能找到那个爱自己的人,回避永远都不能解决问题。**

点 评

作者对自己的发小杜某进行了深入的分析,通过杜某在恋爱中的种种表现,其判断是回避型依恋者。作者对杜某的分析是比较准确和客观的,但在最后提到的"不要给自己划定安全区,要勇敢地走出自己的安全区,找到那个爱自己的人"等比较笼统,在具体实施中需要进一步细化,这些过程也许是漫长而艰难的。

第三节　拿什么拯救你

——回避型依恋者就没有爱了吗?

回避型依恋者应该如何做才能走出自己的安全区,成功获得稳定的恋爱关系呢?

有个女生写道:"我认为我比较符合回避型依恋的特征,在我自己的经历当中,我从最开始的不敢接近我的男朋友,到目前愿意在没有外人的情况下和他牵手,我想这是一个非常大的进步了。每一次我都在努力告诉自己,要让对方知道自己是真的爱他的,即便无法说出口,也要努力在行动上积极回应他。通过每一次的心理暗示,我希望能一点点改变,从回避型走向安全型,爱需要勇气!"

案例一：回避型依恋者在爱情中应做出的改变

01 原生家庭和恋爱风格的绑定

我的成长环境不太好,父母经常吵吵闹闹,后来离婚了,我感受到他们的挑剔和不接受对方,**所以我对爱情和婚姻的看法比较消极,但内心还是非常渴望有一个人能爱着我**,让我感受到被接纳被宠爱。在高一的时候,因为和一个男生志趣相投,他向我表白,我们就在一起了,刚开始的时候,我们每天保持着高频率的通话,我们会分享彼此的一切,那个时候,两个人心里都是对方,我们也从中了解到各自的家庭状况和成长环境。

我的男朋友和父母的关系不好,虽然家境富有,但是父亲对他的要求很高,很难得到父亲的关注和称赞,为此他总是表现得非常乖巧懂事,想要取得好成绩来博得父亲的欢心。**所以男朋友在恋爱中时时刻刻需要我的关注,对疏忽、分开非常敏感,非常在乎我对他的态度。**

02 焦虑型和回避型的"你追我赶"式恋爱

男朋友属于矛盾焦虑型。我们恋爱的甜蜜期过后,矛盾就渐渐浮现出来了,男朋友会从早到晚不停地发消息给我,问我起床了没有,吃饭了没有,在干什么呀……最开始的一个月,我会觉得非常甜蜜,好浪漫,因为从来没人这么对待过我。之后我开始觉得厌烦了,有时候就装作没看见。但是我一旦不回他的消息,他就会马上打电话来找我谈心,一定要问清楚我心里的想法。我接到这样的**电话,内心越来越感觉烦躁,他的关心和他的表现越来越让我觉得不舒服,有被打扰的感觉。**我有时候跟他说,我们可以做些自己的事情啊！但是他可能已经**被焦虑情绪或者害怕被抛弃的情绪淹没了**,并没有听进去。

他也告诉过我小时候父亲对他的回应方式经常是不及时的,父亲对他时好时坏,所以他才会特别在乎别人的回应。我的忽冷忽热让他捉摸不透,他后来向我表达了那种猜不透我时难受的感觉,然而我总觉得爱情不应该占据自己生活的全部,他想要占据我的每一天,真的让我感到非常厌倦。

但现在想来,这可能就是我内心在逃避,不愿应对。**当时我认为短信不回只是一件小事情,他没有必要大惊小怪,更没有必要发那么大的脾气。最终他的焦虑时时发作,而我越来越逃避、抵触,两人都很痛苦,我提出了分手,这段爱情就**

此结束了。

03 可以怎么做——一些实用性的小建议

矛盾焦虑型依恋者和回避型依恋者要好好相处,双方就应该在心情平静时探讨方法,以此来找出最佳的修复方式。

比如对方不回信息,不用打电话过去抱怨,可用文字告诉对方,我的焦虑感又产生了,我又害怕了。这样对方也许会改变之前的敷衍态度,来鼓励焦虑型依恋的人。而作为回避型依恋的人,要练习信赖别人,给别人一个靠近自己心灵的机会,而不是拉近亲密距离后将对方推开。**我要直面自己的恐惧,因为逃避不能解决任何问题。**要学会表达自己,袒露真实的感受。**其实自己害怕受伤时所做出的自我保护行为,往往对他人而言会是一种深深的心理伤害,这是我得到的一个深刻教训。**

爱情是需要两个人合作的,需要双方去努力,具有共同的目标,应该想一想自己能给予对方什么,而不是以自我为中心,只有这样爱情才能长久地维持下去,才有美好的未来。

点　评

作者对爱情和婚姻的看法比较消极,但是内心还是非常渴望有人爱着她的。刚开始和男朋友相处时很甜蜜,但时间一长渐渐发生了转变,男朋友特别焦虑,希望短信要秒回,时时刻刻关注他。对此,作者是有抵触的。在文章最后的对策中,她对焦虑型依恋者提出了比较多的建议,对自己回避型的倾向以及如何改变也谈到了一些方法,但比较简单。"知易行难",未来真正落实可能还需要和对方一起花时间去探索和体验。

案例二:"回避型"依恋者主动迈出第一步

"哎,要不我们先试着合作一下?"——这是充满力量的一句话。

我小的时候父母都在外面打工,我是一个留守儿童,一直到我七岁之前,父母很少同时陪在我身边,我一直是爷爷奶奶带大的,所以我觉得自己有点缺乏安全感。后来父母回来了,我也慢慢长大了。我学习成绩很好,生活也平平静静的,我以为找到了安全感,但是一进入情感当中我才发现不那么简单,**而且我原来认为年**

龄到了爱情自然而然就会产生,会有人来追我,我只需要安静地等待。因为我小时候经常是坐在家门口等着父母回家,这让我感觉美好的东西都是能够等到的,但后来我发现我错了,如果在感情方面我不回应,不主动沟通,别人真的很难了解我。虽然我以前也和男生接触过,但都比较被动,而且别人一旦离跟我比较近,我就忍不住想要拉开一点距离,否则非常不舒服。

我觉得我属于回避型依恋人格。了解后我也想去改变,所以在"爱情配对实验"中,我开始学着主动回应,表达自己的感受。虽然开始的时候,有男生过来问:"你有没有搭档啊?"我当时脑袋蒙了不知道怎么回答,后来这个男生就走了。过一会儿我鼓起勇气走到那个男生面前,问他:"哎,我们两个要么先配合着合作一下?"那是我第一次主动上前,我真的为自己感到骄傲。

后来,我的高中同学竟然向我表白了,这是我第一次被表白,还是很开心的。随后我翻了一下和这个高中同学的聊天记录,我就发现从爱情配对实验那一天主动跟男生打招呼以后,我和这个高中同学的沟通多了许多,我还会主动向他问好,和他分享生活当中的很多小事,这个发现让我感觉好极了。相信只要我不断学习,学习爱的能力,学习如何去爱,一定会变得更好。**我得到了一个最深刻的经验是:要学会迈出第一步。**

点 评

这是一个大二的女生写的文章片段:"爱是世间最美好的情感,它能激发我们的内心,能让我们感到满足,也因为爱,我们不再孤单,爱让世界变得更加美好,情感是我们与生俱来的,但爱不是本能,它是一种能力,需要去学习,才能爱得更好。"我们相信她会带着这些感悟走向新的未来。

案例三:不回避,伤痛会变成"勋章"

在"爱情心理密码"课中,我发现自己属于回避型人格。与别人亲密时,我感到不舒服,我发现自己很难完全相信和依靠别人,当别人与我太亲密的时候我会紧张,如果别人想让我更加亲密一点,我会感到不自在。

我的原生家庭背景是,我的父母在我一岁左右离异了,随后又都分别组建了新的家庭。其间我一直与外婆生活在一起,读小学时才到妈妈家里。关于亲生父亲,自从他们离婚之后就再也没有联系了。此外我和继父的关系不是很好,所以对父亲、男性的形象，我是比较模糊的。因此，我和男生交流时也会陷入紧张和不安，我不知道该怎样和他们相处。加上我觉得很没有安全感，性格比较冷漠、独立，不喜欢依赖别人，所以在面对男孩子的追求时，我的第一选择就是不理睬。无论我是否对他有好感，有一个声音一直告诉我，被一个人完全了解或者去依赖一个人是十分危险的事情，既然如此，就从一开始扼杀这些危险才是最好的。

之前，我并不了解我有这种人格，只是以为自己信奉宁缺毋滥，对爱情比较谨慎。但这其实是原生家庭给我带来的一种软弱，让我没有勇气迈开那一步。我比较自卑，因为没有完整的家庭，生活也不幸福，我不希望我的另一半和我一起体验这种不完整、不幸福。现在，我觉得作为成年人，我应该有勇气去改变自己，起码在人格上要完整。所以，**后来我开始主动和男同学说话，并且看着他们的眼睛。在路上遇见熟人也主动打招呼，建立自信。与很好的男性朋友多交流，更多地去了解男生。尽量摒弃自己以往对他们的成见，平等自然地相处。**

最近我发现对于那些"伤疤"，如果你用力地去回避，它们就会越发长大，带来更大的伤疤。但是如果将它们置于阳光下，阳光的力量会消除它们，也不会痛了。

点 评

作者的内心有着回避型人格的一些成分，经过课上的学习，了解到自己过去关于爱情、人际关系的信念是有误区的。所以，她在行为层面积极地去改变，主动和男生说话，看着他们的眼睛，以此来积累好的体验和经验。最后一段总结是她内心力量的呈现，从伤痛中看到了自己的坚强，值得鼓励！

第十三章　这样的爱情将走向何方？

可能因为原生家庭中爱的极度匮乏,也可能因为成长过程中所受的伤害比较严重,有一部分同学的心理问题要比其他人多一些,而这些也会在各种亲密关系中体现出来,有些同学没有能力去接受爱、表达爱,也有些同学在恋爱中屡受挫折。但尽管经历很多曲折和磨难,他们依然没有失去信心,在学习了心理学知识和梳理了过去的种种情感后他们学会了带着伤痛走向未来,且行且爱。

第一节　克服内心恐惧,勇敢尝试,才能获得内心的安宁和喜悦

案例一：我的恋爱为什么会这样？

01　我的短期恋爱故事

我喜欢过不少男生,大多以暗恋为主,真正谈过的只有一段恋情,已经距离现在有三年的时间了,然而这段感情在我看来并不美好,分开后很长一段时间我备受恐惧情绪的影响,以至于我后来越来越没有信心去建立新的恋爱关系。

刚开始,我和他是在艺术生文化课冲刺班上认识的,他成了我的同桌,这让我们有了相处的机会。虽然我专业课成绩不错,但我的文化课成绩不行,他数学成绩很好,其余功课也不错,学习态度很上进,最主要的是他乐于助人,每次我有不懂的问题,他都会主动帮我解答,时间久了我就对他有了好感,更多的是一种崇拜。在聊天中他提到**他父母离异,是他父亲不负责任,他父母经常吵架,但我**

本能地屏蔽了这些，只在意他现在的形象，因为我感受到他对我有明显的好感。

高考后第二天他就向我表白，然后我就答应了。**因为我没有谈过恋爱，一直都想尝试，也一直幻想过自己恋爱的场景。**当时我所在的城市并不是我家乡，一个月后就要搬走，于是对于这段恋情的匆忙开始让我有很多不确定性。

谈了没几天，我们在一次喝茶聊天时，他突然一本正经地跟我说："要不我们把证领了吧，反正就九块九的事情。"听到这句话我吓了一大跳，并尴尬地转移了话题。他却时不时向我强调他从小就决定和初恋结婚，一辈子一双人，也许这是真心话，但当时我很害怕，想逃避这个问题，瞬间感觉自己压力特别大。我知道他想要的是我的承诺，可越是这样我越是慌张，而他说他怕异地后我会变心，或是有更优秀的人来追求我，他希望以这种方式让他安心，可我只想慢慢地发展。刚开始我内心就难以承受了，但表面上并没有表现出来。

我是一个比较传统的人，但他总在暗示性方面的事，他觉得这是正常的，**我觉得我没有被他认可和尊重，在思想上缺乏契合点。**

有一次晚上 10 点多我和他一起逛公园，公园里几乎没有人，就在那时突然所有的灯全关了，我害怕极了。他在我身边仿佛并没有起到一个男朋友的作用，**我不信任他，可他明明又高又壮实，为什么我内心还是不安呢？**平时凌晨一点我和好闺蜜一起走夜路回家我都不害怕，觉得很有安全感。与他肢体接触时我内心非常抵触，甚至觉得有点恶心，和我想象中的完全不一样。

相处半个月后我回到父母身边住，和他保持手机联系，不在他身边后我开始整理我的情绪。对他的各种感觉，都与考试前不同了，并且在这期间父母对我的影响也很大，我父母不同意我和他谈恋爱，而我平时比较听妈妈的意见，就这样我向他提出了分手。

我一直希望找到的男朋友是谦虚礼貌，有内涵，能理解包容我并且相处舒服的，可在他身上体现出来的与我理想中的都不相同。他很害怕失去我，不时地触犯我的心理边界，让我喘不过气来。分手以后，我仿佛卸下重担，浑身轻松，后面很长一段时间我都很恐惧恋爱，感觉那段恋爱很糟糕，一直强行忘记它，不愿意让别人知道这件事，也不愿承认这段感情的存在。

大二，我偶尔会特别想谈恋爱，但也一直因为没有男生喜欢我而感到苦恼，开始怀疑自己。我忍不住托朋友介绍男生，加过微信礼貌问候几句就没有下文了，我根本不知道怎么与异性聊天，害怕给别人留下不好的印象，害怕对方觉得我非常无趣。

02　童年经历

在学习了这门课程以后我开始回顾这些情感问题,判断自己的人格类型,我具备一些焦虑矛盾型依恋、性单恋的特点。

小时候,**爸爸妈妈把我托付给奶奶抚养,他们常年在外打工,和我分开的时间很长,我经常想他们想到哭**,每次妈妈回来就住四五天,再次分开对我的打击很大,每次我都会求她再多留一天,但她答应后偷偷地走了,我醒来后就痛哭。奶奶是个很强势的人,她很难细致地关注我,偶尔会处罚我,在我没有能力与她抗衡的时候,我都特别怕她。妈妈也经常教导我不要去危险的地方,于是我很胆小怕事。

一直以来遇到危险的事物我都会选择逃避,在家庭,**父亲未能与我建立一个好的亲密关系**,父亲没有给我带来安全感,在遇到困难的时候,我不是把他当坚强的后盾而是害怕麻烦他,害怕让他担心。那个男生为什么会吸引我呢?**可能是他的高大强壮,让我觉得很有安全感**,可是他总是侵犯我的心理边界让我感到不安全。我有些性单恋人格,一旦别人向我靠近时,我开始怀疑自己,觉得自己不配被他喜欢,他一旦喜欢上我,那么他的价值就降低了,而我就会不喜欢对方。成长的环境造成我与异性很难建立亲密关系,所以在爱情中我会出现这些不健康的心态。

03　我的成长启发

学习了这门课,我懂得两个人在一起不愉快、不幸福不光是对方的原因。我为什么会越来越自卑,为什么一直否定自己,为什么进入不了一段新的恋情?**其实很多时候是我自己把事情想得太复杂,给自己贴上不好的标签,让自己觉得不该被爱。我应该建立起自信心,自己先爱自己,肯定自己**。放下过去不开心的事情,和过去握手言和。遇到新的情感要慢慢经营,多沟通,不能太着急,整理好心情,确定目标向前看。这样生活就会变得阳光,爱情该来时自然就会到来!

点　评

作者对自己的这段恋情描述得很详尽,对自己内心世界的描述也很丰富。由于从小爸爸没有给她安全感,所以,当高大强壮的男友出现时,让她觉得很有安全感,但男友总是侵犯她的心理边界,让她的内心极不安全。经过这段恋爱,她更清楚自己的问题所在。也许对她来说,好好地爱自己,更多地了解自己的内心渴望和恐惧,并采取各种办法增强自己内心的力量,才是最重要的。

案例二：克服恐惧，敢爱敢恨

在《情礼之间——身心灵的自由》这本书中提到，恐惧型依恋的人总是消极地看待自己和亲密关系，总是担心自己会被抛弃。所以在一段恋爱关系中，他们总是处于进退两难的境地中。有时想到要和对方亲密接触，但他们会感觉到恐惧。

01 我的恐惧型依恋的表现

在我的恋爱经历中，恐惧型依恋体现在很多方面。

（1）纠结是否要主动联系对方。我总是期待着对方能够主动与我联系，一天中，我总会下意识地注意他是否发信息过来。如果他不主动发信息，我就会感到非常失望，怀疑他是否在意我，因而引起自己的焦虑情绪。我曾经因为很失望，问过对方是否如果我不主动联系，我们就不会交流。此外，我本身有想要交流的欲望，但是我不希望自己总是主动。于是我就陷入了纠结的状态，一方面希望能够和对方聊天，但另一方面碍于自己的自尊，不愿去主动联系。我更担心联系了之后，他就更加不主动了，他会觉得不联系也没关系，反正我迟早都会联系他。大多数情况下，我还是主动发信息，但是在发完信息后，我就会感到很后悔，怪自己不争气，也害怕我永远主动下去。后来，我将自己的感受和对方说了，对方也开始主动联系我。但是，这个时候我宁愿相信他是在顺应我的要求，而不是真的在关心我。当他开始频繁找我的时候，我就会有点厌烦。

（2）拒绝亲密接触。有一次我和我前男友坐在湖边的椅子上看风景。他就抱了我一下，下巴抵着我的头。一开始我挺惊讶的，但是后来就感觉有点不舒服。**我突然下意识地说了一句："你离我太近了。"**我感觉那句话都不像是我说的，是自然而然脱口而出的。

（3）克制情感的表达。我觉得在这段恋情中，我总是很克制，很少会对他表白，而且也很少表达自己的喜悦。比如有一年放假前，他在宿舍楼下等我。我远远地看到他就感到很开心，等我走到他身边的时候，他很激动地拿出给我买的口罩，我觉得很温暖，因为有人在关心我。但是我没有笑出来，寒暄了几句后，我就让他快点回家，他也觉得挺扫兴的。

当他说分手的时候，我直接蹲在地上，感觉一下子呼吸不上来，我觉得自己被抛弃了。这种被抛弃的感觉，也让我认定了自己之前的想法：对方不喜欢我或者我不值得被对方好好对待。我感到很无奈也很痛心。但是，我爽快地答应分手，然后飞快地走回了教室。

分手后，我们还是暧昧了许久。我感觉他再一次变成了我想追求的人。但是，我依然很矛盾，因为我知道分手后就不应该再对他抱有幻想了。

02 我得到的启示

（1）克服恐惧，坦诚沟通。先接受自己的依恋类型，**再希望自己能勇敢地克服恐惧，将自己的所思所想告诉对方**，而不是拐弯抹角地表达自己的欲望，同时也应该给予对方更多的信任，多运用同理心去理解对方的想法。比如我直接对对方说："我很想你，我希望和你多聊一会儿天。"更加放心地享受对方对我的关爱。

当时纠结谁先联系谁，哪里是为了他不主动联系我而生气、焦虑呢？其实我已经想到他不喜欢我，然后用证据来证实自己的猜想。

（2）勇敢去爱，洒脱放手。恋情结束后，我和前男友仍然有很长一段暧昧期。我觉得有两个原因，一是因为我不希望失去别人对我的喜欢，当意识到要失去这段亲密关系时，我就慌了阵脚，非常伤心。二是因为我觉得还有很多遗憾，所以抱有一些幻想，希望能继续下去。

现在我认为自己应该更加成熟地面对感情。一段感情结束了，就当上过一次课。也许适当地改变可能会让结局变好一些，但也没必要抓着想象中和回忆中的美好不肯放手。因为想象中的感情并不是真实的。我也意识到了**要鉴别什么是爱**。我想我当时的爱情更像是一时冲动。我从来没有和他承诺过什么，也没有和他有过很多亲密的举动和深层次的沟通交流。**我希望在下次谈恋爱之前能加深对对方的理解，建立充分的信任，我也能更洒脱地表达自己。**

谈恋爱的时候，将爱意、想法都表现出来。失恋之后，收拾情绪，洒脱放手。我想这就是我目前为止悟出的道理。

点 评

童年依恋类型会影响成年以后的亲密关系。在恋爱中，人们会将自己最深层的依恋类型展现给恋爱的对象，也能够在这过程中更加深入地了解自己。作者正是通过一段感情经历感受到了自己恐惧型依恋的特征。失恋以后，她一直认为一段恋情的结束只是因为恋爱中的双方并不合适，自己不需要改变，需要做的只是等到那个适合自己的人。经过学习和反思，她才了解到了，如果要建立和谐美满的亲密关系，需要克服内心的恐惧，勇敢地去爱，坦诚沟通，才有可能让自己的感情生活更幸福。

第二节 情感为什么如此混乱，是因为从没得到过稳定持久的爱

案例：我的成长经历和不舍、不愿、不敢的"爱"

01 我的恐惧型依恋

（1）婴幼儿时期的"抛弃"。我家里贫穷，从小父母外出打工，每次他们要离开时，都会先把我哄入睡。当我醒来见不到爸妈总会号啕大哭，小时候我嗓门大，他们隔着山还能听见。我在所有长辈们的眼中，是一个从小就听话乖巧的孩子。但我内心想要当一个偶尔也会破坏规矩的调皮孩子，而不是活成父母想要的听话的乖孩子。

（2）恋爱时的恐惧型依恋。高中时代，老师强调禁止谈恋爱，而就是在这样的背景下，我跟 G 的恋爱悄悄萌芽了。

我们一起上学、放学，一起吃饭、上体育课，基本可以说是完全黏在了一起。但是很快矛盾就出现了，G 希望所有人都知道我们的恋爱关系。G 幽默和善，成绩总是名列前茅，而当时的我却是个不太会与人打交道的"古怪"学生，所以班上其他同学对我们颇有微词。G 说永远不离开我，也多次要我做出承诺。G 会满足我几乎所有的要求（现在回想起来，G 应该是痴迷型依恋）……**但所有这些来自外界的、来自 G 的、来自我自己的压力，都让我想要逃离。**G 见我发脾气，见我不高兴还是会容忍我，追问我是怎么了，每次一到这样的谈话我都默默哭不说话，不让 G 知道我心里究竟在想什么。有时我甚至会责怪 G，将所有导致我闷闷不乐的原因都归结到 G 身上，因为我不想让 G 看穿我的害怕和自卑。当我不理 G 的时候，G 总会盯着我，**像是园丁盯着自己的菜园一样。**而我呢，总会装作看不见 G，假装 G 不存在。但无论怎样，我们最后总会和好。

经"成人依恋量表测试"显示，我属于恐惧型依恋，即高回避、高焦虑依恋类型，这一类型的得分远高于其他三种类型。G 是我的初恋，除了少许的浪漫和快乐，我体会更多的是痛苦，我整日担心下一次考试不能与 G 看齐、担心被班主任和老师发现我们的特殊关系、害怕其他同学对我的评价……但我不愿意表达自己，所有的一切我都不告诉 G，即使当我一遍一遍地问 G 到底喜欢我什么时，G 一遍一遍地说不会离开我，一封一封地写情书给我，我还是怕 G 会离我而去，所

以我恐惧并抗拒与 G 长期交往,我需要在 G 抛弃我之前率先离开他。那段与 G 的亲密关系充满了焦虑和难过,但却非常深刻。

02　阿尼玛与阿尼姆斯

(1) 我父母的爱情故事。我的父母常被周围邻居和亲戚朋友们评价为模范夫妻,不少亲戚中的夫妻矛盾都是找我父母解决的。

但在我的记忆中,最开始他们的相处并不像现在这般和谐,在我小时候,妈妈是个急性子,做事雷厉风行,爸爸则是个慢性子,而现在,他们的性格好像调换了,妈妈细细清点行李箱内的东西,爸爸则嫌她拖沓;大部分的时候他们都还好,不急也不慢,越来越稳定了。对比老照片都会发现,曾经抱着篮球皱着眉头的爸爸如今添了几分柔和,曾经有着细细弯弯柳叶眉的妈妈现在也变成了干净利落的一字眉,这可能就是所谓的"夫妻相"吧。

我曾经渴望被一个跟我性格、思维和习惯都完全一致的人理解,但从我父母几十年的婚姻中,我明白了外人可见的,都是他们外向的一面,即显性人格,而他们内向的一面,即隐性人格正是对方的性格,所以他们真的做到了融为一体,我中有你,你中有我,难分难解。

(2) 我与前任的相爱相杀。起初,考进这所陌生城市的高中的我,"高冷、难以接近"是班上同学对我的最初印象。我以为没人能理解我,直到我被 G 的开朗和幽默所吸引,我才意识到我一直以来缺少和渴望的是什么。G 喜欢我的那些没有逻辑的写写画画,其实,看似大大咧咧、什么都不放在心上的 G,内心却非常敏感。最开始的我们,有很多甜蜜美妙的时刻。

但是这一段日子很快就过去了。我开始讨厌 G 想要时刻黏住我,不给我自由的空间;我知道 G 对我同样怀着些许厌恶,厌恶我总是态度冷漠,厌恶我不敢开心扉……我们都希望对方改变,变成自己理想中的样子。

彼此相爱,又互相不满以至于冲突不断,其实源自内心深处的问题。**我们可能是对方的阿尼玛、阿尼姆斯(彼此是对方的隐性人格,是爱情产生的条件之一),得到它却不知道如何与之相处**,我们都试图用显性人格驯服隐性人格,而不是学着和平共处,不知道那些对方让人看不惯的样子本来就是自己的一部分。

我们对对方的缺点和不足是如此不可忍受,逐渐忘记了自己最初正是被这些特质所吸引的。

03 恋爱中的心理防御机制

G喜欢毫不掩饰地表达自己的欲望和不满,但我不喜欢表达自己,喜欢让对方猜测,每次吵架我选择开启冷战模式,G知道直接与我对质毫无结果,所以G会在冷战期间时刻盯着我,一旦我与其他同学玩得开心时,G总会假装路过,假装找这个同学说事情,这些,我都假装没看见,把G当作空气。后来G找了另一个"女朋友",挑着各种机缘巧合凑到我眼前让我看见他们的互动,而我呢,表面依旧冷漠,满脸写着我不在意,直到G最终自己也相信我是真的不在意,便更加发狂。

我应对恋爱中的嫉妒的方法,其实是心理防御机制的作用,**恋爱中我最明显的心理防御就是压抑**。当G越是想要让我嫉妒,我就越是压抑住内心的情绪,将所有注意力转移到学习上,为了装出满不在乎的样子,其实需要很大的能量压制住自己的,我不愿意告诉G,也不愿意寻求任何人的帮助,这些都为我们后来的一次次分分合合,甚至自己半夜出现幻觉、不得不寻求心理医生帮助埋下了伏笔。

我的另一种心理防御机制是投射和反向。我的内心想要亲密关系,当它真正到来,我偏偏会表现得十分抗拒,讨厌被占有欲束缚。我从来不敢承认内心真正的渴望,于是把这些情感都投射到G身上,通过将所有问题都归结到G身上,使自己获得解脱。

第三种心理防御机制是否定。通过否定G、否定自己内心真实的情感,来让自己获得平静。由于我总是责怪G,刚开始我还能因为知道自己有不对之处而羞愧,后来我连自己也被说服了,每一次冷战,我都坚信是对方的问题。

04 分无能,爱无能

(1) 舍不得结束。我其实心里已经知道,我和G是不可能在一起的,但我却又舍不得它就这样结束,**我知道G讨厌冷暴力,但G不知道我也同样讨厌**,当G想要真的放下时,我其实非常抓狂,而表面却依然冷漠。我没有勇气面对自己的内心,也没有勇气承担主动选择的后果,所以被动地等待对方开口,焦急期待着对方将我挽回,只要说一句,我就会答应,即使是要分手,我也希望由对方提出。

这个方法残忍,但奏效,我将自己解脱,又将自己重新卷入,直至最后一次,G也疲倦了,我们断断续续长达四年的恋爱终于落幕。

(2) 不愿意开始。G是我的初恋,这是一段带给我深刻影响的恋爱,在后来的恋爱中我再没有经历过曾经与 G 在一起那四年的快乐和泪水。

大二圣诞节前一周我认识了 T,T 在平安夜那晚冒雨到我宿舍楼下送我花和小蛋糕,跨年时 T 带我去酒吧,**我躲开了 T 的亲吻**,那晚之后我们再没有相见。再后来,B 找我要了微信,约我出去吃过几次饭,**最后一次吃饭时我告诉 B 我并不喜欢他**。大三时,我认识了一个学长 W,我们成了最知心的朋友,但一天晚上 W 喝过酒后,在微信给我发了许多消息,不久我在他的微博上看到他给我画的肖像,和嵌有我名字的诗,**我便开始疏远他**,对他的态度逐渐冷淡,即使他用了很多方法暗示了对我的思念。

这三段感情都非常短暂,甚至还未曾开始,我就逃离了。我既没有心动的感觉,也不渴望甚至害怕亲密关系,我为自己设了一段段礼貌得体的社交安全防线,**一旦有人跨过这条防线,我便立马转身逃走,绝不再开始新的恋爱。**

05 小结

我将曾经的书信、礼物、小纸条、笔记本等都拿出来挨个翻看,重新回忆了一遍我的恋爱成长经历,通过剖析自己,我与不愿提起的往事坦诚相见,透过它们看到了许多自己曾经不曾注意或者极力美化的问题。

在"爱情心理密码"的课堂上我已经在反思和探索了。我准备在疗愈过去的同时,试着重新出发……

点评

作者是从小在乡间长大的小女孩,很小的时候父母就外出打工,她是跟着奶奶长大的。字里行间我们似乎能够看到那个面对父母离去号啕大哭的小女孩,在成长过程中她非常缺乏安全感。也许因为太缺爱了,所以在严令禁止恋爱的高中她还是谈了恋爱。但是这段恋爱除了享受到些许浪漫和快乐之外,她感受到更多的是焦虑和难过。由于种种原因,她也没有能够和初恋男友好好地说再见,留下了很多未完成的情结。上了大学以后,她依然要面对内心的恐惧、悲伤和焦虑,在面对新的喜欢她的人时,她为自己设定了一段段社交安全防线,还没有开始就逃离了。作者对自己的过往和人格的分析很深刻,其丰富的内心情感和坎坷经历让人感慨、唏嘘。希望随着时间的沉淀,她能够找到疗愈自己的途径,能够重新有爱的欲望。因为只有在爱中才能被治愈,只有在爱中才能获得幸福。

第三节　满怀期待走入恋爱，却饱受伤害
——如何减少痛苦走向未来？

案例一：我与边缘性人格者的"半次恋爱"

秋冬之交，我对女生M逐渐产生了好感，我开始对她展开追求，最开始的过程非常顺利，甚至顺利地令人惊讶，但当我想和她正式确立关系时，她的态度却突然发生了变化。

01　为何我被吸引

毫无疑问，外貌是一个重要的吸引力，但是绝不仅仅是外貌，在和她相处的过程中，我发现在追求初期进展非常顺利。在我们刚认识不久，聊天当中，她能够比较深地坦露心迹，让人感觉到被信任，而且能说出一些让我很愉快、感动的话，比如，突然说出"暑假我想要到你那个地方（家乡）玩"。

后来，我对**边缘性人格**（即一种人际关系、自我形象和情感的不稳定以及显著冲动的人格模式）有了了解，由于他们对环境的敏感，所以他们能够察觉并说出对方所喜欢的东西。加之拥有比较强的共情能力，所以他们可以和陌生人快速成为朋友（但是并不意味着能够很容易进一步发展）。

02　刻意讲述追求她的男生与泼冷水

我与她熟悉到一定程度后，开始了比较频繁的散步、聊天，在愉快地聊天过程中，她突然开始提及进入大学后追求她的男生们。例如，当我提及元旦和她的约会安排时，她突然说："大一的时候，也是有一个学长在追求我，当时他在元旦之前约我出来，我就猜到他要在元旦对我表白，当时我已经做好接受的准备了，但是他却在元旦之后表白。"这段突然的"插曲"，令人无法理解她的想法。我打哈哈地将这个话题跳过，然后开玩笑地提及了我追求她失败的概率，她开始给了我非常正面的反馈："我觉得目前来看的话，失败的可能性就两成吧。"她又立马跟了一句话："这种事情都说不准的，哪怕我说失败率为0，也不是说就一定能成。"在给予正面反馈之后又一盆冷水，让人着实摸不着头脑。

03　快速进入下一段感情

我们还很亲密的时候,在一次面对面谈话中,聊及我要出国留学一两年可能要面对异地恋时,她主动提及"如果发展顺利且双方认可,甚至可以出去之前就结婚",听到这句话我简直无法想象,并且触动很深。但一个月不到,我们的恋情结束了。

按照常理来说,在经历了一段不算非常成功的感情之后,大部分人都会处于一个比较低沉的心理状态,无法开展下一段恋爱,但她又有了男朋友。

我逐渐发现边缘性人格障碍的表现非常准确地匹配了她的行为。

她的表现主要为不稳定、快速变化的情感,这就意味着她拥有很高的环境敏感性。在一段亲密关系中,敏感性让 M 能够意识到我的想法,她能够快速获得我的信赖,以增加自己的安全感。这一点非常准确地**解释我和她还没有正式确立关系时,她就能主动提出"结婚计划"**。

边缘性人格的个体表现出最高水平的空虚感和分离感、情绪压抑以及回避型依恋。有空虚感,她就会对感情非常渴望,可以迅速开始一段关系。对于亲密关系既渴望,又会恐惧害怕对方过于靠近,一旦靠近就要将对方推开。加之"投射"的作用,她能快速走出感情,这正是边缘性人格个体独特的防御机制,不会被以前的亲密关系所纠缠,转身走向下一段感情以获得的安全感和舒适感。

04　投射防御机制在她身上的体现

根据弗洛伊德的理论,投射就是把自己真实但不能接受的念头归于其他人或者其他事情上。"我想主动对他示好"的念头会引起焦虑和紧张,于是变换成"他想和我好",例如"我见青山多妩媚,青山料我应如是"。

在 M 身上,前期的投射起到了正面作用,具体表现在她能够清晰地感受到我的想法。因为我追求她,表达了善意,所以她能清楚地感受到男生的尴尬,所以很快答应我的邀约,缓解了我的焦虑感。但在追求后期,过于靠近会引起 M 的焦虑和紧张,令她产生了回避、害怕等情绪,"排斥和他人有亲密关系",两者交织,从而愈发排斥亲密关系。在我和她结束关系之后,投射的防御机制成功地帮助她将"我有些问题"转变为"他导致了这些问题"。

05　如何与边缘性人格个体相处

首先,比较明智的做法是与边缘性人格个体保持一定的距离,如果真有决心与边缘性人格个体发展亲密关系,需要调低自己的心理预期。其次,要摆平心态,边缘性人格个体经常提及他们原来或现在的亲密关系,这是一种低情商或者不尊重人的做法,这个时候就需要站在他们的立场上理解他们,最后,如果建立了亲密关系,最好让他们接受专业的心理辅导。当遇到感情不顺、被抛弃等情况时,边缘性人格个体会有自残等现象,需要格外引起重视。

06 结论

我在这场感情中,平心而论,还是存在着很多开心和美好的回忆的,和 M 相处起来也是比较轻松的。

> **点评**
>
> 　　作者学习认真,经历了一段印象深刻的恋爱,由此产生对爱情心理规律、对对方人格特征的好奇与探索。他通过查阅相关资料,联系自己的感悟和体会,对自己这段恋情的分析比较理性,也有较好的反思和总结。
>
> 　　但也许因为恋爱时间比较短,作者没能更进一步地理解女朋友"边缘性人格"的形成原因,最后提出的建议和对策也比较简单。

案例二:严重焦虑者的未来

01 我的人格特征

我在恋爱中会过度关注对方,害怕且抗拒分离,同时长时间恐惧对方不喜欢自己,在亲密关系中很难关注自己。我总是担心和恐惧被家人、朋友以及亲密爱人抛弃,会为此做出许多在他人看来过于冲动的行为。例如和对方激烈地争吵、用各种方法威胁对方。在失恋后曾因为抑郁情绪严重,我有过自杀的想法。

我对大部分朋友的感觉都没有规律可循,有时会突然很厌恶对方,拒绝和对方往来,有时会突然很喜欢对方。与前任相处时表现为:一旦和他失去联系,就对他感到厌恶,而与他联系上了便觉得很爱他,且两种想法都是真实的,突然的转变也很自然。

我对自己的看法会比较极端,"认为自己很优秀"和"认为自己很差劲"的想法会交替出现,感觉自己有多重性格,无法判断出自己的真实性格。

我会有一段时间对什么事情都不感兴趣,对外界的各种刺激也无动于衷,觉得活着很没有意思。

02　失恋后进行的思考

（1）失恋初期。分手是我提出的，因为前任在相处过程中越过了我的底线，并且我感受到了爱意的流失。但在失恋初期我很难接受这段关系已经结束的事实，我害怕和前任分开，害怕他不再爱我，害怕他会有新的喜欢的对象。前任当时也没有下定决心和我分手，在我提出分手后的半个月内，我们都向对方表达了复合的愿望，并且一直保持着联系。

我和前任谈了很多次，发现我们之间存在着误会，我不善沟通，只要前任愿意好好沟通，一切困难都可以迎刃而解。但前任没有正面回答，**他模糊不清的态度和令我时刻处于被抛弃的恐惧感让我的心理彻底崩溃，令我进入抑郁状态**。我后悔提出分手，痛苦内疚，无法自拔。前任在我抑郁期间多次提出复合，我都以"无法在痛苦的情况下谈恋爱，会给他带来负面能量"为理由拒绝。

我看了几本与心理学有关的书籍，例如《非暴力沟通》《亲密关系》等，也在互联网上查询资料，了解了一些心理疾病和正确的应对方法。我在痛苦无法缓解的时候与最信任的朋友分享情绪，她会尽量安慰我，并且答应陪我去做心理咨询。

感谢那段时间的自己，我接触了心理学知识，学会直面自己的情况。

（2）失恋中期。在情绪稍微稳定一些后，我同意了前任的请求。失恋后我询问我们之间最大的问题是什么，他告诉我是"不合适"。这三个字使我下定决心要选学"爱情心理密码"这门课程。

我在那段时间每天花大量时间进行锻炼、看书、学习，并自学了韩语。这些有意义的事情在一定程度上缓解了我失恋后的空虚感，我把更多精力都放在了自己身上。

在这段时间里，我开始学习接纳自己。首先是接纳自己的想法和情绪，承认自己还在怀念这段恋情，承认自己的痛苦是合理的，承认自己偶发的愤怒也是可以接受的。其次是接纳自己的不足，遇到挫折后承认自己还需要继续努力才能做得更好，不再因为失败而自怨自艾。最后是接纳自己的优点，热爱生活、热爱自己。

近四个月里，我还是无法做到完全接纳自己，我会对别人的评价产生怀疑，对自我产生怀疑。不过我已经能控制自己绝大部分的情绪，所以情绪平和了很多。

（3）失恋后期。这段时间我在学习"爱情心理密码"课程，也在老师的推荐下看了很多心理学资料，我开始探究我性格的成因以及我和前任矛盾的根本原因。

人格的形成与原生家庭密不可分,我开始有意识地观察我的家庭氛围。我的母亲在大部分情况下焦虑型依恋的倾向很明显,很容易仅仅根据自己的心情做出决定,在对待我弟弟的教育上尤其明显。例如,会增加我弟弟的家庭作业量;对我弟弟具有较强的控制欲,给他提供的选择空间极小。所以,我开始有意识地帮助母亲和弟弟建立边界意识和规则。

这些观察帮助我更好地接受自己的人格特征,我开始全面思考这段恋情中暴露出的一些问题:

一是男人在遇到问题时习惯躲在"山洞"里自己解决,而女人喜欢向他人求助。我很难觉察到前任遇到的困难,而我习惯把所有困难向前任倾诉,给他带来了很多负能量。

二是双方的恋爱心理知识都十分匮乏。我对他的爱有很强的攻击性,而自己却没有意识到。前任的人格和依恋类型同样不属于安全型,我的攻击性让他逐渐开始回避我的感情,而我因为他的回避变得更具攻击性,在分手后更是如此。此种恶性循环让双方都不堪重负,产生了"不合适"的想法。

三是我对自己缺乏认同感,在这段恋情中过分贬低自己。我的成长环境中缺少夸奖和肯定,所以我很少真正认同前任对我的赞美。由于投射效应,前任逐渐减少对我的肯定,我也认为自己很差劲。我对自己的过分贬低让我很难在恋爱中关注到自己的感受,把重心过分放在前任身上,加重了他的心理负担,他在恋爱时也和我讲过他因为这些事感到很烦恼。

03 我未来需要做出的努力

(1) 接纳自己。客观理性地对自己的经历进行分析,从中认识自己的真实情况,接纳自己的优点和缺点。接纳自己不仅意味着接纳自己的情绪和想法,更是帮助自己建立心理边界。改变自己思考问题的角度和方式,从质问自己"为什么这样"到告诉自己"我可以这样,并且这意味着……"理解每个人的想法都是不同的、有波动的,接纳自己有时会有对立的两种想法。

(2) 寻找安全型恋人。在进入一段亲密关系前,需要进行仔细的观察,并且向对方进行自我暴露,让对方有心理预期。

(3) 提升自己。亲密关系依靠互相吸引,也依靠吸引力来维持。个人综合素质的提高有助于在恋爱中保持自我,并且能够在一定程度上减弱对于被抛弃的恐惧。

（4）定期进行心理咨询。在遇到自己无法消化的事情时，寻找心理援助有助于排解情绪，可避免极端想法和行为的出现。

我相信爱是万能的，爱可以治愈一切。不安全型人格也拥有爱的能力和权利，并且拥有在亲密关系中被治愈的可能性。

点 评

作者对整个恋爱过程的描述是比较详细和深刻的，尤其是经过学习，对自己个性形成的原因，以及未来的发展策略有比较详尽的思考和总结。正如她自己说的"由于个人的成长环境不同，每个人爱的能力也不同。提升爱的能力需要每个人为之付出长久的努力。每个人作为独立的个体，拥有自己的思维和处理方式，做到接纳自己的情绪以及接纳他人与自己的区别，才能够更好地去爱"。

希望她在未来能够好好爱自己，或求助于专业人士，让自己变得更好。

第十四章 我们怎样在失恋后获得成长？

"所有恋爱都逃不掉两个结局：或者谈着谈着就散了，或者就一直走到了一起。所有人都希望自己的感情能有一个完美的结局，然而事实却常常不遂人愿，我们总会因为各种各样的原因遭遇失恋的困扰。但失恋也并非只有消极的方面，人们总说从挫折中成长，而失恋也正是成长的一部分。有时，当你拨开心中的阴霾之后，也许会发现，在你以为的暗夜之上，其实是满天繁星。"

这是一个男生在失恋后写下的一段话。很多人在一生中会遭遇失恋，面对失恋，我们可以怎么做？

第一节 学会珍惜，放弃幻想，现实才会美
——我们从失恋中收获的不仅是经验

案例一：暗夜之上，满天繁星

■ 01 恋爱及失恋的过程

大一暑假前夕，我在 QQ 上认识了一个广东的女孩，成了游戏里的"情侣"。刚认识的那几天，聊的话题基本就是游戏。后来话题就到了生活的层面。再后来我发现，打开游戏只是为了能和她多聊一会儿。当时的感觉是，有一个人愿意陪你聊天，听你倾诉，跟你说晚安，真是一件美好的事情啊。

我们两人的故事要从厦门旅行说起。正式出发的那天早晨，我早早到了集合地点，发现那里只有她一个人，其他人都还没到。"我都到了十分钟了，他们还

没来！都站累了！帮我拿下……"说着她将自己背的一个大包递给了我。在接过包的同时,我鬼使神差地用手搂住了她,她没有拒绝,靠在了我的肩膀上。在搂住她之后,我一下子不知道说些什么……突然我觉得她身子向下滑了一下,低头看到她把腿稍稍弓了起来,身子完全靠过来了。"你为啥是这个姿势啊?"我没话找话。"我觉得你这样抱我会舒服一点。"她看着我。"那,你现在算我女朋友了吧?""你说呢?""算吧"。

通过这次旅行,我和她正式开始了这段短暂的恋爱。在返程路上我正式"官宣"了这段恋爱。那年的盛夏,大概是我记忆中最美好的一段回忆了。

开学,也意味着分别。我送她回了广东,自己回到了上海。告别时她塞给我自己编的手链,"我想送给你一个可以随身戴着的东西,这样你就不会忘记我了。"当时的我们对未来、对对方、对自己都充满自信,即使我内心隐隐觉得那不一定会成为现实。

开学后的一段时间我们都经历了很多事情,首先是我转专业考试失败,心情非常低落。她也发生了很多事,和妈妈之间的矛盾,失去了心爱的宠物,以及GRE考试不顺利。这些**都让我们不得不将注意力放回现实中,去面对各种不如意,忽视了对这段感情的关心与培养。**

裂痕发生在那一年的十一假期,她准备来上海,我们一起去迪士尼乐园玩。但放假前几天她突然告诉我因为考试她不能过来了。**她说:"说实话,我真的觉得比起恋爱,其他的事情更加重要,所以真的没时间,好么?"** 在那之后,我们视频的次数从每天一次下降到两天一次,三天一次,到最后一周可能都没有一次。终于,在十一月的最后一天,她说:"我累了。"十二月一日凌晨三点,我回复了她:"那就这样吧。"然后关闭了空间。于是,我们持续了短短五个月的恋情落下帷幕。

02 失恋原因的心理学分析

我一度将恋情的失败归结于时间与距离。但从心理学角度反复思考以后,我领悟到原因也许并不是如此简单。反思这段关系,从过程中了解自己和恋人,也是一种成长。

因为异地,一切负面情绪都被放大了,但却往往得不到正面的回应。双方长时间见不到面,情感上容易生疏,尤其是一方需要帮助、需要陪伴的时候,无法得到情感上的慰藉。人们常说异地恋需要有深厚的感情基础才能成功。不幸的是,我们几乎踩中了所有的雷点。恋爱刚一个月就要分开,因为学业或生活,都遇到了各种不顺心。网上的一百句情话,都比不上现实的一个拥抱,我们最后的倾诉演变成"倒苦水",双方都感到累和厌烦。

03 心路历程,成长与感悟

我在恋爱中属于"专注型",是一种介于安全型与焦虑型之间的人格。虽然在恋爱中我会感到满足,会主动维系这一段关系,但同时也扮演着依赖者的角色,需要他人的照顾。常常表现出对恋人的过分控制,会导致恋人产生疏远心理,恋人的疏远行为又会强化我的不安全感。

假期刚分别,我们也像往常一样保持联系,坚定地认为可以一直走下去。但经过了一段时间,随着我们各自生活中要面对的事情越来越多,我越来越将对方当作唯一的倾诉对象,久而久之,对恋人的依赖、思念越来越严重。好像缓解我这一心态的方法就是不断地向她表达"我爱你"并要对方也做出回应,渴望不断得到对方的承诺。在她没按照约定来见我后,我表现得更加不安,不断提醒她这件事,最后两个人都厌烦了,隔阂就产生了。我有意降低了主动找她的频率,感情降温了。"冷战"的那段时间我已有心理准备,只是内心一直想逃避这种结果。当真正接受这个结果的时候,还是非常痛苦与失落的。

失恋后一个月里,我都处于一种魂不守舍的状态,做什么事情都没有兴趣。我也尝试了很多转移注意力的方法,给自己加大学习任务,和朋友聚餐等,但每当一个人的时候,还是觉得悲伤和忧郁。

所幸,时间是抚平一切忧伤最好的良药。时至今日,在经过这么长时间的反思与学习之后,我也认识到了这段经历带给我的成长,认识到了在暗夜之上的满天繁星。

(1)失恋让我懂得:珍惜,才能延续彼此的快乐。在一起时,对方的付出被当作理所当然;在一起时的温暖,随叫随到的聊天……失去后,每当回忆起在一起的一点一滴,都会想如果当时如何如何就好了,然而却再也没有机会了。

(2)失恋让我了解:人与人是不同的,每个人对爱情的需求也不同。除了平等、互相关心之外,你还知道对方想要什么。有人说,**真正的爱,不是给他最好的东西,而是给他需要的东西**。我在恋爱时总沉浸在自己的想法里,想让对方按照自己的想法来"爱我"。

(3)失恋让我认识到:爱的基础,是对彼此的尊重。曾经很疑惑,为什么有的人可以狠下心来抛弃多年的感情,与深爱的人分手。直到真正经历了这些,我才明白,如果两个人都不能给予彼此温暖,终究要走向陌路。就如我赌气冷战一样,不但没起到正向效果,反而让我们的关系降温,最终失去了爱情的基础。因此,要在爱情中摆正自己的位置,爱的基础是对彼此的尊重。

(4) 失恋让我接受:放弃幻想,现实才会美,爱情并不完美,即使在一起也并不意味着永远,而"永远"是需要一起创造的。我在恋爱中将承诺、幻想当成了现实。**爱情并不是童话,它终究是存在于现实中的,想要它一直持续下去,我们就必须面对现实,站在现实的角度考虑我们的未来。**

(5) 失恋让我释怀:接受彼此的不合适,该放下时就放下。分手时,有两个问题总会反复出现——"为什么""凭什么"。这两个问题都表现出被分手者的不甘心。失恋带给我最大的成长,大概就是这两个问题的答案:释怀。

04 结语:暗夜之上,满天繁星

在人生至暗的时候,往往也是看见漫天星光的时刻。失恋会让经历过的人从中学到很多,为下次找到更合适的人做准备。失恋带给我们的不仅是悲伤,更多的是成长。爱就热烈,不爱就坚强,失恋和分手都是小事,如同把你埋进土里,而你将学会如何开出一朵顽强的花。

人是感性的,每个人都有可能在感情的世界里迷失过。无论是谁,只有经历了那份痛才懂得什么是真正的爱情,只有经历了分离才懂得珍惜,只有在磕磕绊绊中才能成熟。

这大概就是我们成长的过程吧。愿每一个人,都有星辰大海伴你入睡。

点 评

作者是个男生,文笔非常优美,内心情感丰富、细腻。在大一时遇到了女朋友,像所有热恋中的人一样,一开始他们的恋情轰轰烈烈、甜蜜无比,但假期结束后,或许是学习的压力,或许是异地的孤独,又或许是爱情退却,面对现实中的这些问题,他们选择了逃避,而不是直面问题。作者认为爱情败给了现实,这也许是事实,但也许是因为爱的能力还不够强大。我们从中看到了他的情感流露,理性反思,这样的过程也是他心理不断得到成长的过程。

案例二:这次失恋让我成长了很多

01 青春期反应与心理活动

从小时候开始,**我就一直不敢和女生接近**,女生和我说话我就会脸红。**老师**

点我回答问题,我回答不出来时就会想女生会怎么看我,导致一整节课都静不下心。后来,我遇见了一个特别喜欢的女孩子,鼓起勇气试图拉近我们的关系,可惜她拒绝了。后来知道她有喜欢的人,那个男生高大帅气,190公分以上的身高,**我长得一般,当时只有165公分,这让我极度自卑**。可我真的很喜欢她,为她做了很多事,为她买零食,帮她补课,省下生活费买口红送给她做生日礼物,估计是感动到她了,她也会给我一些回应,可并没有答应做我女朋友。上了这门课我**明白了,我对她的这种爱表面上是我爱她,实际上我是爱上了付出这种行为,比起感动她,我更多的是自我感动**。这件事后让我觉得我不值得被爱。

02 恋爱中我的变化

再后来,我的回避型人格没变化,不敢追求喜欢的人。就在我以为注定孤独终老时,偶然在情人节那天在某评论区发现有个女生说想谈恋爱,我们互相加为好友,聊起来了,后面慢慢对彼此了解更多,**我的第一次恋爱就开始了,哪怕只是网恋**。一开始我不相信网恋,可后来我们的感情越来越深,也都接受了这段恋爱。我和她彼此都是真心的,情感上付出了很多。当时她读高三,放学后都会在网上要我为她讲题,哪怕不能见面我们仍然很开心,特殊节日也会送彼此礼物。我们信任对方,她把填报大学志愿的账号和密码给我。我陪她高考,可惜她没能考到我就读的城市。

这场恋爱中,我变得很依恋她,很怕被她抛弃,变成了焦虑型人格。我渴望和她在一起,希望她看见我的消息能及时回复,我好像变得自己都认识自己了。

03 失恋原因与心理

我记得有几件做得很不好的事,现在想来自己确实问题很大。首先是她填报高考志愿时,我想让她报考离我近的学校,那样就能经常见面,我害怕她上了大学喜欢上别的男生。可惜当时她的成绩不能选到好的学校。当时的我特别生气,**想把自己的思想强加给她,甚至用冷战的方式逼迫她**,幸好最后我及时想通了,现在想起来真的很对不起她,差点耽误她的一生。

还有一次我带她来上海,过地铁闸机时出了点问题,她要我去向工作人员求助,我当时身上背了很多东西,出去会很麻烦,就说:"你去吧。"她没坐过地铁,有点难堪。现在回想起来我都能感觉得到她的伤心与无助。其实那种被依恋、被依靠的感觉真好,让我知道自己这么重要,可惜那时我不懂。

假期我们回家后,我感觉她对我有点冷淡(实际是她在处理别的事),就说:

"你不理我就分手吧。"她说："你再这么说我就当真了。"（以前我也用分手要挟她）可惜，这次她是认真的，十天后，她决定放下这段感情。我才发现犯了大错，就这么一句话，最终失去了她，一年的感情结束了。如果当时我不那么敏感，不说那些话，她又怎么会失望地离我而去，可惜我明白得太晚。总是害怕失去却又离不开对方，反应过度，只考虑自己的感受，而忽视了她。

04 失恋后的感受与教训

分手五个月了，刚开始我痛不欲生，我不能接受，她真的很好。作为一个男生，半夜想到这些我会哭湿枕头。慢慢地我开始反思自己，为什么会这样？为什么我抓得越紧失去得越快，我隐约觉得有些事做错了，伴随着痛苦的感觉，自责感每日剧增。

直到我选学了"爱情心理密码"这门课程，才明白了很多，了解到不只是我的行为有问题。**我开始分析自己的人格与思维，明白了焦虑型人格的表现，这也是失恋的主要原因。还在于男女思维的差异。**有一次她遇到了一点事情，发信息找我，我想方设法为她解决问题，而我感觉她还是不满意，我和她又吵了一架。上了这门课程，我才明白男生思维在于处理问题，而女生却想要男朋友的陪伴和安慰。我才明白了当时她只是想要我的安慰，难怪她失望了。我也知道了，离开不是一时的决定，而是失望堆满了，才会离开。

焦虑型的人恋爱中很容易"敏感"，经常用攻击性或过分防御的话来伤害对方。其实我只是不懂表达，只能用攻击性的话语来表达。在此之前我很难认识到自己的问题，让对方受到了伤害。这样只会破坏彼此的感情和信任，加剧彼此的冲突。

虽然过去了五个月，可我依然忘不了她，曾经挽回过很多次。发信息，打电话，写信，送礼物……我甚至想订机票去找她，可她告诉我她不会再见我了。这次失恋我学会了很多，我开始明白男女思维的差异，以后我会用共情的方式去为对方考虑。正如周国平所言：未经失恋，不懂爱情；未经失意，不懂人生。这次失恋让我成长了很多，会让我更好地去对待下一次的感情，更好地爱未来的"她"。

05 课程得到的收获

我觉得只有敢于直视自己，才能更清楚地认识自己。我正在学习认识自己，改变自己不好的方面。未来的我，不再自卑，不再焦虑，我相信我有爱别人的能力，我也有被别人爱的能力，遇见心仪的人，我不会再唯唯诺诺，我会大胆走上前,自信地说一句:"你好!"

> **点评**
>
> 文章写得情真意切,很感人,刻画出了一个初恋男生的心理。通过与老师的沟通,他初步解决了自己的困惑。他也在慢慢学着沉淀这一段恋爱带来的各种体会和收获。失恋教会了他更懂得自己,包括自己的人格特点和行为处事的模式,也更理解了别人,懂得了男女之间的思维差异以及如何处理这种差异的方法。相信他的未来一定会掌握爱别人和接受别人爱的能力,获得心理上的成长。

第二节　失恋不失志,让情绪"升华"
——失恋促使我们在学业上发奋努力

案例一:"老大",我有话想对你说

01　爱情的萌芽——聊聊我和老大的原生家庭

我是独生子,老家在江苏南部,父母工作都比较稳定,不愁温饱,家庭和睦,虽然有时候会有一些摩擦,但都能解决。家里比较重视教育,父母对我的管教比较自由民主。但我妈不喜欢外地人,这一点我很反感。

在我眼中,我们两个家庭差别不算大,但在家人眼中差别就非常大了。我的前女友"老大"(因为她在家排行老大),老家在外地,她爸开大车跑运输,老妈没有固定工作。父母对她漠不关心,因为重男轻女,导致了她的焦虑型人格,而我是安全型人格。恋爱早期我们相处得很好,但随着时间的推移很多东西都改变了。她特别缺安全感,总以各种方式来监控我。

02　一个不那么美好的夏天——我和"老大"初识

2017年高考我遭遇滑铁卢,父母坚持不让我复读。我早就听闻上海的插班生政策,毅然决然选择来上海读书,全力准备插班生考试,但很遗憾没有考上985大学的插班生。

2018年暑假正是我最心灰意冷的时候,在学校旁边一家教育机构做助教,想回避之前的一些朋友。在那里,我认识了同是助教的她。第一次看到她就有莫名的好感,大概是"一见钟情"吧。从那天开始我就一直默默关注她,找机会和她接触。我被邀进了工作群,后来我加了她的微信,却一直没找到话题聊天。有一天,她忘记准备第二天的课后习题,很着急。我就把朋友给我的答案发了给她,就这样我们聊上了。后来发展到每天叫她起床,和她聊天,我甚至还管起了她的日常,她也挺听我的话。过了一段时间,我开始单独约她出来。和她看某部电影时,中途,她不小心睡着了,突然往我肩上一挨,我挺紧张的,**那时我想如果能一直这样看着她有多好啊**。几次的约会我们都挺开心的。我跟室友说了这些,他一直催我表白,我总是说不用急,先培养一下感情,表白成功是好事,但失败了连朋友都没得做了。**后来我找了个好日子去表白,她也同意了,那一刻我无比开心**。

■ 03 分手——我与"老大"说再见

半年以后,"老大"来问我借钱。她想报名一个培训班,说最近家里装修,不敢问爸妈要,就找我借,开学就还。我也没多想,就转账3 000元给她了。第二天我和老妈出门散步,老妈想顺路买点水果,由于没带手机,就让我付钱,而我恰好没钱,我一时竟然编不出任何谎言,只得把事情告诉了她。那时我妈不知道我恋爱了,我一慌就直接把女生的信息和盘托出。**我妈突然勃然大怒,不停追问各种细节,连私密问题也问**。事后我觉得傻,怎么可以这样如实"招供",**我又不是不知道我妈的性格**。写到这里,脑海中突然出现了"同理心"和"共情"这两个关键词,要是当时站在我妈的立场上思考问题,我可能就不会犯傻了。

后来爸妈没说什么,也没让我和"老大"断绝关系。但我总感到不安,竟然觉得我对不起爸妈。他们从来不提恋爱,更不对我提有关性的话题,但直觉让我感觉自己做错了,为此大概有一个礼拜,我闷闷不乐。

分手前一天晚上,她要和我视频聊天,我说不行,爸妈在旁边,她突然就不乐意了:**"你心里根本没有我,你根本不是真正喜欢我"**,还说我冷淡,利用她。

其实分手没有我想的那么复杂。寒假我们都在家里通过网络联系,说起话来也没轻没重。女友当晚就把3 000元还我了,当我想说下一句话时,她把我"拉黑"了。至此,再见了,"老大"。

■ 04 总结反省——深刻启示,经验教训

(1) 我们两人的人格特点。我属于安全型人格,好交际,爱娱乐,感情丰富,

表现出热情、果断、活跃、冒险、乐观等特点。**她的情绪稳定性不算很高,常有很强烈的不安全感。**记得有一天我忘记跟她说晚安,她足足有三天不理我。现在想来,我的同理心还是差了一点。

（2）我的高自尊和"老大"的低自尊。自尊是我们看待自己的方式、我们对自己的想法,以及我们赋予自己的价值。她最常和我说的一句话就是觉得自己不够好、配不上我。我当时听过也就敷衍过去了。她是英语专业的,但高级口译没有通过,但我这个学数学的竟然过了,她就郁闷了好久。**原来我以为她是生我的气,现在才知道她是生自己的气。**

我现在知道了,以后遇到这种情况应该帮助"她"树立自尊和自信心。爱情之所以是人类最高尚、最纯洁的感情,与自尊、尊重他人密切相关。只有互相尊重,才能打破"爱无能"。万万不可在低自尊人面前炫耀自己,现在想来都是我的错。

（3）我们之间的心理冲突。除特别重要的人生大事,父母不会干涉我,但他们在恋爱方面给我的指导很少,导致我处理爱情中的棘手问题时会不知所措。比如"老大"从小缺乏父爱,非常依赖我,这让我有点不舒服。感情中的依赖者,最可怕的结局就是失去自我。她分手前常常和我说她梦里都是我,不知道自己是谁了。

（4）希望以后做好情绪管理。情绪管理包括"对人""对己"。每当情绪来临时,我们可以问问自己:我为什么会有这种情绪？最根本的缘由是什么？这一情绪是正面的(爽)还是负面的(不爽)等,也许问完就不会那么冲动了。我们之间没有大的摩擦,她比较"嗲",但有时候这个"嗲"成了我生气的原因。尤其是考试周时我会焦虑,而她一副轻松的样子就让我很不爽,现在回想起来,互相谅解与宽容是多么重要的。

（5）小小三角,大大失误。美国心理学家斯腾伯格认为爱情由激情、亲密和承诺组成。我们有亲密,有适当的激情,但是我承诺少。比如我说可能会出国读研究生,但她让我承诺不出去,和她一起考研,我支吾半天没敢答应,为这件事她生气了将近一个礼拜。

05 相见恨晚,如获至宝——"爱情心理密码"给我带来的诸多好处

做一个心理边界健康的人。学会尊重自己和他人的信念、选择、价值观、才能、思想、欲望和爱,不在这些方面干涉别人,同时也不容许他人在这些方面干涉自己。

学会平等,学会尊重,更要学会运用同理心。相处时间久了,就会觉得腻了,

有人说这是"渣男"。女生依赖你,你就应该帮助她;女生哭,你就应该说:哭吧,哭吧,我知道你委屈。事后为她寻求解决问题的办法,这样感情才能长久。

学会培养爱的能力。首先要明确爱的三个层次:第一个层次:满足自己的需要。第二个层次:"自以为是"的付出。第三个层次:心甘情愿地满足对方的需要。其次,要学会改善表达愤怒的方式,同时对对方宽容以待。

处理好异地恋。异地恋的成功基础是双方要彼此独立、信任,有亲密感,能自己处理分离焦虑,控制情绪。同时两人需要有良好的沟通习惯。

解决恋爱中的冲突。未来针对恋人之间的摩擦,我应该运用课上学习到的解决办法。比如:倾听时,听情绪背后的信息。改变对话方式,用"我"而不是"你"来表达:"我觉得很累,不想洗碗了。"而不是"你真懒。"倾听时,不要急着提建议。先听完她在说什么,对方也许会从完全不同的角度提出意见。检查自己的猜测,如果是错的,就放弃这些猜测。

我和"老大"和平分手了,过年时还会互相礼貌性地祝福对方。我们用的是直接分手的策略,没有拐弯抹角。虽然事后我难受了很久,我想老大缺乏安全感,应该比我更难受。恋爱时她常说:"你别让我太爱你,不然我会难以自拔",每每想到这里,我都会感到心痛。

失恋是意志的磨刀石,失去的不应是自信、自尊。失恋后**我用了"升华"的防御机制。我一心学习,还拿了奖学金,感觉好像走出来了。**

经历了分手,我变化了很多,每个人在经历重大事件以后都会有所变化,我们的人格是伴随着成长而变化、成熟的,从环境中学习,从重大事件中发现新的意义。

点 评

作者的语言诙谐幽默,对这段爱情有比较理性和客观的分析。对失恋以后的总结比较到位,这些体验和觉察非常可贵。相信这次失恋能比较大地提升他处理亲密关系的能力,让自己变得更成熟。

案例二:遭遇失恋,我在学习上找回了自信和价值

01 我的初恋故事

高一下学期,我和男生 A 常坐在一起聊天讨论,逐渐熟络。偶尔有一天 A 没有主动找我聊天,我就会心神不宁。我想我是喜欢上 A 了,那 A 有没有也喜

欢我呢？这种情绪影响了我的学习和生活，我把烦恼倾诉给小王，小王断言 A 也喜欢我。有一次放学，A 说想看电影，**我鼓起勇气，在 QQ 上问能和他一起看吗？看完电影，我告诉他我最近的心情，如果我们只是普通朋友，请不要总是找我聊天，耽误我的时间**，A 显得很失落。后来我跟 A 说我喜欢上他了，但如果他对我没有同样的感情，那请不要和我再保持这么密切的接触了，我会想入非非的。过了一会，A 回复说他也喜欢我，我当时高兴极了，我和 A 便正式确立了男女朋友的关系。

暑假，我和 A 虽然会抽空见上几面，但感觉到 A 对我逐渐冷淡了，共同话题也减少了。我是一个自尊心比较强的人，有一次 A 说我英语发音不标准，我居然生气了好久。A 对我的冷淡让我起了疑心，我和 A 提起他和小王之间的关系（他们也很谈得来），**A 觉得很委屈，问我难道在学校里连异性朋友都不可以有吗？就在这个晚上，A 说他累了，提出了分手，我表面上很豁达地答应了**。可实际上提出分手的那个晚上，我一整宿都没睡，觉得内心的小世界崩塌了。

初恋失败的阴影在很长时间折磨着我，我食欲大减，瘦了很多，在学校里看见 A 就浑身不自在，上课时也经常开小差，回想起我和 A 过去相处的快乐时光，走在路上我都会流下眼泪。

我尝试了各种方法想要摆脱失恋的阴影。**我给自己内心暗示，把 A 贬低得一文不值，不断寻找 A 的缺点**。有时又觉得自己很差劲，除了成绩稍微好一点，并无别的优点，难怪 A 和我分手。我缠着朋友和信任的老师聊天，逐渐得到一些心理安慰。最后，我试着慢慢地专注于学习，过了半年，我再也没有刚失恋时悲伤的感觉了。

02 防御机制如何帮助我走出失恋

（1）失恋初期采取的防御机制——发泄。失恋使双方的心理边界发生了变化，由原先的亲密无间变得疏远。失恋者，尤其是被动分手的一方，在失恋初期体会到强烈的丧失感：一下子失去了对方的陪伴支持，打破了原本平静的生活模式，甚至还会对未来生活不抱有希望……此时"发泄"是一种很有效的心理防御机制。通过创造一种情境和渠道，使人能自由表达那些被压抑已久的负面情绪。比如，放声哭泣、向好友倾诉、娱乐宣泄，能有效地释放情绪。

（2）失恋中期采取的防御机制——反向形成。反向形成又称矫枉过正，是将内心难以接受、不愉快的欲望、冲动以相反的外在态度或行为表现出来。我有低自尊人格的一面，认为是自己不够优秀，才没能维护好这段恋情，分手后我的内疚、痛苦等负面情绪十分强烈,为了维护自尊心,采取了反向形成的防御机制。那时我经常给自己心理暗示,不断挑 A 的毛病和缺点,会跟朋友数落 A,这样来释放潜意识层面不想被外界察觉的欲望。

(3)失恋后期采取的防御机制——补偿。我向年长的、经验丰富的青年老师倾诉我的烦恼,这位老师曾经和我有相似的经历。她在分手后,意识到高考迫在眉睫,不能放任自己沉浸在悲伤的情绪中,便发奋学习,最后考上了心仪的学校。老师的话给了我很大的启发,我开始把精力投入到课堂上与老师的积极互动,下课后钻研难题。渐渐地,我的生活被繁忙充实的学习占据,虽然有时候还会想起 A,但已不会令我过多分神。

正所谓"失之东隅,收之桑榆",**在爱情中,倾尽全力地投入与付出,也许不会换来对方等价的回报。但在学习中,一分耕耘、一分收获的道理从未改变过。**我的学习成绩有了很大起色,有几次单科成绩排名年级第一。在爱情中,我是自卑的,但通过学习,我找回了自信与自我价值,尤其是同学和老师的赞扬、肯定给了我前进的动力,让我明白我值得他人尊重与喜爱,学业上的成就感很大程度上补偿了失恋带来的挫败感。

对大多数人,"失恋"是人生中必经的一个阶段,分手后仍然感到痛苦是十分正常的,换个角度思考,一段美好的恋情之所以让人念念不忘,挥之不去,正是爱情价值的所在。在经历了失恋的挫折后,如能运用健康、成熟的防御机制走出阴霾,在伤痛减退后,尝试从失败的恋情中寻找积极意义,将失恋当作重建自我、加深自我了解的机会,有助于人格的完善与发展。

点 评

作者和她的初恋在经过了一段热恋期后,由于她的情绪化心理和嫉妒心过强,导致这段恋情结束。面对失恋,作者的内心启动了发泄、反向形成和补偿等防御机制,这些渐渐让她走出了失恋的低谷。但或许用"升华"这种防御机制来解释她的"化悲痛为动力"更为恰当,"升华"也使她的学习成绩得以提升,收获了学业成功的满足感。

第十五章 为什么说爱是终身学习的体验？

"在经过了青涩的初恋之后,我在恋爱中有了许多更为豁达的爱情观念,而且通过几次恋爱也验证了'爱是需要终身学习的'理念。

"上一段恋爱关系持续了半年,从一开始的甜言蜜语,海誓山盟,到最后的分手,给我留下了很多值得思考的问题,而调整后,我现有的爱情也已经持续了三年,异地恋也有一年的时间。

"通过对之前恋情的反思,我发现自己属于不安全型的依恋类型。我对亲密关系往往抱有很大的怀疑,对感情和自己都没有信心,也总沉浸在甜言蜜语中,直到后来我才认识到自己的不足,也试着改变自己,而现在的男朋友是安全型的恋人,能够读懂我,支持并帮助我,我渐渐转变了自己的观念,不断地充实自己的安全感。

"之前的恋爱中我会遏制对方与异性接触,因为彼此不信任。在现在这段恋爱中我们双方都信任对方,也清楚了异性之间的相处之道,所以两个人都有相对自由的空间。之前的恋爱中,每当我有不好的情绪,我总是会以那阴阳怪气的口吻与另一半说话,让他很不好受,但现在我学会正视自己的情绪,和对方及时沟通,慢慢学会自己调节情绪。

"因为懂得总结与反思,所以我变得更加成熟开朗,拥有一个更成熟的人格,因此我现阶段的爱情更加的舒服自然。

"爱,是需要终身学习的。"

这是一名同学描述的情感历程。爱需要终身学习。学会爱自己,才能去爱别人。在恋爱的过程中,我们会发现不一样的自己。在亲密关系中,如何自处,如何共处,是大部分人一生的重要课题。

第一节　跌跌撞撞走来，我们在爱情中不断认识自己

案例一：高中，心碎后的"情感绝缘"

第一次真正喜欢人是在高中。也许是青春年少，想着喜欢一个人，就是找他说话，什么都说。但对方从一开始很愿意找我说话，到后来慢慢地不耐烦。有一次我直接问他："你是不是讨厌我？"对方说"是"。**那是我第一次尝到心碎的滋味。**现在回想起来，当时的自己不仅不知道怎么去喜欢一个人，而且也不知道怎么去保护自己。我假装坚强，装作什么事情也没有发生。那个时候，我已经启动了自我防御机制。

以前认为爱一个人是一件很恐怖的事情，因为我觉得这是让我把快乐与悲伤的权利交到另一个人手上，这样让我很没有安全感。尤其是当你所爱之人不爱你的话，这种爱而不得的感觉太难受了。当时的我被自己喜欢的人说"不"，受到了严重的伤害。加上那时的自己还没有成熟的恋爱观与世界观，也没有人可以去倾诉，为了防止这种痛把自己灼烧，所以我无意识地给自己的心灵"涂"上了一层厚厚的绝缘"涂层"，把真我掩藏起来。高中，我都没有再喜欢任何一个男生。以前觉着可能是男生都不够优秀，实际上是我把内心封闭了。

在人际交往方面，刚开始同学会觉得我人还不错，但别人触碰不到我的"真我"，不能交心，没有情感联结，所以我很难交到真心朋友。

在学习方面，我自己也触碰不到自己的"真我"。我不知道自己是一个怎样的人。高三后期我越来越封闭，很焦虑，焦虑到睡不好、学不进。但其实也是**因为我把自己隔离了，所以我听不到外界的声音，只是在自己的世界里越陷越深，以至于高考发挥失常。**

我只是始终让自己做一个看起来像个"好学生"，努力让自己活得"很正确"，而将真正的自己深深地隐藏了起来。我以后要对自己的情绪有了解的能力，采用正确的处理方法，我觉得这是一条漫长的学习之路。

> **点评**
>
> 　　作者从高中单恋中发现自己非常容易受伤害的特点，尤其是被自己喜

欢的人拒绝,让她内心极度受伤。潜意识为了保护她,启用了"压抑""情感隔离"等防御机制,但这些也使得她与自己的"真我"隔离开来,没有交心朋友,学业也受影响。作者对自己的这些总结和分析是非常有意义的。也许她进一步要探索的是如何学会更好地了解自己,理解别人,学会爱自己,才有能力去爱别人,这是我们每个人终身的使命。

案例二:分清真爱和迷恋

我与男朋友相识五个年头后,从热恋走向依恋。激情消退,又恰逢我进入大学这个新环境,认识了新的男生,由于新鲜感,我选择与男朋友分手。但很快新的激情消失了,又很快分手了。一段时间后,我与原来的男朋友复合了。

这一段感情让我明白亲密关系总会走出激情,当一个人再也无法提供新鲜感后,并非就没有价值了,相反这是一种更大的价值,**一对既能够喜欢对方又能像朋友一样的伴侣,是安全感的重要来源。**在这段长久稳定的关系中,我几乎没有怀疑他爱不爱我或者有极大的情绪波动。而新的恋情从一开始就摇摇欲坠。所以,当两人从热恋到磨合,再从磨合到依恋,两人共同成长的同时也是爱情的升华过程。

当经历了真爱与迷恋两种完全不同的情感后,我越发觉得爱情绝不是"琼瑶剧",真爱是一种勇气,可以面对生活的风浪。

现在我和男朋友讨论最多的是未来发展以及当下的经济问题,处于人生岔口的阶段,容易有焦虑,但我们在学着从焦虑中得到某些启示,相互理解、开导和支持。

在爱情中遇到一个对的人,或是一个有能力爱自己的人,是爱情走下去的关键,**一定要避免等对方来救赎自己,无论有没有人爱自己,都要自己爱自己,这要终身学习,**能够做到爱自己以后,遇到一个对的人,才能携手面对生活的挑战。

点 评

作者和男朋友已经相恋了五年,走入了平淡期,但是她在重新找寻激情的过程中才发现自己的真爱原来就是他。所以,他们学着互相鼓励、互相支持,共同面向未来。案例虽短,我们从中也可以看到一个女生在找寻真爱的道路上逐渐成熟,在终身学习爱的体验中不断地成长。

案例三："情感婴儿"成长记

01 原生家庭养育的"情感婴儿"

我爸妈成长的年代是"文革"时,他们经历了全民大炼钢铁、公社制度等。妈妈一共有八个兄弟姐妹,生活很苦。爸爸是家里的老大,**他们没有太多时间去学习爱**。爸妈是典型的包办婚姻,他们之间没有爱情,维持一个"完整"的家庭好像只需要责任。**妈妈曾和我说,你知道我怎么撑过去的吗?因为我还有你这个女儿,你是我的支柱**。我是家里的第二个孩子,在物质匮乏的家里,小时候睡在硬板床上,靠着家里的猫咪取暖。因为他们总是晚上工作,白天睡觉,我童年记忆里是没有爸爸妈妈的。**我与父母情感上是疏离的,行为上也是疏离的,对父母是回避型的依恋模式**。可能是天赋,我考上了不错的初中,可"情感婴儿"这一特质也显现了。

初中,我所接触的一切对我来说都是美好的。可这美好却像泡沫一样易碎。初一某一天在 QQ 群里,很多人说讨厌我。我觉得我的世界崩塌了,可我没有说过一句别人的不对,"我哪里做错了?我改好不好?"这接近于哀求的话,也没有起到任何的作用。冲突之后,我便开始一个人独来独往。**在一个我需要努力寻找自我的年龄,我失去了方向,变得敏感、易哭**。我没有被同伴接纳,没有从同伴那里形成对自我的评价。写这篇文章时,我才发现原来我那么小自尊心就这么脆弱了。父母对我最多的是"拒绝和否认"的教养方式,他们受教育水平低,职业和收入低都可能是引起我自尊心低的原因。

经历了一年的独自生活,最初孤立我的那几个人开始主动和我交流。我接受了这些人的友好,我感受到了被需要、被爱。

遇见第一个男朋友是在 KTV,我要求他唱一首歌给我。他唱了一首《独家记忆》,之后面对他的表白,我接受了。**但那时候的恋爱里,我便是矛盾焦虑型的依恋模式**。他不陪我逛街,我就生气。

高中三年,爱情是空缺的。我要学习,选择了和男友分手。分手后,我努力学习,最终考到上海来。我一个人去了新的学校,失去了原有的友情、爱情,我又把自己活成了只有一个人。高中寝室里四个人,我和一个室友生日差一天。在我们生日的前几天,室友们在讨论她生日要怎么玩,而我没有参与讨论,心想:"明明生日只差一天,为什么过生日只问她不问我?我果然还是一个不配有朋友的人。"那时候的我,因为捕风捉影的事情,就觉得朋友不喜欢我,初中的事情对我伤害太深,我害怕经历同样的事情。**当我面对一段感情,我会选择疏远**。

02 "情感婴儿"在爱情里的摸爬滚打

进入大学以后,我感受到了前所未有的被关照、被爱,我来上海时是社团的学长来机场接的我。那时候我感觉自己终于摆脱了初高中的经历,像一个正常人了,我有了自己的朋友,被好多人爱。

我和J在一起了,他是学长。我和J来自同一个省份,家庭情况几乎相当。我和J的爸爸见过面,J入伍后,我和他的爸爸还时常联系。这一段恋爱总体来说是甜甜的,身边所有人都觉得我们俩肯定会结婚,入伍两年算不得什么。可实际上在恋爱里,我像一个"婴儿"。大多数吵架都是因为我的原因。因为我的生日他什么都没做而生气,因为下课接我来晚了而生气,因为他向我表达负能量而生气……但他在慢慢地教我什么是爱,教我如何爱一个人。当我和大一的男生一起吃饭,和朋友一起上网玩游戏,他从来都是理解我,也信任我的。**我和他之间最重要的是信任,我也会给他我的信任。就像老师上课所讲的,和我谈恋爱就像养女儿一样,得花很多的耐心和时间去教我长大。J在我身边的一年,我学会了很多爱的方式,我第一次全身心地爱一个人。我在感情里长大了好多,我也拥有了最好的朋友。**

翻到以前的聊天记录,我发现他在恋爱里是弱势的,认为自己付出不够,言语里都是自卑。

一年后,J应征入伍。这时候我分流去了影视学院,大一的朋友都离我很远,部队里的男朋友越来越无存在感,我开始一个人生活。后来,我提出和J分手,这一段爱情就这样无疾而终了。

大二时我转专业了,我只想学习,以逃避自己的悲伤和崩溃。**我遇到了爱我的G,他改变了我,这也是我和他在一起的原因。**他愿意付出时间、精力。每天陪我走回寝室。有段时间我晚上失眠,害怕得睡不着,又讲不出害怕什么,他会发消息给我。G对我的爱,是真正的爱情吧。可我却很难爱上另一个人,开始怀疑自己为什么和他在一起,或许因为感动而接受他,因为责任而维持关系。后来我狠下心跟他分手了。我哭了好久,到现在还会觉得自己的生活少了点什么。

03 总结与反思

现在的我不再是一个情感上的"婴儿"了,人能够长大,是所有事情的结果。和G的恋爱,我认真过,但我发现我不爱他,没有办法给予他回应。我现在会从不同的角度去理解爱情,去理解人的情感诉求,慢慢地去理解自己的需求。

**只有当一个人真的慢慢理解自己的行为的内在动机之后,才能避免再次做出错误的选择。现在的我,理解了自己,可以去面对自己的情感。当我再次面对以前让我慌乱的友情问题时,也不会选择后退。友情、爱情、亲情都是需要经营的,也都是需要勇敢去面对的。给予对方适当的个人空间,也给予对方关爱,这些,我都在实践着。

点评

> 人格的形成需要情感的土壤,良好的家庭、学校和文化环境有利于人格的培养和发展。如果一个人从小就有爱的情感的滋润,会促成良好的人格和美好的爱情;反之,则会使一个人在成长过程中充满艰辛。作者运用所学的知识,详细阐述和分析了其情感的发展和成长过程,描述了自己是如何从"情感婴儿"状态逐渐成长、发展的,并在每一段爱情中得到了不同的"营养",她在不断地追寻爱、体验爱的过程中获得了心理成长,相信这个过程会不断地持续下去。读这篇文章就像看一个女孩的心理发展过程,有不少理性的分析,也有很多情绪、情感的流淌,读来令人感慨不已。

第二节 迷茫和痛苦都是值得的
——走过爱情,学会爱自己

案例:走过爱情,学会爱自己

01 我的情感过程:初识、深入、回避和消失

我的初恋是"学霸",老师当时建议我可以和他认识一下,他理科见长,我文科见长,可以互相交流学习方法。第一次见面时,我们聊了聊互相的专业,没觉得他特别热情,**但是我似乎特别喜欢他,觉得他很优秀。**

我对理工见长的人一向很羡慕,向他约早饭,约自习,开始自我暴露。我觉得他过得很充实,很有学习方法,对他多了一分敬意。他还主动把数学课的学习资料分享给我,让我很感动。

当时我们每天都有线上互动,意外的是,**在认识的第二周他就在线上向我表白了:**"你那么好,做我女朋友吧。"我当时觉得幸福来得太突然,互相都还不了解

多少,怎么能答应?但他确实挺吸引我的。我有些犹豫,**没想到之后他就以不知道怎么平衡学习和感情为由,开始爽约**。我感觉被泼了一盆冷水,生气的同时,内心还是抱着"我俩能成"的希望。过了几周,他在线上又再一次向我表白,我说在不影响学习的情况下,我们可以在一起。

当时,他吸引我的是他的上进心。会主动联系老师做项目,会主动去旁听课程,会主动花时间自学课外知识。我们两个观念还是很像的,都不会因为感情放弃自己的目标。现在觉得那时的我好单纯,**因为这个吸引根本就不是"爱",只是单纯地和男生的"友谊"**。

表白后,我感觉一切都变了。从最初的每天见面,到一两个星期都不见面。他每次都以学习压力大推脱,还发了很多学习的照片予以证明。我是那种比较善解人意的女生,心里虽然很不舒服,但还是理解他。考试之后我们见过一次面,他的解释是忙,之后他几乎都不怎么回复我的消息了。眼看着他在朋友圈、QQ 空间里和别人互动,我觉得我被他所谓的"忙"欺骗了。

我非常苦闷,没有找同学倾诉,不知从何谈起。为了缓解自己的心情,我一心扑在了学习上。一个月后我偶然发现被他拉黑了!愤怒之下,我把所有和他相关的信息全部删去了。**我气愤,气愤他为什么要用这种方式说再见;我失落,失落我第一次对男生的心动就这样结束了;我疑惑,疑惑我到底做错了什么导致了这段感情的结束**。

02 "失恋"后获得的启示

这场感情对我来说,痛苦比快乐多。尤其是他不辞而别的那段时间,我只能全身心投入到学习中,才能暂时忘却自己的伤感。

(1) 对爱情的理解。我和他之间的关系其实更应该算作友情,不应该算作爱情。我对爱情的理解更深入了,明白了友情和爱情的区别,拥有了鉴别爱的能力。

爱情三角理论中有三个要素,亲密、激情和承诺,我感觉和他在一起很舒服,但缺少激情,没有那种"感觉"。我们俩的态度都是不会为了对方放弃自己的追求,我们之间达不到爱情的高度。

从"爱情激素说"理论来分析,我对他的感觉有点像一见钟情,我当时特别喜欢他,觉得他是对的人,失去了客观判断的能力。其实在和他接触过程中,同学觉得他没有那么爱我,但我就像着了魔一样,陷入这段感情没能抽身。

按照"隐性人格"和"显性人格"的说法,我是一个很感性的人,常被老师批评没有逻辑。他恰恰相反，是一个很理性的人。第一次见他感觉心花怒放，是因为他是我隐性人格的一部分。我要求他像我一样热情、感性，然而他做不到，我也感到心累。

我想，如果下一次遇到真正的爱情，我要尝试着去理解、接纳和沟通。**当不能改变别人的时候还是专注于改变自己更切实可行。**两个人走到一起，面对矛盾如何互相支持、互相适应，对双方来说也是一种成长，这是走向真爱的必经之路。

（2）恋人的处事方式。在进入这段感情之前，我从来没有考虑过男性和女性之间处事的差异，更没有想到男性也有自己的核心恐惧，我以为女性才会害怕。他不回消息、回避我的一个原因可能是觉得他的生活被我侵犯了，所以在努力维持自己的个人空间。

他在最初很努力地付出精力和时间，约早餐，约自习，线上和我频繁交流，让我感觉到他是非常真诚、值得信赖的，但是他追到我后开始冷漠甚至消失。他一直在回避自己的情感，我们之间也缺少情感的交流。他很少谈自己小时候的经历，只说过从小到大没有被爱过，也没有学会怎么去体会他人的感受。他看不起偏文科的专业，他贬低我的专业，我感到愤怒，但我还是忍了下去，整个感情经历都不太好受。我越来越没有自信。

03　学习课程后心理上获得的成长

当课堂上听到"哲学三大问"的时候，我的内心受到了震动。我觉得应该梳理一下个人经历，更了解自己，知道未来该如何做出改变。

（1）我是谁。和他的这段经历以及课堂所学让我更好地认识了我是谁。明白了自己的人格特质和不足之处，发现了一个崭新的自己。

我在感情上过分焦虑。在生活和学习上我一直是一个很独立的人，但一进入感情就像变了一个人，对对方过分依恋，一直想要得到对方的认可。他的一举一动都牵动着我的心。他不回复我，我就陷入焦虑："他到底爱不爱我？"我经常控制不住地想太多，自己很痛苦，一直有着不安全感。

我不喜欢去拒绝别人。在应该自己做出选择的时候，我喜欢去问父母、老师，依赖他们做决定。总喜欢说"如果你是我，你会怎么选？"这是变相地让别人帮自己做决定。但其实问出这句话的时候，我已经知道自己最想要什么了，但又没办法拒绝别人的想法，导致痛苦、纠结。

我很在乎别人的感受，很怕我的拒绝导致别人生气愤怒，习惯委曲求全。花精力在别人身上，感觉很累，我忽略了自己的需求，心理界限不够清晰。

我一直觉得自己不够好。当别人指出我错误时，我会低头认错，总觉得自己没有达到别人的预期，自己不够好。但我没有问过自己，自己有没有尽力，有没有达到预期？比如感情经历中我已经做了那么多，但他还是无动于衷，我一直认为是自己的问题。

（2）我从哪里来。我没想到原生家庭会对我的爱情、我的性格造成那么大的影响。爸爸性格温和，妈妈比较暴躁，父母争吵时经常把我牵涉进去，让我选择一方，每次选择都让我感到很害怕。在我印象中，家人都很忙，爸爸下班回卧室看电视，妈妈直接累得躺下睡着了。我一直很独立，自己照顾自己，只有努力才能获得他们的关注和认可。**我缺少了"我到底是谁，我到底为了什么而努力"的感觉，一直是在为获得认可而学习。**

我和爸爸的关系是疏离的。他一直在家里扮演着"好好先生"的角色，但我们缺乏沟通，有距离感。他的性格让人觉得诧异，有时候好好说着话就开始生闷气。

我什么事都会和妈妈说，但接受不了她强势偏执的性格。她对我的要求特别高，学习成绩不能落后于别人，被逼着学这个学那个，刚开始学着还挺喜欢的，被逼着学就不喜欢了。她总是过分焦虑，甚至在中考前一天晚上还逼着我写作文，写完才能睡觉。**当我遇到困难去找她时，她要么太累拒绝我，要么教育我要大度，导致我总是一味忍让。**

校园里，初中班主任很凶，我做什么都谨小慎微，生怕一不小心就会被她痛骂。我学习压力很大，也没有收获到真正的友情。

我一心只有学习，不知道怎么和男生相处。高中时，我遇到了改变我人生轨迹的一位英语老师。他儒雅温和，认真但不顶真。他就告诉我：你对语言是有天赋的，好好学一定会比大部分人成绩都好。听到这句话后，我的第一反应是"您在逗我吧"，但我把这句话一直珍藏在心里，这一直是我高中三年的动力。直到今日，想起他我都觉得很感动。**他是我高中三年灰暗日子的一抹微光。一方面，他是我当时理想中另一半的样子；另一方面，他照亮了我的未来，让我有了信心，明白了原来自己也可以做得很好，不要在最困难的时候自暴自弃。**

（3）我到哪里去。相对于身边的同学铁了心想去大公司，我对未来没有一个很明确的规划。我觉得"我到哪里去"重要的不是目的地，而是旅程的过程。

跟随自己的内心。我一直在思考毕业后的去向，我想去美国深造。不出意外,遭到了爸妈和老师的反对。爸妈觉得女生一个人在国外不安全。老师建议不要去学小众专业,回国就业前景不明朗。我静下心来问自己到底想要什么的时候,觉得美国是我最想去的地方。我喜欢那里的教学风格和专业。当我慢慢和父母表达想法后,他们表示"也挺好的"。当我跟随自己的内心,耐心寻求别人的理解,感觉事情迎刃而解了。

照顾自己的需求。我未来要多照顾自己的需求,要学会爱自己。拿出国交换学习为例,起初父母和老师也都不赞成。**但当时我觉得这个选择对自己是好的,我的内心是强大的,我还是坚持了下来。**

回来后,我觉得我的这个选择是明智的选择。这半年我收获的不仅仅是一个交换生的经历,更是对自己人生负责的态度。现在的我不害怕做选择。因为**我值得被爱,我不会强求对方认可我的选择,我觉得尊重别人的想法也是尊重自己的表现。**

给父母踏实的感觉。我从家人那儿没有获得足够的安全感。但如今我已成年,应该调整心态,给自己安全感。此外,我还要努力让父母拥有踏实的感觉,想方设法为他们做些事情。

在这门课中,我最喜欢的概念是"身心灵的爱情观"。第一次听到这个定义,就好像直击我的心灵,真是说出了我内心对爱情所有的憧憬:身,激情浪漫;心,亲密、温馨;灵,三观一致、志同道合。身心灵的爱情观也将成为我未来爱情的目标。

爱情是需要终身学习的,希望我能把理论用于实践,更好地处理亲密关系,爱自己,享受美好的人生!

点 评

作者是一名聪慧勤奋的女"学霸",从小被教育要好好学习,虽然受到过不少鼓励和表扬,但情感的支持却比较少。她的内心非常崇尚学习好的人,也把成绩优异、勤奋上进作为选择伴侣的标准。但没想到遇到的恋人在追求她时激情澎湃,追上后却态度冷淡、消极推脱,使她的内心充满了愤怒和疑惑,甚至怀疑是自己做错了什么。但很可能是恋人自己的问题导致了这段恋情的结束。庆幸的是作者通过学习、探索和咨询,慢慢搞清了这段恋爱的来龙去脉和内在逻辑。她也从这段恋情中更清楚地了解了自己,明白了自己需要什么,怎么找到更好的未来。她的这篇长文写出了真情实感,写作的本身就是一个疗愈的过程,祝福她会变得越来越好!

第三节 爱和希望如影相随,与爱同行,实现人生的价值

案例一:我的爱情心路历程

01 一见钟情

我是 2019 年 2 月 18 日认识这个女孩儿的,到现在已经一年多了。世界上有一见钟情吗?有。我对此坚信不疑。很幸运的,我遇到了那个也对我一见钟情的女孩儿。

为什么我会有一见钟情的感觉?第一次见面她穿了她妈妈的衣服,加上她人比较高挑,从她进门那一刻起我就注意到她了(那天家里请客),我把她当成了大姐姐,就一直在偷瞄她。"这个姐姐是谁呀,好漂亮。"我问,大人说:"这不是姐姐,是玲玲妹妹呀!"这一说我才想起来是有这么一个妹妹,我大概八九岁时见过她一次。她,长长的麻花辫,脸圆圆的、红扑扑的,单眼皮但眼睛很大,嘴唇红润很有光泽,还有她的眼神……**总之,她的一切都是我喜欢的样子。**那时我就想为什么会有一个女孩儿那么符合我的审美啊!我们互相留了联系方式。她走之后,我感觉魂没了,心里就只有一个想法:"这次不出手绝对要后悔!"于是我鼓起勇气给她发了消息,说以后学习上有什么困难可以找我,我尽量帮助她(她上高一)。她有点高兴,没有拒绝我,我们就聊上了。

那几天,**我的话题充满试探性,略带一点暧昧,因为我不清楚她的想法,怕把人家吓到了。**但我惊讶地发现我说的每一个暧昧话题她都没有回避,而是接着我的话题说下去,然后我们就越来越有话聊,她的言语中充满了对我的赞美。回学校后,我就开始策划我人生中第一份情书,写完后我忐忑不安地给她发了过去。不知道过了多久她回消息来了,很长一段话,我先瞥到了最后一句话——"我喜欢你"。看完那一段话,我的心情久久不能平复,至此,关系算是确定了。

02 恋情分析

爱上一个人会是什么感觉,有一句话足以概括——**整个世界都转变了,它有了一个新的中心,而这个中心就是那个人。**我几乎每天都会想她,上课不自主地想她,一想起她就觉得很甜,心里面暖暖的,这种感觉真的令人深陷其中无法自

拔。她的笑容、她的眼神、她的脸颊、她的嘴唇无时无刻不在我脑海中浮现。

我要谈谈我在这段关系中的挣扎、困境、忧虑以及我是如何解决的。这就跟爱情关系中的自尊、自信和安全感有极大的关系。

我向她表白之后就分开了,我们不能每天聊天,我有期末考试,她也有繁忙的课业。她是美术生,每晚回寝室都要画画到凌晨一点。我们的话题越来越少,我发觉她没有和我聊下去的欲望。我知道高中生每天的生活节奏很紧张,她说过有七个男生在追她,我难免会浮想联翩。周末时间相对充裕,我有好多有趣的事情想要和她分享,但从她的回话来看她明显没有兴致,我感觉碰了一鼻子灰,于是一种焦虑的情绪油然而生。我感觉到了一种不安全感,似乎被她抛弃了,似乎她没那么喜欢我,每每想到这里我感觉一切都失去了意义。我在那段时间里渐渐失去了自我。我总是被这样一种想法所包围——"我愿意抛弃一切来获得你的芳心,但你却总是对我不理不睬"。所谓期望越大失望越大,这种付出与回报的不对等使我产生恼羞成怒的感觉。我整天想的是如何改善我们的关系,而不是如何提升自我。

大三专业课很多,对绩点影响很大。我意识到不能一天到晚纠结于此,我得学好专业课。第一学期结束,我的成绩提升很大,自信心上来了,我觉得有能力去面对接下来的学业和其他困难。

03 我的思考和未来

(1)**在等一个人的时候,不要无所事事,不妨使自己变得更加优秀。**我得考上研究生,我要锻炼,拥有好身材。我想以一个全新的面貌出现在她身前,并自信地告诉她"做我女朋友吧!"就算她到时候喜欢上了别的男生,我也不至于一无所有——至少我迎来了一个更好的自己。

(2)**要想获得自尊,首先要爱自己。**高中语文老师常说"照顾好自己这个人,安顿好自己这颗心"。我决定好好历练我脆弱的心灵,我开始好好锻炼,好好学习,并慢慢学着打磨自己的衣品,享受生活。

(3)课上讲过,男人的自信和安全感主要来源于自己的事业。**我的学业有了巨大进步,心态也变得更加积极,开始憧憬一等奖学金**,当学业不再令我烦心时,我发现我和她之间的关系也没有那么让我焦虑了。我开始明白她在高中,巨大的压力令她没有那么高的兴致与我闲聊,既然她说了喜欢我,那我就不该瞎想,做好我该做的事,争取让自己变得更好。我想让她能够很自豪向她的朋友们介绍说:"这是我男朋友!"

（4）既然我喜欢她，她也喜欢我，我就一定要相信她。我向她说过我的忧虑，她给我的回答是"你想多了"。我为什么不选择相信她呢？如果一个人喜欢你，那么她的眼神一定会流露出来。暑假相处时，当她感受到我的目光时，她都会抬起头予以回应，这难道还不够吗？

点 评

作者生动描述了"一见钟情"的情景和内心活动，字里行间透露出第一次表白时的羞涩与紧张。通过对细节的刻画，将和女朋友相处时的心理活动描写得栩栩如生，使读者有身临其境的感觉。但在分隔两地时，作者内心的焦虑、烦恼和不安全感不断涌出，他根据所学，具体阐述了内心矛盾和行为选择，分析了自己的自尊、自爱和自信是如何丢失的，又是怎样一步步找回来的。

作者认真学习，不断思考，不断改变自己的想法，提升自己，发自内心地爱女朋友，而且还找到了较好的方法，让人真切地感受到了他的成长与收获，读来令人感动。

案例二：与爱同行，实现人生的价值

01 个人经历

我出生在依山傍水的乡村，记忆中小时候还是开心愉快的，在爷爷奶奶家看电视到自然睡着，然后爸爸抱回家睡觉。上幼儿园时由外婆接送并且住在外婆家。直到小学两年级，慢慢地事情变得不对劲了，家中有人染上了赌博，当时欠了几十万元，父母最后离婚了，之后我很少再看到母亲了。某个雨夜，我走出家门，漫无目的地寻找母亲，然后灰溜溜地回家，无功而返。

或许是懂得了什么吧，一开始，我努力学习，数学成绩在班级名列前茅，但到了三年级我沉溺于网吧。在农村，和伙伴们在一起的时光，我养成了乐观、随和、**助人为乐的性格**。之后父亲找了继母，母亲也与另一男人生活在一起。我在两个家庭中都是比较受宠的，没有人表面上对我不好。

高中是我人生中变化最大的阶段，**班主任任命我为班长**，高一下半学期我和**现在的女朋友在一起了**，直到现在有将近七年的时光了，我成长了许多，知道了责任，也体会到了父母的不易和艰辛。

我思考了很多,我明白很多人和事都不会一直陪伴我们的,生命不是永恒的,自己不知不觉地长大,身边的亲人正在一点点老去。"树欲静而风不止,子欲养而亲不待",突然间我懂得了该用自身的努力和奋斗去创造自己的未来,去承担自己的责任。我的成绩一直保持在学校前几名,是老师口中的"好学生",父母心中的"乖孩子"。在这个过程中我感受到了知识的另一种魅力和互帮互助的同学情。亲人之爱、同学之情偕是我异常怀念的。

令我感恩的是我遇到了那么好的一位班主任,在情绪低谷期,是班主任不时地找我聊天谈心,他会耐心温和地问我学习、生活状况,告诉了我应付焦虑的好方法、技巧,平复了我的情绪。现在每次回想起那位班主任,**我的心中便是阵阵暖流和道不尽的感激**,是他让我感受到了教师对学生的关爱,让我在人生迷茫的路口静下心来坦然面对未知的一切。从那以后,心底的爱和希望一直陪伴着我,让我去努力奋斗,去过充实美好的生活。

02 爱与成长

我没有上过各类辅导班,但成绩一直名列前茅,可自小到大我没有听过大人的一句表扬。"爱我你就抱抱我,爱我你就陪陪我,爱我你就夸夸我,爱我你就亲亲我"这是我一直渴望的。

我一直把学得好些作为自己的目标,高中、大学时也参加过各类竞赛并获得了一些名次。可现在我知道,**我的高成就动机是与低自我价值感相对应的**,因为我从来没有从内心里肯定过自己,所以我才需要从外界去证明自己的价值,我觉得只有自己变得优秀了,才会有人爱我。可是如果我没有从内心里接纳自己的话,多少的成就都无法支撑起我脆弱的自我价值感,这就像一个无底洞,是永远也填不满的。

因为想当老师,所以我一直对心理学、教育学感兴趣。**通过课程我朦胧间找到了自己应该追求的东西,学会了心灵的成长方法**,也了解了教师对学生心灵成长的重要性。走进心理学殿堂的我,时常有对知识的好奇感。

回顾人生历程,幸运的是我遇上的都是和善的人,朋友的默默支持和鼓励让我遇事理智平静,懂得尊重他人,积极乐观地过好每一天。在学校我认识了很多朋友,而他们也觉得我是个富有爱心、踏实、随和、真诚、乐于助人的人。**成长,是个终身的课题**,人生的每一阶段都会经历不同的事情,而不管这些事情是喜是忧,回首时,我都很感谢这些体验,是它们让我一步步地长大成熟。总体来看,我的成长轨迹是平稳的,从快乐的童年到多彩的青春,其中偶有过一些挫折,但庆幸的是我生命中的那些善良的友好的人，他们帮助我渡过坎坷，使我顺利地走向人格的成熟。我更懂得了珍惜时间去学习、创造，去践行真、善、美。**要践行爱，实现爱，传导爱，要与爱同行，实现人生的价值。**

点 评

  作者是个普通农民家庭的孩子，小时候家庭发生了很大的变故，他的内心也有过痛苦和迷茫。但在老师、同学、朋友的支持、关心和帮助下，他获得了很多内心的力量。就像他说的，是心中美好的信念和朋友的关心伴随着他成长。在他的心目当中，爱和希望始终如影相随，与爱同行就可以实现人生的价值。

第十六章　我们从"爱情配对实验"中获得了什么？

作为核心通识课的平时作业，"爱情心理密码"有一个课程实验是在学期中期做的。实验要求男生和女生自愿配对组成一组，要求"实验对子"线下有三次以上的面对面接触，互相回答有关原生家庭、自己的成长经历和对未来亲密关系预期的36个问题，并写成一份实验报告。报告中必须描述实验的过程以及互相问答时自己的感想、情绪和体会。通过做有关人格、依恋、情绪等方面的四个心理测评量表，分析自己、评价自己在实验中的表现，并总结实验的经验教训。这个实验给身处大学校园的年轻人提供了一个走进彼此内心，深入了解异性，探索深层渴望和恐惧的绝佳机会。同学们在"爱情配对实验"中都有不同的收获，有一些还因为这个实验结成了恋人，开始了一段恋爱。

第一节　破　冰　篇
——勇气、交流，良好的体验，收获了安全感

案例一：勇气＋良好的体验＝新的安全感

01　大胆尝试

选课前就听同学谈论起这个有趣的"实验"，但是等到自己考虑是否要参与的时候我却很紧张。因为，在工作实习、社交以及感情方面我发现自己属于被动型，我要先发现与某人有共同的兴趣或目标才会比较主动地去交流，否则会感到紧张和尴尬。所以在"爱情配对实验"的当天我纠结了很久，最后我觉得应该慢

慢尝试去做一个"大胆"的人，我希望这个实验是促使我改变的第一步。

02 紧张却成功配对

在实验开始时，我有点退缩了。我原本以为是在教室里进行的，没想到是在室外而且有其他同学的观察。我几乎像一个三岁的小朋友那样害羞，整个身体都僵住了，说不出一句话。最后等我慢慢没那么紧张之后，就逼着自己开口问一名女生能否"配对"做实验，她答应了，我们成功地组成了"对子"。

03 线下交流建立熟悉感

国庆之后我们就开始进行线下交流，先是比较简单地接触，然后选在一个周末互相完成 36 个问题。整个过程还算比较融洽，只是在问答第一部分时，我们都没有深层次地自我暴露，回答还是以兴趣方面为主，在性格方面并没找到什么共同点。但随着问答的逐渐深入，在第二部分时，我们对对方的性格有了比较深入的了解。到最后，有了前两部分问题的铺垫，我们聊得也就更加开放了。因为害怕最后的"对视"环节会过于尴尬，我们商量好决定问最后一部分问题的时候就边对视边问。

04 重建自信的感悟

36 个问答结束之后我的感受就是和对方很熟悉了。回想起平时人际交往时，初期往往缺少交流，再见面时我因为不熟悉会有尴尬的感觉，所以很多朋友也只是点头之交，缺少深入的了解。我与这次"爱情配对实验"的同伴建立了"熟悉感"，以后再遇到她时，我也能很大方地去问候她。

我从实验里收获最大的是把自己成功地"逼"出了社交舒适圈，同时在社交上以及和异性的相处上提升了信心。一些童年的经历导致我一度很不自信，虽然在青春期我慢慢从负面情绪里爬出来了，但潜意识里仍然会有一些不安全感。培养自信又需要在各种体验里发现自己的价值。这次的实验就很好地让我明白：我大可不必那么害羞或者担忧，也许对方也很紧张呢？只要我有一颗真诚的心，其他都不是什么大问题。

在这次成功"配对"之后，我感觉到在人际交往时，我不会再像之前那么慌乱紧张又不知所措。不仅如此，此前我比较羞于和年纪大的人交流，现在我也开始主动找一些前辈交流留学等情况，并且对自己也有了更多的了解。

> **点评**
>
> 作者因为童年不好的经历而在人际交往中不自信,时常产生尴尬、紧张等情绪,因此没能和他人建立深入的亲密关系。但他在上课前、实验时克服自己的紧张,勇于走出自己的舒适圈,最终在实验中与对方建立了稳固亲密的朋友关系,这对作者在人际交往中建立自信有着很大的帮助。可见,正如作者所反思的:自信的种子要从安全的土壤中生发出来,这土壤就是好的体验和经历。

案例二:心灵交流让我很安心

到目前为止,我没有谈过一次恋爱,感觉是因为自己眼高手低,能力不足,而且我一点都不主动,对喜欢的女生做一点小事情都要下很大的决心,内心非常慌张。对于不喜欢的女生,我的态度比较随意,但是她们有些人就会莫名其妙地对我产生好感,大概在比较自然的状态下,我更加能够展现自我吧。

这次实验中的见面约会,我采取的策略是随意而友好的态度。

第一印象很重要,我在第一次约会之前好好地打扮了一下——黑色大衣配上红色的围巾,发型我没有时间去做,但也没有什么关系。因为自己常被人误以为是高中生,所以我觉得没必要去做一个脱离自己一贯风格的发型,这样反而显得格格不入。

我约她傍晚六点半在茶餐厅见面,特地避开了晚饭时间。不仅如此,我还特地带上电脑和书包,在她来之前我在茶餐厅内学习,这样子见面可以显得更加自然。

见面后,我们互相确认了四张心理测试表的完成情况,然后就开始回答那 36 个问题。我先问了她的专业,了解到她是学美术的,所以我就提出先去美术学院看一看。我告诉她我从小就喜欢画画,但是画的都是一些小玩意。这一步是为了拉近关系。接下来我们就走到了咖啡店,继续回答剩下的问题,因为咖啡店的位子间距比较小,这样子更能拉近两个人之间的距离。

在咖啡店,我们并没有拘泥于问题,而是每问一个问题都引申出很多其他的方面,这样子可以制造话题。**我注意到她的眼睛一直热情地盯着我的眼睛,没有丝毫偏移,而且我也注意到她的双脚的朝向,一直是正对着我的,说明她对我还是比较有兴趣的。**

在送她回宿舍的路上，我故意问她一个问题："你觉得在我眼中，你是怎么样的一个女生？"这句话其实是一句质疑，可能会让她怀疑自己做错了什么，产生心理上的波动，还可以让她意识到我的一种比较自信的状态。果然，她问我是不是觉得她的话太多了，因为我们聊天基本上都是她在讲话，其实听她说话还是蛮开心的。我就跟她说："我觉得你是一个蠢蠢的，但是有很多心思的女孩子。"这样适中的回答不仅可以让她感觉我了解她，而且也解除了她情绪上的波动。在回去的路上，她不时地跟我强调她没有恋爱经验，我认为这可以有很多种理解，可以是她拒绝我的一种方式，也可以是她想跟我交往的一种暗示。

寒假，我给她发旅游照片，但是她每次都回得很敷衍，让我恐惧不安，我捉摸不透她的心思，而且越想越多，越想越乱。她跟我说还是寒假以后再聊吧，我的心很凉，但是我还是客客气气地跟她说，我尊重她的决定，但是她不回我的消息是不礼貌的。她说这几天肚子有点不太舒服，所以消息没看到。我理解她是想为她的行为做出解释，但是我也不想突然去安慰她，我害怕我的行为会烦到她，所以理智上我是想安慰她的，但最后我也没有去说安慰人的话。

接下来一个半月很漫长，每天晚上我都会在床上翻来覆去地思考，犹豫不决。有时候我想给她发一条消息，但是又会觉得她根本不想理我。一来二去，每天都会想到她，慢慢就有点喜欢她了，虽然我明明都快忘了她的样子。

后来，我跟她聊起了第二部分和第三部分的问题，都是比较私人化的问题。随着交流的深入，我的心结又被打开了，我知道了她其实只是不知道怎么跟男生交流。当我们聊完第二部分的问题后，我决定为我之前的行为向她道歉。她说因为肚子疼没有及时回我消息，而且说我发了这么多照片，她也不知道怎么回。**那天晚上我心里暖暖的，这种心灵的交流，一直让我很安心。**

接下来的一天，我们开始聊第三部分的问题，向对方问一些比较私人的问题，她说她喜欢我的乐观和自信，我说我喜欢她身上纯净的气质。

后续的发展中，我会思考我们究竟合不合适。

点 评

作者心思较为细腻，非常关注女生的一言一行，关注自己在女生面前的形象。在恋爱中会有些紧张和刻意，这一点在实验中也表现了出来。可喜的是作者与女生敞开心扉后，心情变得较为自然了。

第二节 深入篇
——懂得、感动，真情的流露，增加了信任感

案例一：她是第一个读懂我、让我感动到想哭的女生

"爱情心理密码"这门课名气很响，很大一部分原因就是因为独特的"爱情配对实验"。我想通过课程找到聊得来的女生，但我从小缺爱，即便谈了几段恋爱，也从未放下过自己的防备，流露出自己的脆弱。

我的诸多顾虑和担心。 我很幸运地找到了一个女孩作为我的实验伙伴。我让一个信任的好朋友来评价这个女生，他认为这个女生很单纯，并且据他所知她没有谈过几次恋爱。于是我初步接纳了她。

我们的相处是以朋友的方式开始的。我们通过微信聊天，偶尔看电影、打电话的方式来联络感情，因此在我看来两人进展十分缓慢。

接触发展，逐渐深入。 我们的聊天内容从共同好友、学校生活，到逐渐开始分享内心。5月20日，我要了她的电话和地址，订了11朵粉玫瑰花送给她。她收到后很开心，那天晚上我们打了第一个电话，聊了一个多小时，主要内容是最近的生活、双方的喜好，提及了一些感情问题。之后，我们又一起连麦看了几次电影，双方都很开心，看完电影也会借着语音聊一会儿天。这时候我们的关系应该算是朋友之上了，她会主动找我聊天，我们每天都会互道晚安。

后来，她把实验报告里的一段话发给我看，她写道："听完他的感情经历，其实我觉得有些心疼：他没有被好好对待，而且他对自己有点狠。如果是我的话，我可能无法接受对方坐在我的面前，血淋淋地指出我的缺点，这会让我感到被刺伤。但其实每个人在这样的环境下都会被刺伤，但他选择接受被刺伤，然后自己去舔伤口再负伤前行。希望他能对自己好一点！"

我眼睛都红了。没想过有一天会有人能真正地看出我脆弱的一面。

我一直都不明白自己需要的爱情是什么样子的。因为从小缺爱，很容易对别人产生好感。看到大家都谈了恋爱，心生羡慕，可自己谈过几次恋爱后，虽然有甜蜜，但其实一直不敢真正放下心中的戒备，也不敢表达自己内心的负面情绪和脆弱的一面，有时也会陷入既孤独又厌恶社交的矛盾中。她是第一个读懂我、让我感动到想哭的女生。我总是顾虑颇多。但她的理解和关心，让我极为感动。希望无论

最后结果如何,我都希望她都能被任何人热忱地爱、幸福地过完一生。

时间过得很快,转眼间这门课程也到尾声了。这门课虽然马上就要结束,但我和她的感情应该会发展得更久。无论之后我们能否在一起,我都会很珍视这段经历。

点 评

作者认为自己在从前的几段恋爱中从未真正放下心防,他在实验中产生了诸多顾虑,这其实都是作者所说的"戒备"的表现,他害怕在恋爱中受到伤害,这源于他童年的缺爱。直到女孩愿意接纳他从未有人理解的脆弱,托起他无处凭靠的不安全感,女孩的看见和接纳就是弥合伤痕的良药,勇敢的心灵只能从安全的土壤中孕育。最终作者认为无论结果如何,他都希望女孩幸福,多么真挚的感情!当他感受到理解与爱时,他就放下了心防,主动抛弃了患得患失的心情,勇敢表达爱和祝福,值得肯定和称赞!

案例二:爱的最初形态是从认识和交流开始的,交流让我们了解彼此

我们真的知道什么是爱吗?在恋爱中,我们真的了解自己吗?了解对方吗?这是我一直以来的困惑。

我属于矛盾型人格,源于童年的压力。我从幼儿园起就在外不停地上培训班,周五、周六、周日毫无休息,琴棋书画、奥数英语都得学。其中,最让我无法忍受的是奥数。我永远记得小学时的周六,一共要去三个不同地方上奥数班。在这种压力下,我的身体开始变差,心理压力陡增。这个时期我的安全感是建立在完成母亲的要求后的表扬上,但这种变相的压迫让我的依恋模式变成了"矛盾型"。

我是一个对爱情有所保留和恐惧的人。恐惧来自原生家庭中父母的时常争执。难道爱情的目的就是为了婚姻?每次在恋情一开始我就是被动的一方,在恋爱过程中我无法将自己的状态调整为"主动爱人"。因此,我曾怀疑我是否失去了爱的能力,还是一开始就是个错误?

这种不确定性延续至今,直到我选修了"爱情心理密码"这门课。课程解开了我在原生家庭影响下关于爱情和婚姻的不信任感。回避型人格和矛盾焦虑型人格的爱情永远都是磕磕碰碰的,孩子在这种争吵中很自然地就会有恐慌感。

理解了这一点，我开始释怀。尤其是心理学家弗洛姆关于爱的解读，让我难以忘怀：人具有取得占有主导地位的创造性倾向。人必须克服依赖性、自恋和支配欲，盘剥他人以及悭吝的愿望，对个人力量拥有自信心，具备勇气达到目标。如果缺少这些品质，他就会害怕付出自己——也就是害怕去爱。成熟的爱是"我被爱，因为我爱"，而非"我爱你，因为你爱我"。我们不应该把爱情建立在依赖感上，而应该建立在自身的安全感上。

在做"成人依恋量表"的时候，我发现我在恐惧型和冷漠型上分数较高，这解释了为何我在恋爱中没有"爱"的感觉。在我的潜意识里，爱要让我感受到依赖感，就像婴儿在母亲的怀里那样。因此在对待爱情时，我更期待浪漫型和现实型的伴侣。恐惧型和冷漠型使我更需要浪漫的举动，这更能激发快乐的感觉，从而等同为爱的感觉。

人格特质会影响一个人的择偶标准。很多人会不由自主地爱上自己的"隐性人格"，即和自己截然不同的一面，即潜意识里渴望变成的样子。我的确会更倾向于选择和自己不同的另一半。比如对方更热情主动，更有占有欲。

最初选择搭档的时候，我很胆怯和恐慌。所以，我很留心，想要靠直觉选择一个或许有共同话题的人。我对搭档的想象是，他外貌很清秀，性格有些腼腆，是一个比较能交流的对象。

事实上，**刚开始的聊天氛围是带着一丝尴尬的**：对方能把天聊死，只用了一个词来形容他——冷漠。

转变是从一个表情开始的。由于一开始的聊天体验极差，我感觉自己像在唱独角戏，于是我决定也变得高冷一些，就发了一个我喜欢的表情。万万没想到搭档突然热情了起来，一个表情成为我们热络聊天的开始。

第一次见面的谈话中，我们聊了彼此的爱好，并从过往的成长经历中找到很多相似点。而有了那36个问题的"加持"，更是深入了解了对方，原来一个理工男也有成为作家的梦想啊。

第二次见面时我们互相诉说了生活和情感话题。原来他的休闲时间都被游戏占领了。对于曾经喜欢过的人，我们都做了讨论。**我从他的身上学到了肆意的、勇敢的一面，这是实验中最令我为之心动的地方。**

第三次见面的时候，我们聊到了彼此的家庭，以及未来的畅想。我发现他是一个很有担当、很有责任感的男生。他的家庭相处模式令我十分羡慕，他有兄弟姐妹，非常热闹。我是独生子女，连表亲都少得可怜，亲戚之间也不常走动。**我对友情的选择十分谨慎，因为过去曾被伤害过。**在我的倾诉中，他也对我做出了解析，让我感受到了一丝温暖。

总体上，我们对彼此都很坦诚，不敷衍，很认真地对待这次相遇。但很遗憾，我们之间没有擦出爱的火花。

令我欣慰的是，在实验开始前我曾想象过一百种失败的场景。但在我跨过心里的那道坎之后，我发现自己依旧相信爱情的力量，它可以让我因为原生家庭和幼年经历而有些受伤的心灵重新愈合，也让我有了倾诉的欲望，有了精神层面的交流与沟通。在彼此深入了解的过程中，我们总是惊喜连连。

点 评

作者从最初对实验不抱希望，到慢慢变得和实验对象沟通得越来越顺畅，并有了比较深入的精神层面的交流。就像她的留言写道："爱让我们免于分裂，爱的最初形态是从认识和交流开始的，交流让我们了解彼此，深入的认识才能知道对方的价值观、责任感、人格等。我感受到了这种身心灵的净化，也重新了解了自己，了解了爱情观，这或许是我一生中难以忘记的一次实验。"

案例三：我在实验中的经验得失

在实验开始前，我和我的实验搭档并不认识。在我主动向她提出结对子的愿望时，我们几乎一拍即合，**我们互相看了对方的自我介绍视频，并在沟通之后，很快就熟悉了对方并成为朋友。**虽然最开始会有些尴尬，但熟悉之后，我们都没有了原先的拘谨，而是舒畅地开始了交流。

在正式实验前的几周，我们互相聊了很多心事和问题，比如各自的兴趣爱好、喜欢的游戏与明星，乃至自己的大学生活、专业兴趣、对课程与考试的看法、身边的趣事等。渐渐地，我们开始习惯于向对方分享自己的生活，无论是某一天晚上的夜宵，还是自己做的饭菜，似乎分享给对方总能给我们带来快乐。

在最后一周的正式实验中，我们互相问答了 36 个问题，**在这一实验过程中，我们发现其实彼此有很多相同点。**

最后的对视环节，虽然我们都觉得有点尴尬又有点想笑，但还是为这次实验画上了一个完满的句号，这种感觉说不上来，但却又很奇妙。

在我眼里，她是一个活泼开朗的女生，乐于分享，也乐于向我倾诉，和她聊天总是很放松,不拘谨。课程的实验让互不认识的两人从陌生到熟悉,再到可以敞开心扉,不可说不奇妙。在这之间我受益匪浅。更重要的是,我收获了一个"红颜"知己。不过,实验也让我认识到了自己的很多不足:

(1) **主动永远是最好的**。在第一次与喜欢的人交流时,如果因为紧张或腼腆而不敢上前就永远也成功不了。在合适的时机不妨主动一点,往往你会发现,原来对方也并不那么难以接触。

(2) **共同的爱好是两人进一步发展的基础**。当两个人有共同的兴趣,便有了源源不断的话题,也自然会从陌生变得熟悉。如果找不到共同之处,不妨试着培养与她的一些共同点,这会让交流变得更加轻松。

(3) **学会分享与倾听**。我们在实验过程中,每天和对方的分享交流是必不可少的环节,哪怕是生活中一些琐事,如果能有一个你愿意分享并愿意倾听的人,那是一件非常快乐和有安全感的事,也是增进感情的好办法。

(4) **增强自己的"宜人性",学会说话**。"宜人性"是非常重要的品质,具体来说就是在生活和交流的过程中要注重对方的情感需求,不能一味只想着自己,我们在分享与交流的过程中,也会尽量避免说让对方尴尬的话,代之以赞美与鼓励,这种相处方式也会让对方与自己感到舒适。

回顾整个实验过程,由最开始的紧张、激动,到双方熟悉后的开心、兴奋,再到实验临近结束时的不舍。最触动我的是我们聊到最珍贵与最糟糕的记忆,以及最尴尬与最宝贵的瞬间时,我们都毫无保留地告诉了对方,这种可以与他人分享的感觉是最有价值的瞬间。

> **点评**
>
> 作者通过课堂上的实验,总结了和异性交往的四点经验,这是他特别宝贵的经历和财富。他的感想也让我们看到了,想有真正深入的关系,必须大胆说出自己内心真实的想法,并与对方分享感受,才能有情感的共鸣与和谐的联系。

案例四:既是实验搭档,也是很好的异性朋友

01 "你会和谁共进晚餐?"

我们的第一次对话就很投缘。读书成了我们的第一个共同话题。我们从莫言讲到马尔克斯,又讲到自己小时候的读书体验。

"这是个蛮有意思的女生。"我暗自思忖道。

有了这样的第一印象后,双方接下来的交流就很顺畅,我们的话题自由延伸。她和男生一样喜欢玩游戏,各种梗应对如流。聊着聊着,我不免有疑问:"这和我前几周在课堂上看到的那个安安静静,总是坐得端端正正的女生真的是一个人吗?"

时间在你一言我一语中飞逝,第一天晚上我们只聊完了第一部分的问题,但这基本上让我们在心里能勾勒出对方的总体形象了。由于体验不错,我们约定一周后再聊第二部分的问题。

02 "边缘型人格不只存在于书上"

我们不再像第一周一样凭兴趣聊天,而是像课上提到的一样,开始进行一定的自我暴露,同时,三观开始碰撞。

最让我印象深刻的是关于"如果被告知你还有一年的寿命,你会怎样继续生活"这个问题。她描绘了一幅宁静的画面,但话锋一转:"我还要去找到我的前男友,和他说我还是很喜欢他的,但真的是不适合。"这让我不由得打听起她上一段感情的故事。

谈及分手原因,她很直率地说自己有典型的边缘型人格倾向,但是还没到人格障碍的地步。具体表现为心理状态非常不稳定,情感状态时而火热,时而冷若冰霜,而这一切都很难被自己控制。她的前男友也有类似的心理问题,这也导致了她的上一段感情中时而甜蜜,时而苦涩,往往是第一天在朋友前大秀恩爱,第二天突然大吵一架,第三天再度和好,第四天又闹起分手。时间缓缓推移,这样过山车般的生活让两个人都难以承受,最终被迫分手。好在时间是最好的解药,在经历了痛苦的挣扎后,她走出了阴影,回归了正常生活。

虽然话题有些沉重,但经过这次交流,我们都敢说比之前更了解对方了。

03 "收拾过去,走向未来"

总之,这一个月的交流,也算是落下了帷幕。两个陌生的男女,经过对这36个问题的回答,竟然对对方有了了解深入,这让我们都异常震惊。

巧合的是,我们不仅是老乡,而且结对子的目的也几乎是一样的:希望找人倾听和分享故事。

在历时一个月的交流中,我想我们很好地达成了这个目的,将对方看作一个独立的异性朋友,在平等尊重的基础上分享自己的故事和见解,为对方提供友好的建议。

  只要双方足够真诚，人与人之间的距离远比我想象的要近。这不由得让我想到，在人际交往中，无论是友情还是爱情，所谓的距离感，往往是因为双方不够真诚，不愿进行自我暴露，给自己穿上了厚厚的"盔甲"。

  过去的经历塑造了现在的你我。在交流中我发现，无论是原生家庭、少年时期的经历，或者是一段失败的感情，都会在我们身上留下深深的烙印，从此对今后的人生产生深远的影响。对于她来说，高中时期对抗霸凌的经历让她成了现在这个坚强、自尊而独立的自己；对于我来说，大一时因为笨拙和不会共情导致恋情失败，让我至今对追求爱情都有隐隐的害怕。然而，只有正视这些问题，思考它们产生的原因，才能让我们做出合理的应对。

  我对本次实验非常满意，它教会了我很多东西，给了我一段难以忘却的回忆。这也是开展这个实验的初衷吧：Enjoy the process! 把握青春正当时，享受每一个过程！

点　评

  不得不说作者的文采非常好。课程的实验并非仅仅以爱情为目的，作者的亲身经验向我们展示了一个老生常谈的问题：男女之间能有纯友谊吗？相信各位读者也有了答案。

第三节　相　爱　篇
—— 深入了解、心心相印、情投意合，我想和你在一起

案例一：一段愉快而独一无二的体验，我选到了一见钟情的人！

  这次实验是一次很珍贵且愉快的经历，实验进展很顺利，这得益于我们很真诚。

  我们成为配对对象的那天是 5 月 13 日的下午，我偶然打开手机，发现一条来自非好友的 QQ 消息，写着"同学，你有结对对象了吗？"看到他名字的时候，我难以置信但又特别开心——我早就注意到他了。

第一次上课时，老师要求我们打开摄像头。很巧的是，他的视频刚好就在我的下方，我便抓住机会观察了这个男生，第一眼我是有些心动的。有些复古的原木书橱背景，柔和的阳光打在他脸上，显得皮肤很好，碰到好笑的发言也会微微一笑。我对他很感兴趣，因此我面对他的配对请求感到难以置信，有些激动，很爽快地答应了。

我们是在 5 月 19 日下午进行视频通话的，进行了 36 个问题的回答和四分钟的对视。在那之后，他给我看了他录制的表白视频，视频里他很真诚地说明了向我表白的原因。我很高兴，我不仅收获了爱情，而且对自己的认识更加深刻了。

我不止一次向他表达我很惊喜他会选我，因为我觉得我视频拍得好烂，以为没有人会选我。这些想法反映了我内心的自卑。我清楚地意识到我性格中的敏感、自卑、内向，经常自我否定，期待能开朗、外向、自信和勇敢地表达自己。**我常常因为过度否定而陷入自我矛盾中。我时常不知道该如何给自己定位，自己到底想要什么，自己的真实想法是什么。**

我的"成人依恋亲密关系量表"的测试结果为恐惧型。反思自己在实验过程中的表现，我对这点还是挺有感触的。基本上所有涉及"为什么"的问题，我都会很不配合地拒绝回答或搪塞过去。我清楚这是他试着在了解我，但我在暴露自己时很恐惧。我一直是个比较独立的人，习惯自己做决定，很少和别人倾诉或表露自己的情绪。我很清楚这并不代表我没有情绪表达的需求，**只是在交友过程中是有比较强的心理戒备，不太愿意相信别人。**可能正因此，情绪在心中积压，得不到解决，想法得不到反馈，我一直不清楚自己的真正意愿和真实想法是什么。

聊天过程中，我的话很少，也不太会主动提问题，但他会很照顾我，主动引出一些话题。遇到问我情感态度方面的问题时，他也会耐心地引导我。和他的相处过程，我更加认识了自己的优缺点。他的自信、乐观、活力和成熟也在感染着我。

我们基本上保持着两天一次的语音通话频率，我们都认为跟对方聊天、听听对方的声音是很舒心的事。我们会有不断的话题，也会很积极地想要主动了解对方。他在聊天过程中比较活泼，很有感染力，但同时又懂礼貌，会把握分寸。他的玩笑恰到好处，随性又不失礼貌，让我拥有很愉快的心情。我发现他开得起玩笑，同时也有安静认真的一面。他不仅会反思上一段恋情失败的原因，而且他思想成熟，对很多事情有自己的想法，总会提出一些让我赞叹不己的观点。在交流过程中，我惊喜地发现他体贴、细腻、成熟的一面，要比他的古灵精怪更吸引我。

现在想想这么短的时间内与一个男生保持这么近的距离像在做梦一样。就像我们常常感慨的那样：这就是缘分吧！自己是幸运的，可以在一次课程中拥有一段愉快的、独一无二的体验，深入了解了他，也更加认清了自己。对于我们之后的关系，我希望顺其自然就好，因为一切都是最好的安排。

点评

作者提到了自己常常觉得自卑和内向，因为过于希望自己开朗自信反而否定自己，而在与实验搭档相处中得到了对方温柔耐心的引导，从而更深刻地认识了自己，也收获了一段美好的感情。

案例二：性格、习惯的契合让我们走到了一起

通过本次实验以及多次后续的联络，我与实验对象有了更为深入的了解，成功地从原先较好的朋友关系发展成了恋人关系，现在正处于热恋阶段。

在回答 36 问的过程中，我和她对彼此的了解愈发深入。

"你的家庭多亲密？你觉得自己的童年比大多数人都快乐吗？"我们发现我们的家庭环境很相似。父母都是公职人员，而且父母关系都特别和谐，父母基本没有吵架的经历，这也造就了我们两个人和善沉稳的性格。

我们又一次很默契地询问了对方，如果自己在合适的时候表白，是否会被对方接受，我们双方的回答都是肯定的——这才有了我后来勇敢告白的信心。

在"分享你认为我身上的五个优点"时，她评价我自信、开朗，有领导能力，而我则认为她文静、性格温和。两人的性格特点截然不同，但并不冲突，反而产生了互补的感觉。

在整个实验过程中，由于对方性格温和，阐述问题与交流时都比较有条理，因此整个过程都很舒适，没较大的意见不合。在四个多小时的问答过程中，我们也渐渐地了解了对方内心深处的真正想法。

我们并没有非常刻意地去使用策略，更多的是在逐渐了解的过程中相互吸引，发现越来越多的共同兴趣，在性格上没有针锋相对的地方，却有着互相吸引的特质，慢慢地积累了好感。实验过后的几天，我们又进行了几次单独交

流,明确了彼此之间都有欣赏与喜欢的感情所在,就自然而然地从友谊升级成了爱情。

> **点 评**
>
> 　　作者在和对方相处中发现了共同点,随着36问逐渐深入及自我暴露,他们的关系亲密度也逐渐上升。对于他们来说,一切都发生得非常自然。祝他们享受爱情的美好,也收获幸福的人生。

案例三:实验对象成了我的恋人

　　我是非常自卑的人。对于情感,我一直处于弱势,所以我就想选择一个普通女生作为搭档,这样我可以掌握主动权。但是L同学就这样闯入我的"领地"。那个时候我真的很纠结,想着是否要选这个漂亮但明显很强势的女生,我怕我把控不住。但是刚接触一两天我的感觉就完全不一样了,L同学是一个很会把握气氛的女孩子,我从来没有这么轻松地和一个女生聊过天,也没有这么有安全感过。

　　进入第二个阶段大概是五天后。在这五天里,我们之间的关系突飞猛进,我问L同学:"如果这时候我表白,你会同意吗?"她表示她想要一个有仪式感的表白过程,我同意了。我们发现彼此的三观是如此的契合,感到十分惊喜。我是一个喜欢得到反馈的人,别人对我热情,我会还以十倍的热情。所以我希望能得到回报,而不是一味地付出,而L同学恰好能做到这一点,所以我们之前的关系才能突飞猛进。

　　我记得很清楚,那是2020年5月20日的5点20分,我向L同学表白了。虽然整个晚上我没怎么睡,但还是神采奕奕。听到L同学同意时,我感觉充满了希望,从来没有哪一刻荷尔蒙会如此爆发,在那之后,我进入了热恋期。我们每天可以聊到凌晨2点。要知道以前的我是晚上10点就睡觉的,这只能说恋爱的魔力太大了!

　　我们才刚刚进入稳定期,但有一种温暖的感觉。这段时间我的安全感明显增强了,我越来越少地担心我的失误会惹怒对方,从而破坏关系。希望我们两人的关系可以长长久久地保持下去。

　　用心地对待一段爱情,对方才会肯定你,关系才能越来越好。一段感情能不

能长长久久地走下去,真诚是最重要的。 除此之外,我觉得浪漫也是爱情中必不可少的。**没有浪漫的爱情就没有激情**,平平淡淡地走下去看似美好,但实际上缺少了荷尔蒙的刺激。语言艺术对于一段感情的发展是非常有用的。

  回顾实验中的互答过程。首先,我是一个希望被肯定的人。在过去,我十分希望得到异性的称赞,但实际上却很难。**但是从她身上我感受到了前所未有的满足和快乐,这就是爱情的魔力吧**。接着,她和我分享了她的故事,我看到了她坚强和脆弱的一面。我希望,我能在她最脆弱的时候给她安慰和保护。最后,她是一个很实际的人,不会去幻想以后的生活,而是牢牢地把握当下。我也想去牢牢地把握当下,把握她。

  这场实验和我的想象中的差距还是很大的,在我的设想里,我会挑选一个条件普通的女生,这样我可以提升配对成功率,但是没想到有一个条件比我好的女生主动来邀请我结对子,而且我和她又是如此契合,感觉这是上天注定的缘分!

  这份爱情来得如此突然而又自然,让我既紧张得不知所措,又高兴得手舞足蹈。现在的我开始慢慢冷静了,我希望能长长久久地将这份美好保持下去,不能图一时的温存,而要用行动去获得她的信赖和依赖。希望一切能更好。

  如果再来一次,我相信我还是会毫不犹豫、满怀激动地答应这个可爱女孩的邀请。

点 评

  作者展现了他和对方从相识到相知,最终相爱的过程。爱情突如其来,激情使他欣喜万分,快乐无比。作者的故事也使大家了解到了爱情对一个人的影响和呈现出的巨大的力量。

第十七章 我们从课程中得到了哪些感悟和体会?

在期末考试的题目中,其中有一题:"课程的哪些方面给你留下了深刻印象,为什么?"有一个女生在试卷中写道:

第一,是对原生家庭的了解。我逐渐认识到自己时常处于痴迷型亲密关系中,这是因为小时候父母对我的疏离造成的。于是我在亲密关系中不断地重复童年时寻求父母认同的过程,但又常常怀疑对方是否和父母一样总会离开我。当我终于认识到这一点后,我选择放过自己,将我爱的人与父母的影子彻底分离,不让童年的阴影去伤害对方。

第二,是对自我的接纳。在阅读了大量课堂案例后,我意识到大多数人都有这样或那样的问题,没有什么人是完美的,这一点让我如释重负。接纳自我使我省下了许多自我怀疑和焦虑的时间,花更多的时间投入学习生活,跳出了恶性循环。

第三,能够正式认识爱与性。以前,我总会谈性色变,这与家庭环境中我和长辈缺乏沟通有很大关系。例如:尽管我有了新的想法,但我不敢与父母沟通,而且几乎不与父母谈起任何异性,可我自身的需求仍旧存在,因此我产生了极度的压抑与分裂。但经过系统学习后,我放下了焦虑,接纳自己身体的"声音",也逐渐开始和父母讨论自己身边的异性。

第四,学会与爱人携手经营爱情。我一直以来都知道爱需要学习,却不知道怎样去学习,现在通过课程学习后,会去翻阅一些书籍并和男朋友聊一聊最近的感受,这样的进步令我欣喜。

第五,亲密关系的进一步认识和提升。在和男朋友互相回答完那36个问题以后,我们的关系更加亲近和自然了,对于一些情绪也厘清了源头,这帮助我们进入了一段更舒适的亲密关系。

教师对这份作业的点评是这样的:

第一,课程分析的是原生家庭亲子关系的理论,但这只是概括性的一般规律,如果要联系到自己的具体情况,还需要专业人士的帮助,**不要轻易给自己贴上"痴迷型""恐惧型"的标签**。更重要的是,如果知道了自己具有某些问题,**也不能轻易定性后便放过**,这是因为"粗浅地知道"和"真实改变"的差距太大了,这就是所谓"即使知道了所有的道理,可能仍然过不好这一生"。这个同学可能还需要在专业人士的帮助下进一步探索。

第二,作者说:"没有一个人是完美的",这也让她如释重负,让她少了很多焦虑与怀疑,这样的觉察特别棒。所以,如果知道了自己问题的某些规律,就会少些焦虑,更通透一些,这也是大家学习心理学的重要原因之一。

第三,课上谈到的有关性和性教育的问题,被很多同学写在试卷的答案里,大家都觉得感触很深,由此也可以**反观现在学校、家庭教育中性教育内容极度缺乏**,由此引发的很多后遗症让人不得不深刻反省。

第四,这一点也是我开设"爱情心理密码"课程的初衷,**爱的能力需要提升,爱需要终身学习**,由如何学习?需要我们探索和实践,去掌握很多细节和方法。

第五,她谈了很多"聊感受、聊情绪"的内容,这在没有学过心理学的人群中是很难想到或做到的。"爱情心理密码"课程在心理学知识铺垫的基础上,通过短短三周的"爱情配对实验",使班上很多同学感到和对方增加了很多信任感和亲密感。将实用的心理学知识与课程联系起来,活学活用。由此,也恭喜这个同学通过课上的实验,能够更清晰地理解和男朋友的关系,也能够更好地携手奔向未来。

下面我们来看看同学们在"爱情心理密码"课程中获得了哪些感悟,又有哪些收获?

第一节 我学了两遍

——同样的课,不同的收获

案例一:这堂课我上了两遍

这门课我学了两遍。第一次是和前任男友,第二次是和现任男友。

和前男友在一起时,我认为我是焦虑型。刚和现任男友在一起时,我还是没有真正认识自己,直到再次来到"爱情心理密码"的课堂,我对真正的自己有了更全面和客观的认识。

和前男友在一起时,不论在关系中还是在分手后,我都受到了伤害。关系快结束时我已经不再喜欢他,甚至不想与他沟通交流。我们好像在任何事情上都会吵架,但我依旧鼓不起勇气去提分手;我们迟迟没有分手,实在是因为我难以克服对前男友的依赖,觉得"有男朋友总比没有强"。

可一旦分手后,前男友像变了一个人。他持续不断地控诉我的错误,说我抑制了他的爱好发展,挫伤他的自信,但其实我在他的控制下已经没有任何爱好和骄傲了。面对恶意扭曲和中伤,我束手无策。

那时我简单地认为自己是焦虑型,他是回避型,焦虑型和回避型是矛盾爆发的原因,所以我发誓在下一段关系里要控制住自己,不再过度依赖对方。

我开始了第二段恋情,一开始我以为现男友是安全型,因为他与前男友不同。他独立,看起来十分"安全",而我"伤痕累累",脆弱又黏人。我一面希望现男友的"安全"可以保护我,一面又觉得我配不上他。我觉得我太黏他,后来,依恋类型的测试结果却表明,我的依赖程度远低于现男友,而我的安全特质比他还高,这是怎么回事?

在后面的学习中发现,我已转变为安全型了,他却是"爱无能",太过独立,不愿暴露自己的内心,拒绝交谈,企图"控制"对方,而我误以为的过度依赖其实是正常的需求。

在与现任的相处中,我对两性关系有了新的认识。如果我内心更强大些,能够减轻自己的焦虑,对男友有足够的包容和温暖,他也会慢慢体现出爱的能力,不会那么回避和退缩了。爱,实在是需要终身学习的,同样的课却每次都有不同的长进、收获和体会。"爱情心理密码"课程让我受益匪浅,课上所学的知识将是我一生受用不尽的宝藏,我想我永远不会放弃对爱的学习,非常感谢"爱情心理密码"课程和陆老师,我不虚此行。

案例二:我上了两遍课

2016年刚看到"爱情心理密码"这门课时我激动地报名了,那个时候的收获是一份满足感,因为第一次可以用心理学去解释爱情。

2018年,我再一次走进了"爱情心理密码"的课堂,这一次让我感受最深的是,老师教会了我如何识人、识自己和识生活。

关于认识自己,"爱情心理密码"教会了我正确分析自己的心态。我总抱怨自己的心态不好,却从未尝试去理解自己的心态,当我试着去解读自己,我发现焦虑苦恼减轻了很多。

关于认识别人,我最大的收获是沟通。最后一堂课上老师模拟了心理咨询的方式。我记得当女生诉说自己经历的时候,**老师的眼睛从未离开过女生的视线,那是尊重、肯定还有陪伴**。当老师想要探究更多的时候,她没有用生硬的话语,而是用"我想知道你是怎么想的"和"嗯,我真的感觉你很棒"来鼓励她说更多,**这是一个双方都在获取幸福感的过程,因为女生被读懂、被看见了**。这个过程让我希望未来成为一个用语言艺术来读懂人心的人。

关于认识生活,我发现了生活中许多美好的点滴。记得老师让我们回去跟爸爸妈妈说"我爱你"。一个周日晚上回学校前,爸爸帮我把行李搬下楼,临走前我眯着眼睛跟爸爸说了一声"爱你哦",没想到爸爸居然可爱地给了我一个飞吻,那一刻我觉得生活真的很美好。

第二节 去听"爱情心理密码"课吧,这门课超出了我的想象

案例一:"了解自己,爱自己;理解别人,爱别人"

我是一个性格相对内向的人,在与别人相处的过程中会有些小摩擦,但又不知道如何处理,因此一件小事也会让我不安心。我又是一个不善表达的人,说错了话会使事情变得更麻烦。有时我觉得很奇怪,自己本意是安慰别人,可越安慰似乎别人越伤心。

后来上了几次课后,我意识到问题出在我安慰别人的方式上。**我应该有的是同理心而不是同情心**。他们需要的是能被我理解,而不是同情。我不应该"居高临下"地揭开他们的"伤疤",而应该设身处地地理解别人的处境,陪伴在他人身边;**我与别人有不同看法时,应该允许两种不同的看法同时存在**,应该接受这种不同;在与别人相处的过程中,**我所给的应该是别人需要的**,"如其所适,如我所愿",而不是把我认为对的给别人。在日常生活中,我也要学会合理管理自己的情绪,全然感受,全然接受,**允许自己有负面的情绪**,允许自己悲伤,过后才能更好地接纳自己,认识自己。只有了解了自己,才能爱自己;只有理解了别人,才能更好地爱别人。

案例二：你值得拥有最美好的事物吗？

"你值得拥有最好的事物吗？"课堂上老师问我们。是啊，我为什么会觉得我不配呢？这个问题，我想了蛮久的。

最根本的原因是我在给每个人发出"我不值得爱"的信息。如果我想要收获美满的爱情，就需要了解自己的需求。在课上我学到：要滋养自己，不断关注自己，让自己内心的"土壤"肥沃，才能孕育出爱的"果实"。要学会爱自己，认为自己值得被爱，建立自己的自尊，最终才有能力去爱别人，也才有能力接受别人的爱。

例如，高中有一件事让我悔恨异常，我与一个女生互有好感，可就是因为自己认为不配而错失了机会。她很漂亮，声音也好听，常常当学校典礼的女主持人。她有些喜欢我，早操的时候我们经常有眼神的接触，**但我故意不理睬她**。虽然我很在意她，集合站队时会不自觉地寻找对方的身影但我找到了之后却又**装作不在意的样子。**

那时我觉得我不配拥有美好的事物，不敢与她进一步接触。最后以"高考在即"为由，删了她联系方式，从此再无联系，这也成了我永远的心结。

现在明白了也不算晚。我希望下一次，对于我喜欢的下一个"她"，我会勇敢地和她在一起，不再自卑。

案例三：你去听"爱情心理密码"那门课，就不会这样和我吵了

与男朋友吵架，中间僵持不下，却听到他来了一句戏剧性的转折："你去听'爱情心理密码'那门课，就不会这样和我吵了"，于是我来上课了。

我明白了两人之间的摩擦，很多与原生家庭有关。我分析了我们之间的问题，也学会了怎样为对方减轻负担，给予安慰与鼓励；学着用爱的艺术增进我们之间的感情，学会了以**正确的、适合的方式**来表达爱，接纳对方。男朋友喜欢讲大道理，也喜欢和我分享、探讨一些人生观点。我们经常会对各自面临的问题进行交流，解决难题；也常常一起畅想两个人的未来，喜欢将目标变成切实可行的计划。比如将来生活的城市、将来的旅行、工作住房等。除了交谈，我们最喜欢的事就是拥抱和亲吻，他喜欢像抱布娃娃一样抱抱我，坐公交时喜欢牵着我的手，分别时会拍拍我的脑袋。我是一个有些不自信的姑娘，他时常会说一些肯定的话语：你比一般女生好看，你有许多优秀的品质……在他的鼓励下，我开始变得勇敢自信起来。

此外，这门课还纠正了我对性的一些不当理解，对性的认识更加理性。一直很感谢老师，很感激有一个人这样教授爱情，让我与男友之间的情感更加坚固，我们两个人能够共同积极面对难题，解决问题，并收获到了太多甜蜜回忆。老师的课堂讲解、案例分析，让我更加知道遇到他的珍贵。相遇相守不易，且行且珍惜，非常感恩这一切。

案例四：课堂上学到的远远大于我一开始想学的

我选这门课程，一开始是想了解如何维护好亲密关系，但我在课堂上所学到的知识远远多于这些。

男女之间有很多差异：女人偏情感，男人偏行动，但上完这门课后我才知道原来男女之间的差别比我想象的多，这个差别还可以从生理方面来理解。根据学到的知识，我对周围的异性朋友尤其是男朋友，**不再那么苛刻，对他更加理解了。**

两性虽然存在着差异，但想要长时间在一起，需要两个人理解彼此，运用同理心。从一开始相处时的摩擦到两人能够互相包容和理解，这是需要不断磨合的。**理解对方也是理解自己**，从和对方的相处中看到自己的不足，提升自己，从和对方的矛盾中看到不一样的世界，让自己的世界更加丰富。**了解对方，了解对方的需求，满足对方的需求，这是爱情的最高层次。**上完每一节课我都会去思考，想着如何改进我与男朋友的关系，**我会把上课的内容分享给他**，让我们一起进步。

另外，我也知道了父母对孩子的影响有多大，父母的教育对孩子的影响是伴随终身的。我很感谢父母给我一个完整的家，给了我很多爱。上了这门课之后，我更能理解妈妈的辛苦，虽然现在远离爸妈，但我更爱他们了。

案例五：成长与亲情——由封闭到敞开心扉的转变

在成长环境中，我的被照顾和被保护的需求没有得到满足。父亲工作繁忙无法顾家，加之他沉默寡言的性格，我们之间没有很多的互动与交流。母亲是一个非常要强的人，只看重结果而很少关心我心理层面的问题，一直以来我内心的情感需求很少在母亲那里得到回应。小时候摔倒了，因为疼会一直看着伤疤掉眼泪，母亲会说："哭一下就行了，女孩子不要这么矫情。"所以我的很多情绪在父母那里得不到安慰，久而久之便很少在他们面前倾诉自己的真实情感。渐渐地，我们之间心的距离越来越远，虽然我并不怨恨他们对我缺少关心，也很感激他们在学业上对我的支持,但我不愿意将自己的感激与爱表达出来。

疫情原因,我在家里待了半年多,原以为我跟父母之间会有很多矛盾,但我却有很多意外的收获。**我发现父亲会主动跟我沟通,周末会邀请我跟他一起去散步;我发现母亲也有心情不愉快的时候,需要别人的安慰,她也跟我分享生活,并想了解我的学习情况……**这些都让我很惊喜。有一次母亲发烧,我照顾了她一晚上,第二天早上她退烧了,醒来后她跟我说:"妈妈昨晚很感动,觉得女儿一下长大了,是个可以依靠的人了。"虽然我还是嘴硬说:"我不照顾你谁照顾你啊?"但我心里很开心。

老师上课讲到爱的五种语言,我联想到在与父母相处过程中,我从来没有说过"我爱你"。所以在某天下午我跟着网上教程学习做了一顿晚饭。父母回家后很惊喜,我顺势就问了:"这是我为你们做的第一顿饭,你们爱我吗?"他们俩笑了笑:"爱爱爱。"立马我也回复说:"嘻嘻,我也爱你们。"这是我第一次用语言表达爱,虽然因为害羞还用了一些技巧,**但是我能感受到家庭的氛围越来越温馨和睦了。**

和父母敞开心扉的过程也是我与过去的我和解的过程。到外地上大学之后,一开始我很高兴能离开父母的管束,但也很想念那个熟悉的家,那个让我什么也不用多操心的地方,**我也逐渐看到了父母的辛苦,放下了小时候的心结。我主动跟父母沟通,主动表达自己的感激与爱。我也越来越发现原来亲情并没有我想的那样淡漠,亲情一直在那里等我主动去拥抱它。**

案例六:成长与自爱——由委屈到尊重自己的转变

学习了"爱情心理密码"课后,我看到了不同人格的特征和差异,在生活中我将心理学应用于具体事件。

(1)我学会了拒绝。我是一个自我边界比较模糊的人,经常会顺从别人,很难对别人说"不"。经常因为帮助别人而委屈自己,事后又很后悔。这种事情一直困扰着我,直到有一次我在回复消息时,**做了委婉拒绝的尝试,得到了对方的理解,当时我的心情一下子舒坦了。**后来我慢慢发现其实"拒绝"这件事并不伤人。当我们向别人发出请求的时候,别人拥有主动选择的权力。因此,在帮助别人时要考虑自己的时间、精力等,分清楚哪些是自己真正想做的,同时给自己设定一个标准和底线,不要轻易让别人突破自己的底线,只有这样,"接受"与"拒绝"才会变得有意义。

(2)我学会了爱自己。以前,我从不注重饮食与睡眠,有时熬夜到很晚,但我和男朋友因为熬夜闹了一次不愉快。有一次我连续熬了好几天依然坐在电脑前做作业，突然感觉一阵眩晕。我发消息告诉了男朋友，他让我立马停下手里的作业去睡觉，但我认为当天晚上作业就能完成，不想拖到第二天就没有去睡。男朋友有点生气了，他觉得我不爱惜自己而且不重视他说的话，所以闹了很久的矛盾。因为这件事情，我才明白**我忽视了别人对我的爱，我也很难体会到被爱的感觉**。我开始理解"先学会爱自己，然后才能去爱别人"这句话。在一段亲密关系中，只有先了解自己的需求，才能接收到别人给予的关心和爱，才能在得到满足后滋养他人。

在亲密关系的相处中，我越来越发现自己才是生活中最重要的人。尊重自己、欣赏自己、照顾自己是成长带给我的最好的礼物。

正如老师所说，**爱是需要终身学习的**。在成长的每个阶段，我们对爱的理解和爱的能力是不一样的，这就需要我们不断审视自己，提升爱的能力，感受在爱与被爱之中得到的满足。

第三节　美好的破碎与重建，我们需要用自己的力量修复原生家庭的伤痛

案例一：我终于敢去发表一些自己的观点

原生家庭是我们学习与他人相处的起点，我们的亲密关系、情感模式往往来自童年与父母之间互动的心理体验。我小时候与父母相处是通过情感、行为上的付出来获取父母对我的关注。在长大后的亲密关系中，我表达爱的方式也是付出，原本想通过这些付出来感动对方，实际上只感动了自己。我很少直接表达内心的想法，很多时候似乎都要让对方猜自己的小心思，但我们都是第一次尝试去爱一个人，经验都有限。**如果自己不表达，对方怎么可能懂我的心呢？**

课堂讲到一些案例的时候，我都会联想到生活中的实例，我是否曾经有过这样的感觉和体验？我觉得这门课让我的心理开始有了变化，逐渐变得成熟。

（1）**对于爱的看法有了很大的改变**。以前受言情剧的影响，会把自己不自觉地代入，而事实上我根本不懂两个人之间该如何相处。课堂上老师和同学们的分享让我知道，**爱是需要学习的**。两个人要互相包容、互相体谅才能够维持好

这段关系。

（2）**我开始逐渐有意识地去寻找自我。**那些过去的东西我选择遗忘,但这并不是真正地放下,而是被我埋在了心底,这需要我不断了解自己、分析自己。现在我逐渐意识到:无论什么情况下,认清自我才是最重要的,明白自己想要的是什么,肯定自己的价值,我才能有能力去爱别人。

（3）**我也终于敢去发表一些自己的观点,而不再是一个"小透明"。**虽然很多时候我的观点和看法不全面,但我觉得更重要的是我的心理体验。我现在不那么在意别人对我的评价,我敢于去表现自己了,说明我逐渐变得自信并从内心认同了自己的价值。

案例二：美好的破碎与重建

我初中的时候,父亲出轨了。父母开始频繁争吵并彼此逃避。从小我和父亲的关系不算特别亲密,因父亲出轨,使我对他产生了隔阂。一直到现在我从不主动找他,他偶尔会给我打电话讲一些为人处事的大道理,但我们失去了共同语言。母亲几乎是一个人拉扯我长大的,我很感恩也很爱她。但她为我付出太多,对我太好,以至于即使她反复强调希望我大胆为自己而活,不用对她感到愧疚,而我还是常常担心她,自责自己是不是还不够懂事,或是不知如何才能**同等回馈**她的养育之恩。

父母的频繁争吵让我害怕,我没有安全感,变得胆小和敏感,我不敢交付信任。**虽然害怕,但我对亲密关系有着渴望。**高一时,我和班上一个男生有些暧昧,母亲知道后大发雷霆,说她很失望,还让我删除了那个男生的联系方式并要求我与他断绝一切来往。起初她的过激反应让我很生气又莫名其妙,**但后来猜测,那段时间她和父亲关系紧张,她把情绪发泄到了我身上。她对这件事情的做法,让我更加不敢和别人有过多接触。**

通过课程学习,我了解了很多专业名词和知识:比如依恋关系和强迫性重复。印象最深的概念是"投射",比如,**老师问大家认为父亲最该具有的品质是什么,其实就是说自己父亲身上最缺失的一点。我的第一反应正是责任感。这些有助于我科学地分析自己过去的经历、父母的人格和我的内心感受。**课堂上与同学的实操练习对我的启发很大。我现在能够逐步厘清事件背后的联系,我也按照这个思路分析了自己与原生家庭的关系,写作的过程也是疗愈自己的过程,我在某种程度上与父母和解了。

准确意识到问题所在,就可以针对问题找到解决的方法。比如,我很想解决强迫性重复和建立安全型依恋。其实这两者是有关联的,强迫性重复的根源是觉察和疗愈,主要是建立在人际交往中的依恋感和安全程度上。**我对美好爱情和婚姻有期待,也没有放弃让自己转化为安全型依恋的努力。**

解决强迫性重复的方法有以下几点：与自己的过去握手言和,并试着与原生家庭建立更有效的连接、尝试与父母建立新的相处方式等。我正在按照这些方法逐步去解决强迫性重复的问题,我感觉取得了一定的成效。

性格方面,我也逐渐走出了中学时的内心封闭和过度敏感,敢于和他人进行深入交流。我现在拥有了两三个可以深入谈心的朋友,发现这个过程并没有想象中的可怕。相反,与朋友分享,喜悦可以加倍,与朋友倾诉,苦恼可以消散。我也会利用课堂中学到的一些专业知识,尝试解释和开导母亲的心结。

小时候我以为我的原生家庭不是特别健康,结果越长大越发现家庭不幸的同学、朋友真的很多。尽管埋怨过原生家庭的不幸福,我还是感激自己能够平安健康地长大,也感激通过本次课程有机会学到了很多心理学知识,**让我逐步与原生家庭的不美好经历和解、与父母和解、与自己和解,重拾对美好的期待,提升爱与被爱的能力,逐渐形成更加健康和安全的人格。**

第四节　改变认知、改变自己、爱自己
——我获得的心理成长

案例："爱情心理密码"课后总结

01　我的课堂记录及反思

日期：2019/11/26

很早就听说"爱情心理密码"这门课,这门课一上来给我印象最深的是课程的科学性、启发性和包容性。老师在说明一件事时会引入许多数据,用问题来启发大家。还有课程内容的包容性,不仅引入了许多先进的理念,而且包含了最新的研究结论。

课程内容是有限的,但真正有用的是课外的思考。老师在课上说了许多多元化的爱情形式,这些信息让我惊讶,也产生了很好的课堂效果。老师在课上抛出了一个问题："为什么我们懂得很多道理,但依然过不好这一生?""过不好这一生"与自身的选择和境遇有关。我在男女情感方面的经历大致可以分为三段：

第一段是第一次谈恋爱，对象是高中同学 Z。起因是同学无意中对我说 Z 喜欢我，而我对他也有好感。恋爱只持续了四个月我便提出了分手，情形和老师在课上说的很像：我感受不到对方的热情，最后自己也不喜欢了，于是就结束了这段恋爱。在一起后，Z 很不主动，或许他喜欢将感情放在心里，而我也是个不善于直接表达情感的人，努力变得主动本身也在消耗着我对 Z 的好感。直到分手，Z 才发现我对这段关系并不满意。

第二段的对象 C 是在一节通识课上遇到的。当时觉得 C 的长相很符合我心目中的理想型。他看起来十分阳光自信。我们每周都会遇到，我开始关注 C，知道了他的名字、专业等信息。当然了，我自然是没有勇气主动打招呼的。所以，最后只能成为一种美好的幻想。

第三段的对象叫 Y，他和我在一个班级，参加了同一个项目。暑期，我们跟随项目组一起去了欧洲。在这一个月中，我们总有聊不完的话题，和他在一起时我能感觉到非常放松和自在，不必伪装些什么。**对于 Y，我分不清自己是因为喜欢他，还是贪恋他的陪伴。**

回顾这些情感历程，我深知自己的问题所在。或许在之后的课程中，我会渐渐懂得面对自己的弱点，认识自己，学着如何处理一段亲密关系。

接下来是我上课时的日记和我的想法。

日期：2019/11/28

老师上课的第一章内容是爱情观及爱情的意义，老师先是介绍了不同名人对爱情的看法，紧接着提出了**身心灵的爱情观。**

这堂课最打动我的问题是：为什么很多人担心一旦别人发现了自己的真实面貌就不爱自己了？我觉得这**一方面来源于自卑的心理，另一方面是因为他们自身也是那种发现他人缺点后会"退避三舍"的人，因此他们觉得别人也会是这样。**

此外，我觉得这与自卑情结及家庭教育也有很大关系。我母亲在我小学时放弃工作，一心一意地将培养我当成了她一生的事业。母亲的内心有一个"完美小孩"的存在，她始终在找我的不足。我负责的某个项目拿到了全国特等奖，我将上台领奖的照片发给她，她却责问我为什么不穿她给我搭配好的西装。尽管我作了解释，但母亲始终觉得我考虑不周，一直教育我。母亲这样过度的关注让我喘不过气来。

母亲长期的严苛对待，让我始终觉得自己不完美，我始终在挑剔自己，我认同了母亲的"完美小孩"的投射，不断追逐要成为"更好的自己"。尽管我开始学着爱现在的自己，可还是控制不住地去关注自己的缺点，时不时陷入自卑。当我面对爱情的时候，我总会因为对方的不足而退却，**陷入了想爱而不敢爱的境地。**

日期：2019/12/03

这次课程主要讲了如何运用同理心，如何设身处地地为对方着想，以及爱情有何意义。

其实爱情不过是在你遇到不顺心的时候，对方握住你的手，也许解决不了任何实际问题，但仅仅只是对方的陪伴就能让你鼓起勇气面对任何困难。用同理心去处理问题给了我许多思考。通过案例分析，发现我以前采取的是**同情的态度而不是同理心。**比如：我有一个要好的朋友，他在一所普通高中就读，高三时才想要好好学习，但发现根本来不及了。我一方面同情他的处境，一方面不自觉地会站在"高处"对他进行评判，并灌输他一些所谓的"心灵鸡汤"。我还记得他当时很无奈地说："我和你是不一样的，你太单纯了。"我现在意识到了问题：我并没有设身处地替他考虑，当我把自己放在他的处境中时，我发现我也会很崩溃，也会因为不知道怎么办而惶惑，于是只能说一些不痛不痒的话来安慰他。今天的课我突然意识到：**人有的时候不需要别人替自己做选择，告诉自己一定要怎么样，仅仅是感到被理解就可以有足够的抚慰。**面对人生，每个人都有责任做出自己的选择和判断。

日期：2019/12/05

最近看了一部美剧，看剧的过程中不由联想到课上学到的很多知识。

(1) 与陌生人相拥。剧中有一集讲的是男子在与女方第二次约会的过程中不慎切伤了手臂被送到医院，两个人在医院进行了六个小时的坦诚交流，最后，女子褪去精致的妆容躺在男子的腿上，阳光温暖又美好，两人的感情急剧升温。这正是老师上课提到的：**建立亲密关系最重要的一步就是自我暴露。**因为机缘巧合，两个孤独的灵魂渐渐靠近。

(2) 去经历才是最重要的，哪怕是痛苦。老师在课堂上说："**经历才是最重要的，因为它无可替代。**"其实这也是我最近越发认同的道理。剧中有笑有泪，其中有个"断臂维纳斯"般的故事令我久久不能忘怀。

一位战地女摄影师在酒吧遇到了一个男孩，后来男孩遗失了联系方式，两人十几年来都没能见面。人到中年再次相逢，尽管彼此依然相爱，但已经各有家庭。短暂的叙旧后两人重新分离，男子决定继续经营好家庭，女子则在离婚后重新寻找爱情。对于习惯安稳的我们来说，曾经那些未完成的、遗憾的感情或许幼稚，但这恰恰是最热烈而又最纯真的。

时间：2019/12/10

本堂课着重讲解了男女思维的差异，通过对比分析男女看待事物的态度，我们发现这是男女之间产生矛盾冲突的症结所在。

这节课还谈到了男女之间有没有纯洁友谊的问题，也让我想到了之前提到的朋友 Y。我们一开始很聊得来，我会对我们之间是否是友谊还是爱情而产生疑惑。随着欧洲之旅的结束，我渐渐可以冷静地思考这段关系，愈发认清我们更适合做朋友而非恋人。一来，我从是否想要进一步发展来考察这段关系；二来，我发现了两个人价值观上的很多差异。

很多事情都是这样的，需要留出足够的时间和空间，仔细地探索内心真实的想法，才能找到应对的方法。有的时候我们或许会逡巡不前，**如果可以拨云见日当然最好，但接受人生的不确定性和模糊性也很重要，因为我们都是在不断地尝试中前行的。**

时间：2019/12/12

老师举了一个案例来测试大家的反应：当你的男朋友习惯躺着听你说话的时候，你会怎么做呢？现场回答问题的两个女生都希望"改正男友这一习惯"。**老师却告诫大家，要允许并接受对方的习惯，只有在相互尊重和包容的基础上相互磨合，才能达到良性循环。**

反观自身，我在亲密关系中总希望改变对方身上我看不惯的东西，而且常常因为不好意思提出意见，我总是在隐忍，情感逐渐转变成了厌恶，最终以主动退出收场。我的第一段感情就是这样的。

老师后来又说了一句意味深长的话："**对别人不满意的人一定是对自己不满意的。**"从某种角度，人际关系状况都是自我内心的投射，内心圆满的人可以与任何人愉快相处。我对自己有很多不满意：成功考取了插班生让我走在了同届学生的前列，但我知道自己根基不扎实，害怕承担不起别人的过高评价；我又确实对已有的成果感到自满，这两者十分矛盾。

上了这堂课后我越来越觉得，好的爱情并不是"斯人若彩虹，遇上方知有"，而是不断提升自己，探究自己，让自己成为一个值得爱和会爱的人。有些人尽管看上去经验丰富,但其实并不懂得如何去爱别人,更不懂如何爱自己。

情路漫漫,道阻且长,愿自己能成长为一个会爱的人。

日期：2019/12/17

我一直以来从没想过有关"性"的问题,课上,第一次听到这个话题,我处在紧绷的状态。

在有关"性心理"的这两节课上,我学会了面对性的恐惧,并且敢于谈论这个话题,此外,我也试着洗去传统文化加诸性行为的污名,认识到这是男女正常的生理需求,女性也完全有权利享受性生活,而不仅仅是被动的。

这门课最大的价值或许并不在于介绍了多么高深的理论,剖析了多深的人性,而在于在每一个学生心里种下一颗改变的种子。尽管"铁屋子"尚且牢固,但有人睁开了眼睛,便总是会有希望的。

日期：2019/12/19

这堂课上老师讲了不同的爱情理论,有我们熟知的激素理论,还有老师专门研究的精神动力学等。老师还提到了"自性化"的概念。人是追求意义的动物,我们身边充满着各种有关人生意义的言论。我觉得"自性化"就是**"通过人生经历逐渐将自己的显性人格与隐性人格整合,从而达到更好的人生阶段"**。人由于对未来不能确定,所以很容易产生焦虑感,当我们向着自性化不断努力的时候,我们就能更善于对抗自己的焦虑,从而获得平静感和幸福感。

由于我们爱上的人大多是自身理想的投射,是隐性人格在尘世的肉身。我们在和伴侣相处的过程中,通过协商、包容等方式,在获得一段和谐关系的同时,也获得了更加和谐的自身。

我回想了一下,发现自己喜欢的男生确实大部分是自己理想的投射,他们大多看起来外向、阳光,还有些莽撞和直率,是一向拘束的我所向往的模样。我想,尽管我始终没有机会谈恋爱,但我可以通过体察自身的显性人格和隐性人格来完善自身,成为自己最理想的样子。

日期：2019/12/24

这节课上老师给出了解读。理想的父母应该是什么样子的,听完不禁热泪盈眶。我从小基本是在"丧偶式教育"下成长起来的,父亲始终是缺席的。母亲非常能干、刚强,但她的控制欲极强,我明白她是为我好,可当我逐渐长大,却越来越感到窒息。

上大学后,我感到前所未有的轻松,因为我可以选择自己想要的生活方式,可以逃离充斥着争吵的家庭。我自己也很奇怪,为什么我会受到周围同学的欢迎。其实我也理解母亲的处境,她放弃了事业,在生活里也逐渐放弃了自我,而父亲始终对家里不闻不问,因此她唯一的寄托便是我,她希望通过我分享大学生活的经历来充实自己的生活。**但一个人怎么能完全依赖另一个人生活呢?而一个人又怎么承担另一个人全部的寄托呢?** 我也和母亲谈过,但一旦谈到我需要独立,母亲就很激动,最后我们只能达成如下的协议:不要总监控我的生活,而我要每天和她电话分享近况。

现在我尚且可以通过距离让彼此有一定的空间,不知道未来怎么处理。不过,我觉得可能是我陪她的时间太少了,或许多陪陪她,她的焦虑感和不安全感就会有所改善。

时间:2019/12/26

今天课上讲原生家庭,谈了不同依恋类型的婴儿及其长大成人后的状态,还有母亲在婴儿两岁之前的重要性。以自身为参考,我现在有很多爱可以给予别人,心态也比较积极乐观,这离不开母亲在我婴儿时对我的细心照料。我和母亲最大问题在于,母亲依然以对待婴儿的方式在对待成人的我。

2019年就要过去了,我忽然明白了为什么说青春期是人格养成的重要阶段。进了大学,我突然发现观察世界的眼光变了,近一年来的种种遭遇让我仿佛长大了。可是我是那样热爱这个世界啊!对于这个世界,只要我还热泪盈眶,就不会放弃追寻和探索。

日期:2019/12/31

今天是2019年的最后一天,课上主要讲了如何建立安全感,区别"虚假的自信"和"真实的自信"。老师提出安全型人格有一个特点是能够"延迟性满足"。这一点给了我很多触动。其实不管是生活还是学习,为了追求更大的目标、获得更大的享受,能够克制自己的欲望、放弃眼前的诱惑都是非常重要的能力。

02 从前我不懂得如何爱别人,是因为我不懂得如何爱自己

我发现,我在处理情绪和人际关系方面有了显著的进步,而这离不开"爱情心理密码"这门课程所教授的知识。

在家里,母亲总看父亲不顺眼,经常要数落父亲。这时,**我便会去宽慰母亲,给母亲切点水果**。有一次,我在切番茄的时候,母亲因为我把番茄切得太碎而突然发火,我马上联想到了老师上课说的母亲可能把自己的情绪发泄到了我身上,我这样回复母亲:"**我知道您是心情不好,而不是针对我才骂我的**。"母亲立刻道歉,说是因为自己辛苦久了,有很多怨气。如果是以前,我早就因为被骂得莫名其妙而和母亲吵起来,**但现在我意识到很多人易怒往往并不是真的对这件事生气,而是太多的情绪需要一个出口去宣泄**。这种时候,我不能煽风点火,而**应该体谅对方,合理地引导她**。之后,每每母亲心情不好,我便会通过逗笑、撒娇等方式先缓解她的怒气,再告诉母亲什么样的心态才是对自己好的。不得不说,我和母亲的关系变好了很多,我也不再因为家里满是冷言冷语而厌家了。

春节期间和家人朝夕相处,我爱这个家,这是因为父母是我的心灵支柱,我不害怕一个人独处,因为我从来不是一个人。父亲患癌症早期,母亲身体一直不好,我意识到父母有一天是会离开我的,如果有一天我真的孤身一人了,是否依然笃定和坦然呢?

从前我通过捂住自己的双耳来逃避家里的矛盾和争吵,通过锁住自己的心灵而拒绝感受,通过逃避让自己不受伤害。现在,我学会了去面对问题,我又重新感到爱的温暖。

我开始明白爱的能力的提升是需要学习的,只是不明白如何去消化那些生活带来的伤痛。庆幸的是,我懂得并不算太晚,我开始**在父母忙碌的时候给予帮助,在他们心情不顺的时候给予陪伴**。更重要的是,我学会了爱自己,吃健康的食物,每天运动,早睡早起,开始看到自己的长处,用积极的方式调整心情。

老师在课上说,**逃避型和焦虑型并不是"无药可救"的,当他们遇到安全型的伴侣时,会获得重新的"哺育"**。我始终记得听到这句话时的触动,我想象自己重新成为一个婴儿被温暖环绕,获得新生时的感觉。尽管我还没有遇到心仪的对象,但尚可自我救赎。

选课时,**我满怀希望或许能遇到一个心上人,没有想到最后会遇到一个全新的自己**。只有爱自己的人,才会拥有更多的能量去关怀他人。**走入大学的我遭遇了很多挫折和灰暗,但我也从来没有像现在这样坚强**。

内心感激,言不能尽。

最后,祝愿老师全家幸福、平安!

第十八章 我从课程答疑、心理辅导（咨询）中收获了什么？

"爱情心理密码"是上海大学核心通识课、2017年上海大学课程思政首批示范课、2018年上海大学研究型挑战性课程试点课程，2019年获批上海市教委本科重点课程建设项目。主讲教师是资深心理咨询师，除了课堂教学，还负责课外的答疑。答疑不分时间、地点，且不限于课程内容。通过课程答疑和心理辅导、咨询，帮助学生解决了很多心理问题、职场或情感困惑，使得学生从中收获良多。课外学习和辅导，还培养了学生把心理学和其他学科相结合来研究现实问题的思路及方法，促使学生积极申报创新性研究项目，创作了具有心理学内涵的艺术作品，写出了有心理学理论支撑的学术文章。以下是部分学生在课程答疑、心理辅导（咨询）后写下的感悟和收获。

第一节 课程答疑记录
——我们得到了理解和安慰

01 2015级女生

我在参加答疑时觉得陆老师似乎有一股魔力，她全神贯注的神情以及聊天时和蔼亲切的微笑给我留下深刻的印象。能"感受我的感受、悲伤我的悲伤"，用心理学专业的话来说，就是极具"同理心"。我遇到了身边同学、长辈、父母均无法理解的困境，**被陆老师理解和安慰，在她耐心温和的帮助和引导下，我逐渐放松了下来**，就像平时聊天，因此我感到非常舒坦和愉快。经过答疑，我更加了解自己，相信自己，对于生活更加充满感激。

02 2016级男生

很幸运地选到了春季学期的"爱情心理密码"课程，并担任课程助理。因为我情感情绪上的一些问题，参加了陆老师的课后答疑。陆老师询问了我的童年经历，分析了我目前一些性格特点的来源。然后针对我最近的一些噩梦，通过了解我感知外物的方式及情感特点，**分析我目前所惧怕焦虑的到底是何物，并对我的理性人格和感性人格做出了比较准确的判断**。最后陆老师对我进行了心理疏导，宽慰我要接受不完美的自己，不要让理性长期压制感性，适当地让情感释放对我有很大帮助。

03 某男生

因为和女友分手，整个人处在痛苦之中，于是提前约了一个时间，在某日去陆老师处做咨询。

陆老师一句简单的"小李，你来了"就让人备感温暖。办公室不大，把椅子拉近，我和老师面对面坐着。陆老师是个很随和的人，笑容也很可爱，不知不觉地拉近了距离，我放下了紧张与不安的心。

我开始讲我的故事，讲我的烦恼，老师静静听着，没有打断我，时不时肯定地用"嗯"表示了她在聆听。这鼓励了我继续说下去，倒是我会经常穿插"我这样正常吗？""这样是不是不好？"之类的提问。陆老师笑着说："这怎么会不正常呢，每个人都是不一样的，没有标准。"让我一下子释然了，感谢老师的肯定，我不会因此而否定自己。

讲着讲着，我流露了更多的情感，人也显得焦躁起来。说实话，对心理辅导的期望是能从陆老师这儿得到一些解决的策略：只要能挽回这段感情，让我摆脱痛苦就好。于是在诉说结束之后，我就迫不及待地问老师："我该怎么做才能让她和我复合？"老师没有直接回答我，**而是帮我逐渐厘清这份感情，在这份感情中我扮演着什么角色，这份感情是否真的那么重要**，她不是直接告诉我怎么去做，而是教我如何去思考，慢慢地我不再那么焦躁了，认识到这不过是自己的执念，旧的感情已经无法弥补，能做的是开始更好的生活。

心理辅导不是教人措施，而是教人看清，他人的千言万语不及自己的幡然醒悟，在那次辅导过后，我所纠结的东西，在慢慢淡去，半年多过去了，早已走了痛苦，即使偶尔想到某些片段，也是另一种截然不同的心态，现在的生活很好，感谢陆老师。

04　2016级女生

我最敬仰也喜爱我的高中老师突然离世，而我的父母与朋友无法理解我当时的心理，在我第一次和陆老师聊天时，老师几句话便分析出了连父母与朋友都无法理解的情感来源。后来**我在老师的指导下慢慢地将这种悲伤化成了自己前进的动力，也不再怀疑一些独特情感存在的合理性**。

我认识男友时，觉得我喜欢他，但可能并不合适，问陆老师应该如何选择。经引导，我觉得既然喜欢就去尝试，虽然尝试过可能会遗憾，但不尝试一定会遗憾，因此我接受了他。一开始的热恋期相当甜蜜，但在相处过程中我们慢慢出现了问题。当我在沮丧又不知所措的时候，老师回复的好几条长长的语音消息，瞬间让我感受到了温暖。老师的分析与劝告中既有长辈的智慧，又有朋友的关怀。最后在决定分手时我也第一时间告诉了老师，老师在安慰我的同时也指导我该怎样走出这段失恋期。后来我情绪反复的时候，老师也告诉我这是正常的，并鼓励我把一些情绪和思考写下来。通过实践老师的建议，我渐渐明白了这是一个必经的过程，也真正明白了我需要什么样的爱情，以及应该如何表达爱。

感情问题是每个人的必修课，但如何尽快平复心情，如何从感情的起伏中吸取教训则是需要学习的，陆老师是我最好的引路人，她的陪伴让我明白我在面对这些问题时并不孤立无援，她也教会了我如何摆脱消极情绪，如何积极地看待一段失败的感情。

05　2017级女生

如果用三个词来描述我对陆老师的印象，那就是：干练、睿智、活力。上课话语简洁，多以问句为主，还会时不时"留白"给我们时间思考。

这门课考完试之后，她都会说："辛苦了，谢谢你！"听了之后我觉得特别温暖。和陆老师交流，仿佛她是一个和你同辈的年轻人。陆老师也会用流行的emoji表情，她所建的QQ群把以往上过她课的同学都拉进来了，于是学生们各抒己见、交流问题，陆老师也会加以点拨指导，思想碰撞好不热闹！

06　某男生

如今的大学生对爱情懵懂向往和好奇，却因没有多少经验而不知所措。这门课系统地给我们揭示了如何和异性交往、如何了解异性。上课时陆老师会穿插举一些和异性交往时我们容易经历或正在经历的困惑、以往咨询的案例等,纠正我们对异性的偏见或成见。

这门课不光停留在爱情上,更多是通过对爱情的各种理论来**分析、了解自己**。我们将课堂所学,运用到生活中,用全新的眼光了解、接纳自己。

由于父亲在家庭中承担了过多的责任,使我对婚姻产生了一些畏惧,还将父亲的形象投射到了自己身上。老师反问我,你觉得你生病了怎么办?难道你以后就必须承担那么多的责任吗?这句话点醒了我,使我将思维反转,爱情进入到婚姻后有责任,也有很多更美好的东西。当我缓解了对婚姻的畏惧后,我在爱情中更热情了,可以勇敢地对女朋友说甜言蜜语并作出承诺,女朋友也觉得我更爱她了。

有了女朋友后,我看见漂亮的女孩子依然会产生心动的感觉,每当产生这种感觉的时候,我就感觉自己是个"渣男"。直到上了这门课,我才知道自己的想法有其合理性,但我会用道德约束自己的行为,那我就不是"渣男"了。

第二节 破茧很痛苦,但可以慢慢来
——一年的心理咨询之路

有个女生因被诊断有心理障碍而休学,经过老师一年的心理咨询,她的状态好了很多,她也愿意把她所经历的心理咨询过程,以及从中得到的启示和成长分享给大家。以下就是这个女生的心理咨询记录。

■ 01 修复过去的伤痛,爱自己,才能爱他人

人生不可能一帆风顺,也不可能只摔一次。你消极悲观,想努力劝自己"开心起来",别人也劝你"想开点",结果一点用也没有。你感觉你的生活一团糟,剪不断理还乱。这就是我接受心理辅导之前所处的状况。

从小受到的教育,都是遇到挫折要勇敢爬起来。但没有人告诉我们"勇敢爬起来"的同时,也要好好去承认痛苦的情绪"让我很难受",然后再好好安慰自己。我们不是矫情,我们遇到的问题不是挫折的大小,而是负面情绪累积太多没有及时清理罢了。否则,困难你跨过去了,但是内心受到的伤害和痛苦的回忆会永远留在你的潜意识中。

好好去修复过去的伤痛,学习爱自己的能力,从而爱及他人。这是我接受心理辅导的概括性收获。

(1) 班干部。

咨询师:"你的成绩好,有没有想过是做给谁看的?"

我愣住了。因为潜意识里希望自己能得到更多的关注,我从小担任班级干部,积极努力,其他班级的老师和同学也都"久闻"我的大名。我收作业、担任低年级小辅导员、监督纪律、组织班会……虽然事务繁多,但那段日子是我学生时代最开心的日子。因为我得到了充分的"关注":老师、家长的喜爱,同学的信赖。

(2) 我每天都有一项小作业。

我总是用消极的一面去看待事情。我对事物的最高评价就是"还可以"。因为我小时候没有得到过多少爱,我即使有情绪也没有人来安慰我,为了自我保护,我就努力去掩饰自己的情绪。

咨询师建议我多看看这些表达情绪的词语,以后要多多体会自己的感受,告诉自己:这些情绪是正当的,我有权利去体会。

于是我就有了一项小作业:**每天记录三件值得高兴的事情**。这事情可以很小,比如吃到了好吃的饭菜,看到了美丽的天空……反正只要高兴的事情都值得记录。

我从刚开始想了半天不知道应该记录什么,到觉得记录三件事太少了。回过头来看,我惊叹于自己一点一滴的改变。以下是我的日记节选:

2019/09/15

① 室友送给我的书签很可爱;

② 我的小组作业完成得很顺利;

③ 晚饭很好吃。

2019/09/18

① 花了大半天的时间总算把开药、看病都完成了,真好。

② 我在今天很累的情况下还学习了40多分钟,我真棒!

③ 面包真好吃。

④ 总算给老师写了邮件!

感想:慢慢感受到了效果。一件事情它是好还是坏取决于你赋予它的价值。比如第一件事情,我当时的心情是很糟糕的,想的是:哎呀好累啊!在医院跑来跑去要做这个要做那个。**但晚上写三件值得高兴的事情时,发现这事也可以反过来看**。也可以这么想:哎,我真厉害,一天下来总算解决了这件事。

……

（3）如何看待疾病。

我得了心理疾病。但咨询师问了我一个问题："其实你和别人都不一样，老天爷这么眷顾你，为什么呢？"

"为什么呢……说不定天将降大任于斯人也。"我笑着说。

咨询师的话让我记忆犹新："**为什么老天爷要让你生病啊？因为他想让你休息休息啊，你之前学习生活多么苦、多么拼、多么累，精力都消耗透支了，是时候要好好休息一下了。**"

咨询师的话让我慢慢接受了自己的现状，**我开始学会和自己的病情友好相处**。借着这个病，我买了一本专门的著作研读，了解到自己的疾病有周期性特点，然后坚持每天记录自己的情绪水平、经历的事情、吃的药物、睡眠时间等。我也提前和男朋友说了自己的情况，如果自己抑郁了，需要男朋友做什么。让我很感动的是一次自己抑郁发作时，是男朋友陪着我度过的，他抱着流泪的我，安慰我，让我很安心。我了解了很多有关心理障碍方面的知识，也更能体会到心理障碍患者内心的痛苦。由于我经历的比别人多，这些经历说不准就是我以后的无形财产，我也有更丰富的情感体验，进而有更深的共情能力。

患上这样的疾病只是我的心灵"感冒"了。最重要的是要知道药物只能表面上调整情绪，不能从根本上治疗。**我们最终要进入社会，不断会有压力，也会有应激源，这是我们无法控制的，我们能做的就是调整自己的认知、思维方式，最大限度地减少应激源对我们的影响**。这也是我接受心理咨询的目的之一——学会应对应激源。

（4）自尊自爱篇。

"**我很好，我是值得被爱的**"。认识了男同学Y，加了微信后，他就一直和我聊天，并且不吝溢美之词。我知道他在追我，内心很高兴，**但更多的是惶恐，害怕这份美好转瞬即逝**。而这背后的逻辑就是"我不值得被爱"。我就一直对自己说"我很好，我是值得被爱的"。再结合上文所说的每日三件开心事。在每次感受到爱和温暖的时候，我对自己默念这句话，并且多体会得到温暖的感觉，一开始的转变不那么明显，但坚持下来后，如今别人夸我"你真苗条""你很漂亮"时我也能笑嘻嘻地说："谢谢你！"并且坚定地认为我就是这样的。

（5）我没错，对方发火是他的错。

我在做一个课题，无法当面讨教，便打电话给老师。不想老师劈头便一连串地问："你×××做了吗？""你×××知道在哪里吗？"问得我头皮发麻，我底气不足地说了一下自己的见解。他哼了一声,说:"你这个思路太幼稚,你有没有修过×××课程?"我被他"骂"得都流下了眼泪,但还是忍住了哭声,虚心讨教。挂了电话,我哭了很久,很长时间脑中都是这个老师的骂声。

咨询师说:"或许他在学术领域没有受到足够的重视,或者那个时候他受到了一些气。这个老师平时为人如何呀?"

我更加委屈了:"学长学姐都说这个老师很和蔼,很有正能量的,没想到会这个样子。"

咨询师说:"有很多人没有情绪管理能力,很容易把受到的气撒到不相干的人身上,或许他把受的气撒到了你身上,对你这样一个刚刚做课题的学生来说实在是太不公平了。"

我的眼泪再次流了下来。但这次是得到理解的欣慰。这位老师对我发火可能是他自己没有好好管理自己的情绪。但他最后也指导了我,只是他太急了些。如果下一次,再遇到类似的情况,或许我这样说他的语气会更好些:**"老师,不好意思,没想到这个课题还有这么多学问,我实在考虑太少了,老师您很厉害!"**

(6) 我有权利拒绝,这不是我的义务。

我的一个亲戚,特别喜欢给我"提建议"。有一次她给我介绍了一个国企让我去做实习。实习后,每次和这个亲戚见面,她都会来问我实习得如何。说实话我根本不喜欢这份实习工作,如果重新选择,我一定会回绝:"谢谢您,但是我不喜欢。"不是所有的善意都要承受,可以选择我自己喜欢的。

(7) 和妈妈关系的改善——从怨恨到理解。

我的妈妈,多数时能共情,却也有不理解的时候。有一次,我和她吵架,她朝我吼,边吼边哭:"是的!我不配当你的妈妈!"她整个人苍老而绝望。我呆住了,完全没想到我的发泄会得到这样的结果,原来我每一次向妈妈发泄,妈妈也会受到伤害。我慌了。后来咨询师引导我想象妈妈在家庭中的角色和地位。我一愣,**突然想到我的妈妈也曾经是个孩子,她或许也带着原生家庭的伤害而成长**。在一次吃饭时,我不经意地和妈妈聊起了她的童年。妈妈从小不擅交际,爱在角落里看书。她觉得外婆不关心她,兄弟姐妹也不和她玩。

我开始理解她,理解她为什么崩溃,**因为她也想好好地爱我,可惜的是她从小没有得到足够的爱,她也没有爱的能力,不知道如何爱别人。因此,我又怎么能够得到爱的滋养呢?**

想到这里,我对妈妈的怨恨突然就消解了一些。"那她还是不理解她哪里伤害到我了……"是啊,那又怎么办呢,**指望家长来安抚自己是没可能的了,最好的**

方式便是自己安慰自己。咨询师建议我，可以对自己说："我没有错，妈妈是对我有歉意的，我表达情绪也是应当的。"

随着咨询次数的增加，我也开始试着和妈妈理性沟通。每次咨询完毕，我都会和妈妈紧挨着坐在一起，拉着手好好聊聊。

（8）和父亲关系的改善——从回避接触到能开口说爱。

对父亲态度的转变可以说是漫长而艰难的。母亲经常指责父亲，因受母亲的影响，我对父亲有很不好的感觉，很长一段时间都对他横眉冷眼。父亲把事业上的压力也会发泄到我身上，我们父女俩一度成仇人。

我思考了父亲的原生家庭。他是一个被母亲溺爱的孩子，导致他做事以自我为中心，既自恋也自卑。他因为从小被溺爱而缺乏责任感和自我管理的能力。当他有了自己的家庭，也不知道如何去尽丈夫和父亲的责任，在和妻子相处中缺少情绪管理的能力。

有次父亲接我和母亲外出。我觉得车里的空调冷，想把温度调高一点，却被父亲呵斥，我委屈得哭了，但想起心理咨询中学到的情绪管理方法，我尽量调动自己的理性来应对。

我边挥手让气得跳脚的母亲不要插手，边强迫自己静下心来想清楚说："爸，估计你刚刚的情绪不是针对我的，但是你这样说让我很受伤。你一个成年人，好好管理情绪不行吗！不开心就好好说，干吗对我吼来吼去的。想让你把空调温度调一下，就是想舒服一点，**正是因为你是我爸呀！我爱你呀！我知道你肯定会宠我的呀！正是因为在你这里我才可以轻轻松松地做一个舒服的公主呀！**"

"那就允许我哄你，不允许你哄我啊！"他皱眉对我吼了一句。我一愣，听清楚了之后，"噗嗤"一下笑了出来。原来臭老爸也喜欢被哄。他继续说：**"我在楼下等了你那么长时间，堵在路中间，经过的助动车车主看我的眼神都带着仇恨的。"**——看，他发脾气的原因就讲出来了。

我叹了口气，擦了擦眼泪，深呼吸，撒娇般说："噢，老爸来接我辛苦了！"老爸态度立马软了下来："好吧，算了。"

只要转换一下思维就能解决问题，思维的转换，就是咨询师教会我的。其实，我也认识到，对父亲也需要多多表达爱。他的爱一直存在，不能因为他的暴脾气而忽视了他的爱，作为女儿，我要做的就是调整自己，多给父亲安慰和共情。

在这件事之后，我开始试着深入了解父亲。在饭桌上，听着老爸讲自己年轻时的故事，听得我十分入迷。偶尔他还会谈起和我妈约会吃饭时我妈的样子。我忍不住会心一笑，原来曾经父母也是如此的快乐。原来老爸还是一个文艺青年。他的形象渐渐丰满,而不只是一个模糊的忙碌的背影。

但一向不服输的老爸,终有败给岁月的一天。有次和爸打电话,他突然跟我说:"你老爸老了。"语气中带着沧桑和无奈。"我前两天生病了,差点去医院,你知道我当时想的第一件事情是什么吗?"

我想开玩笑,但还是摇了摇头。

他说:"我想的是我之前给你买的东西不知道你收到没有?"

我一顿,尽量压抑住流泪的冲动。**我不再像以前那样对他冷言冷语,我知道这是老爸对我表达爱的方式。**我犹豫了下说:"你不能有事,不然我怎么办?"

老爸开始向我诉说工作的紧张,我都耐心地听着。我们聊了半个小时,最后,我对老爸说:"**要好好爱自己,保重自己。**"就像每次咨询完,咨询师都这么对我说。挂了电话,我却久久不能平静。

岁月不饶人,我们在长大,父母在变老,珍惜时光,因为懂得,所以慈悲,感恩、理解、共情才是我们要做的。

(9) 作为女儿和作为女朋友对待男性的态度。

男人需要夸。由于社会对于男性的社会责任和生存价值要求很高,很多男性也因此而自卑。他特别需要得到承认,拥有自豪感和征服感。女儿——爸爸的小情人,恰好可以通过撒娇、夸赞来满足父亲的这种情感,从而增进父女之间的感情。

比如爸爸给我买了个围巾,我就说:"老爸给我买的围巾真好看!材质很柔软,戴起来很舒服,而且样式也很流行,我最近一直戴,同学都问我围巾在哪里买的,我跟他们说是我爸给我买的,她们都很羡慕。谢谢爸!"这样给了老爸买围巾的反馈,又满足了老爸的"虚荣心",他会更喜欢给我准备礼物,也更喜欢和我相处。

肯定的言辞不只有"我爱你""谢谢你"。一种是夸得有血有肉,如上段的送围巾,可以详细地从材质、样式夸起。

另一种是适当的示弱。男性或许天生有英雄主义,同情弱小是他们的本能。通过适当的示弱来满足男人的英雄主义。比如我的电脑突然没法上网。我跟男朋友说网连不上,他帮我解决了之后,我一顿猛夸,"你好厉害啊!这么快就做好了!"会让他很有成就感。

父女的相处模式和男女朋友的相处模式在某种程度上是互通的,学会如何和父亲有效沟通,有和谐的父女关系,以后和男朋友的沟通也会较为顺畅,反之亦然。

02 和男生这种生物的磨合相处

我想分享三段情感经历。这三段感情的叙述分别侧重一个点,从而来讲讲在这长达一年的咨询中,我如何从小女生思维逐渐懂得两性差异。

(1) 第一段恋情:每天 15 分钟的修复

我决定继续异地恋,然而他却放弃了,我很痛苦。咨询师安慰我:"既然结束了,那就接受它。走出失恋是一个缓慢的修复过程,你可以每天抽出一点时间把自己的心情记录下来。"

于是我每天花 15 分钟记录。每天写日记是我情感发泄的很好渠道,也是我走出失恋的绝佳助手之一。以下为日记摘录:

* 不知道为什么就是一天到晚会想着他。他分手的时候说自己没有受伤,可我整天都在想他,心如刀割。可转念一想已经分手了,有什么好想的。已经半夜了,什么也没做,心里各种难受,哭也哭不出来,我只好抄写英语单词来稳定心绪,最后凌晨 1 点才入睡。

* 他给我朋友圈点赞了,说明他可能还关注着我,说不定他真的受伤了,只不过男孩子不会轻易讲出来。

* 上课时,看到依恋类型和童年经历的关联,完全可以解释他的回避型依恋。他童年一直缺少父母陪伴,独自玩耍,很少和父母互动,现在他觉得自己独立了挺好的,没觉得有什么影响。而我觉得,他的心如石头一般顽固、冰冷,要进入他的内心难上加难,你想方设法、软磨硬泡地想走进去,他总是把你挡在门外。我几乎要把自己全部暴露出来了,可还是没能感动他,我真的很抓狂。和他交流有很强烈的不公平的感觉。

* 一个男生如果认真地谈恋爱的话,未来规划中一定会有女朋友。再者,恋人之间的高质量的交流,除了浅层次的日常生活的交流外,还必须要有自我暴露、三观等层次的交流,这样才能更好地了解彼此,矛盾也会少很多。

我花了快一年好好调整自己,处理和原生家庭的问题,精进学业。有时候整理房间看见他以前送给我的礼物,我也会细细抚摸,回想一下当时的经历,不过感情上也没有那么强烈了,对他也没有恨的感觉。甚至他长什么样我也不太记得了。他在我的记忆中渐渐远去,不过和他相处的经历又成为我的一部分人生阅历。

(2) 一见钟情式的第二段恋爱——他就是和我爸一个样儿

第二段感情是典型的校园恋爱,并且,我摊上的是一个完完全全的"恋爱小白"。相处过程中遇上了很多恋爱中常见的问题,比如男女思维差异。

* 你咋老不回消息

初识是在一次志愿服务中。加了微信,我们聊一些志愿服务的内容,我发现只要我的话是陈述句,他就不回了,让我在聊天时很抓狂。后来我问他:"你咋不回消息呢?"他说:"我本来是想回的,但是不知道回什么,想了很久想不出来,所以我就做其他事情了。"我听了这句话简直被气昏了,好几次等不到他的微信回复让我很失落。

可见,男生不擅长语言表达,女生却急切需要及时的回复和语言的安抚。

* 效率最大化 VS 我想被照顾

我们有次想出去玩。我想让他来宿舍接我,我们再一起过去,路上可以说说笑笑,而且我会有一种被照顾的感觉。但他觉得这样没效率,不如集中在一个地方碰头。后来我们就吵了起来。我觉得出去玩的意义在于在一起,而不是具体去哪里。虽然他妥协了,但我特别生气,最后哪儿也没去成。

男生做事偏向于如何能快速达到目的,而女生不在乎目的,在乎过程和感受,还有男朋友的用心程度。我当时觉得他不肯过来就是因为懒,对我不用心,这点路都不肯走,而且说话很强硬:"我就是不想过来"之类的,让我很生气。我还觉得他对我不够用心,不肯在我身上花时间。

* 不该有的实诚

有一次我穿一条紧身牛仔裤,他说了句:"你大腿好粗,以后还是不要穿了,会显得很胖。"我听了非常羞愧,以后很长一段时间都不敢穿这条裤子。当我指出这句话很伤人时,他却说:"我说这些,并没有其他意思,只想告诉你缺点在哪里,可以让你改正,是为你好。"**他可能是实话实说,但他不知道女生很在意自己在男朋友面前的形象。**

* 仪式感这种华而不实的东西有什么用?

我缺安全感,很希望我和他之间有很多仪式。比如我先挂电话,分别时他目送我回宿舍。但他做不到,认为长此以往会失去本身的真诚。归根结底,他也害怕自己做不到而让我失望,与其让我失望,不如他先拒绝我的要求,保护自己。这可能是和他的原生家庭有关。他的父母一直没有回应他的渴求,他都没有得到过,又何谈给予呢?

* 身体的接触

都说青春期的男生荷尔蒙旺盛,一点不虚假。因此,女生和男生有肢体接触的时候,一定要说清楚自己的底线,要坚守立场。女生其实更喜欢在一起聊天,一起拥抱、温柔的抚摸等。

* 我当初咋就看上了他呢？

他不注重承诺，也经常不承认自己说的话。男朋友给我的总不是我想要的，而是他自己喜欢的。他给我画画、写邮件……都不是我特别喜欢的，而我提出一起自习、一起看某部电影，他都不太愿意。

他经常像孩子一样伏在我胸口，让我感觉在做他妈妈。我发火，他便经常流眼泪说不出话。或许他希望我像妈妈一样能够照顾他，可能在他的童年，他妈妈没有这样照顾过他？

他用语言攻击我，说我腿粗，很少有赞美的话，其实是内心自卑的表现。连表白都是我先开的头，他说不主动是因为害怕被拒绝。我爸也是，家人面前一直夸自己如何了得，实际上他几斤几两自己心知肚明。

这些和我父亲很像的特质，给我一种熟悉的感觉，而熟悉后我误以为是安全的。 他满足了我想要被关注的渴望——他一直盯着我，我讲话的时候注视着我；我生病了他来照顾我；我经常被他当作画画的模特。咨询师让我描述一下理想的伴侣，我想了想，这样的伴侣要情商高、体贴、肯为我花心思、一直都能回应我。

而我突然意识到我的要求似乎太高了。校园恋爱中，要求男生时时刻刻能够做到我所说的太难了。我的思考：**如果男生谈话的时候不能给我满意的回应，有时候也没法及时给我鼓励和支持，反而让我去帮助他，他也不能一下子猜到我的想法，这样我还爱他吗？**

女生从小被父母捧在手心里，在爱情中也幻想像个公主一样被男生宠着，但男生就不渴望被关心了吗？凭什么男生就要一直刚强坚定？他做不到时刻呵护我，我能接受吗？**爱情，是要有包容和忍耐的。**

既然我一见钟情的、有感觉的男生都会和我爸很像，和他继续下去会越来越受伤，所以要离开他，但离开他又很难。应该怎么好好地离开，并且以后再谈一场好好的恋爱？可能有三种解决方法：

一是转变对爸爸这一种类型男人的看法，即使有感觉，也不去选择他。 告诉自己：我需要的东西，不是感觉，而是能真正包容我、体贴我的人，同时我也能接纳他、爱他，双方一起成长而非互相折磨。

二是如果我们自己变了，比如增强了自己的安全感，改变了依恋类型，也许吸引自己的人也会变。

三是我们内心足够强大，以至于可以和任何一类人相处。

和他分手后，我们还有联系，打电话时我经常对他说一些狠毒的话。咨询师分析说，这些狠毒的话，其实另有内涵：**你对他实际上是有期待的，而他的反应不能准确回应你的需求**。如果对一个人没有感觉，是不会有期待的。所以，我对他的确还是没放下，那就慢慢让这份感情淡掉，两人聚一起对我们的感情进行复盘也许是一个很好的选择。

在复盘时，我反思，在这段感情中，我可能更关注自己得到的，不允许他柔弱无能，看到他没法承受的样子我便会鄙视他怎么如此不男子汉。

男生也是需要慢慢成长的。以后我知道了，他做得好时，要夸他、鼓励他。

在这段关系中，我很少明确而坚定地表现出自己的情感。不喜欢，我都是委婉表达的，而"爱情小白"通常对这类委婉的情感表达不敏感，所以我每次发火他都会感到莫名其妙。如果我直接说："你上次送的礼物我觉得太不实用了，我觉得你送我一个×××会更好。"**女生要教会男生去了解她的心情感受，多引导他："你为什么不问问我，我的心情怎么样？"**

还有一个建议：把两个人的对话录下来，然后重新听一遍。这些话里他真实的含义是什么？他为什么要说这些？对方说的话和他想表达的意思会有差别，我的解读也会有差别，理解并处理这些差别，沟通就会畅快多了。

当我们不再打电话，也不再有联系时，我有时看到和前任散步走过的某个地方，脑海里都是和他的回忆。我问："和前任分手后，一直会想着他，是不是意味着没放下？这是怎么回事？"咨询师问我："现在想起前任是什么感觉？"我想了想："就这样吧，也没什么仇恨。""这就对了。前任毕竟是在我们生命中陪伴过我们的人，也曾经是最亲密的人，在生活中留下印记是当然的。有时候想起前任很正常，在分手后反而一点没感觉，那说明你在那段感情中没怎么投入，也谈不上有什么收获。关于放下，分手后虽然会有痛苦、仇恨和伤心，但经过一段时间后，我们会理解、释然、原谅，也会吸取教训。这个时候你面对前任不只有恨，还会有其他的情感在里面。对前任的感情，要去除一些负面情绪，再补充进新的积极情绪，对这段感情有新的认知。这样才算是结束，你也就可以迎接一段新的感情了。"

(3) 到底什么类型的男孩是我想要的——乍一看没感觉，实际上是个宝藏男孩。

我的第三个恋人是在勤工助学岗位上认识的，感觉他挺热情，聊得挺投机就加了微信。要说有什么感觉，其实没有，他不像前任那样高冷（我对高冷的男生其实更有感觉，因为小时候被忽略惯了，高冷就给我一种熟悉的感觉，热情的男生我反而只是把他当作朋友），他也经常给我带礼物。

聊了大半个月，某天晚上他约我出来，向我表白了，我觉得这一切来得太快了些。这时我想起前一段恋情，认识不到一个月就确立关系，结果吃的苦太多了。于是我委婉拒绝了，**表示先从朋友做起，但内心还是把他当作未来的男朋友了。**

对他的热情，我有点招架不住，于是我会千方百计考验他是不是真心爱我，他也看出来了。他说："感觉我被考验着，只有伪装才能通过考验，不伪装的话就通不过，而我不想伪装，所以就想到此为止了。"听到这些话我很震惊，但给我很真诚的感觉。

后来我们还在联系，只是我发现了越来越多对他不满意的地方：说好每天发一段鼓励的话语，这是承诺，更是一种情感的表达，而他说每天发一句话反而成了他的负担，这何谈情感，那还不如不做呢。于是他说："是我的问题，我没有达到你的期待，也许别人会达到你的要求。你不要生气、难过、纠结。我也渐渐发现你对我不是很满意，毕竟我做得确实不够好。"我的内心除了失望、生气，还有对自己的嘲笑：当初还想着他可能成为我的男朋友呢，果然他还是不爱我的啊！（其实是我先假设了一个前提：他不爱我，然后我在他的行为中挑刺，我就觉得很痛快。）

咨询师问我，之前有没有体会到那种亲密的感觉。我想到了发小。咨询师分析说是我对他们的期待不同。**他是准备成为男朋友的，所以我对他期待很高，**而对发小的期待没那么高，在这种情况下发小的行为就容易让我感到惊喜。但我觉得和他相处太累了，在一次矛盾爆发后我们就断联了，他也不再挽回和承认错误。

我把承诺看得特别重，可能是因为父亲从小对我一边承诺又一边失信，我已经对承诺有了恐慌，反而觉得男性对我承诺比不承诺更加虚假。但在两性关系中，**没有承诺是不可能的，最动人的就是不可能的承诺和话语。**没有承诺代表着一个男性没有志向，对这段关系不做努力。可是，一直遵守承诺又是一件很难做到的事情，往往半路会有插曲。

咨询师告诉我，从承诺者来看，如果临时有插曲做不到就要直接提出来，说晚一点做或者换一个承诺，主动承认是高情商的表现；从被承诺者来看，猜想为什么承诺者无法履行承诺，也许是对方把承诺看得不重，或许是没能力做到，这时候需要认可他这个承诺的愿望就挺好的。

怎么看待有热情却又没法实现目标的男性？我想到了我爸。咨询师提醒我，还是要和父亲深入对话，看看他的行为模式，为什么承诺后不履行不重视，深入了解他,对他有一个重新的评价和认识,才会和爸爸、男朋友更好地相处。

后来我重新梳理了自己和原生家庭的关系,好好安抚了自己,慢慢觉得自己有了力量,对待亲密关系也不那么排斥了。对于承诺,我也逐渐明白,**承诺没有做到也很正常,不代表对方不爱我**。我和我爸的关系也逐渐好了起来,对于男性的看法也渐渐理性了。

偶然的机会,我和他又重新联系上了。我惊喜地发现他有了改变,他变得成熟,讲话风趣幽默,对学业和未来有了明确的想法和目标。不变的是,他对我依旧体贴、温柔。我更惊讶的是他对于我的喜好、初见面时相处的细节记得丝毫不差,让我十分感动。

但我也只是把他当作一个好朋友,能一起聊天、散步、吃饭。发现他的行为越过了朋友的边界,我呆住了,以前从没有人对我这么好过。他是目前为止给我感受最好的男生。

我已经不像之前那样本能地躲避,而是开始思考:他为我做这些的时候,我有什么感受?我是不是喜欢这样的方式? 他能给我带来愉悦,他的心依旧不变,我也比以前成熟稳定多了,不再像小女孩那样只为自己思考,而是学会了换位思考,也了解了很多男女思维方面的差异。虽然他不是我一见钟情的类型,但是他绝对是一个可以治愈我,也值得我爱的人,我也能和他重新出发,和他一起恋爱、一起探索未来。

通过伴侣,我们可以看到自己身上的影子。**谈恋爱,或许就是一种修复自己童年创伤的方式,双方在恋爱中二次成长**。修复的过程是两人不断融合的过程,很痛苦但也很有用。就像升级打怪,经历了一个又一个劫难之后,你会发现更了解对方,也更了解自己了。

03 结语

我一开始不怎么适应心理咨询,生怕真实的自己暴露出来之后咨询师不会接纳我。因此前几次咨询我都讲了些不痛不痒的事。实际上,**充分信任自己的咨询师是十分重要的**,对自己的疗愈也非常有帮助。心理咨询完全不是所谓的灌输大道理,而是循循善诱,通过不断地提问,不断地回答,让我发现内心深处真正在想什么、渴望什么和恐惧什么。

或许这么比喻心理咨询更加恰当:心理咨询就像是一个探索的过程。在黑黑的山洞中,咨询师牵着来访者一步一步地走着,有时候他们会分开,他们都不知道前方有什么,何时能走出黑洞。咨询师能做的就是在来访者无助、彷徨地大喊"你在吗"的时候应上一句"我在！我在！"山洞就好像是来访者所要咨询的问题，咨询师只是陪着来访者一起探索，但是真正走出来，还是要靠来访者自己。所以这才有"心理咨询不可能永远进行下去"这一说。它只是一根拐杖，当它完成了帮助你恢复行走能力的任务之后，你就要像破茧了的蝴蝶，学会面对人生，自己飞翔。

感谢陆老师！感恩咨询师！感激所遇到的一切！

2020 年 12 月 11 日